CU00822453

POEMAS 1969-1985

Osvaldo Lamborghini

Poemas 1969-1985

Edición al cuidado de César Aira

Editorial Sudamericana Narrativas

Lamborhini, Osvaldo
   Poemas 1969-1985. - 1° ed. -- Buenos Aires : Sudamericana, 2004.
   560 p. ; 23x15 cm.- (Sudamericana Internacional)

   ISBN N° 950-07-2513-4

   1. Poesía Argentina. I. Título.
   CDD A861

IMPRESO EN LA ARGENTINA

Queda hecho el depósito
que previene la ley 11.723.
© *2004, Editorial Sudamericana S.A.®*
Humberto I 531, Buenos Aires.

www.edsudamericana.com.ar

ISBN 950-07-2513-4

Tres veces en la noche
sonaron las campanas
mientras mi Infancia
recorría
tierras extrañas.
Porque todavía
todavía mi Infancia
viene a buscarme
con un galope en las piernas
y en sus labios
una sonrisa salvaje.

Cuando anda por ciudades
para que no la vea la gente,
mi Infancia
se disimula en el demoníaco aire.
Porque ella es muy linda
muy suave y muy frágil
y tiene miedo
de las gentes grandes.
Me viene a buscar
a mi cuarto de sueños
y me cuenta
que con una hoja de palmera
navega los mares
como atraviesa las selvas
deslizándose por los árboles
Después

entre lloriqueos me cuenta,
sentada sobre mis rodillas
que un niño casi la atropella,
con su bicicleta
y cómo en un río, una anguila
la azotó con su cola eléctrica.
Mi Amor, entonces
le cura las heridas
porque con su presencia
mi cuarto de sueños
se convierte en un Valle de Vida.
¡Mi Infancia, mi Infancia!
Con un galope en sus piernas
todavía viene a buscarme.

I

1969-1979

TERESA GALEANO, mi madre, nacida el 20 de noviembre
[de 1900
en un pueblito de la provincia de Buenos Aires — San Antonio
[de Areco, hija
de un caudillo conservador: yo, su nieto, hijo de esa señora
soy un desgarrado / la historia pasa por mí
— y no —
por el viejo cuchillo enmohecido por sus pueriles actos de
[mala fe
Sí / el enemigo del pueblo /
la historia /
la historia no pasa por él: por mí pasa
fui
lo digo ahora que mi madre se ha convertido en una pasita
fui un aventurero y Sartre lo entendió / prólogo a Stephane /
el YO estaba primero FUI
ladrón homosexual activo y pasivo y Sartre lo entendió / San
San Genet
y yo — yo —   también puedo entender
pero hay otras cosas, sobre todo, que puedo entender:
las palabras las
la melodía la
melodía
de las palabras / cada / palabra / cada / melodía
y fui un homosexual pasivo el ano
el ano complaciente ofrecido al falo de las palabras
— y entonces —
— aquí mi autobiografía comienza —

tuve ciertamente la certeza: yo no iba a cometer ningún / reto

[deslumbrante /

salvo la poesía————————————este poema: sálvate

aquí comienza aquí sigue
el sabor de una historia
recuperada
el estallido, añicos que
se juntan con los años —
el estallido autobiográfico

Escribí El Fiord
Escribí El Niño Proletario
Escribí un libro de poemas: Fetichismo
Escribí (le) una carta desesperada a Chichita
MARÍA
TERESA
LAMBORGHINI
mi hermana
pidiéndole plata y ella no me falló / el fallo de ese oro me

[fue grato

le escribí diciéndole (aunque mentira, siempre se escribe

[escribiendo)

escribiéndole como justificación que mi escritura estaba a

[punto de triunfar

— añoro
el momento en que alguien
alguien delante mío
le destrozó a otro la cara a culatazos
y el borrón rojo borró la cara —
le escribí justificándome, sabiendo que No — No ese triunfo:
pero los puentes se arman de cualquier manera,
Ella
Jefa
Hermosa Jefa de Trabajos

Y de Trabajos prácticos
En la Universidad de Mar del Plata————OjO, cuidado, Te-
rror, Guita
Me recontracaga-
ron bien Cagado
en unos cuantos
miles de lucas, en
el último, último
chiribis —no hubo
bis —choreo: fue
en mil novecientos
59, antes hubo
muchos otros, pero
después de ése no
hubo bis. Y si Pis y
Cagazo, Cagazo
de Terror: la Re-
volución Francesa
con sus Rojos
Aguillotinamientos
de Gillete Azul, la
que usan los lanzas
para tajearse, esa
Revolución Fran-
cesa instalada en
un gaznate que se
ofrecía al sacrifi-
cio————

———————— ahora, ahora la gorjeo————————
: gorjeante Revolución Francesa
mi corazón
barco sin puerto
    LO CIERTO
hablando de mi hermana (a) me olvido de mi hermano (o)
— todo aclarado para que no haya errores en la lectura

el que comete un error de imprenta habría, habrá
que imprimirle las palabras al espiedo, fuego lento
en su lenta carne equivocada

hablando de mi hermana tenemos manos parecidas
pero yo tengo una roturaMarca en la derecha /
pegué una trompada contra un vidrio
yo me hice añicos yo y la Mano,

Escribo

Escribo

Escribo

¿de quién son estas manos? Mías—————Escribo, escribo,
                                        [escribo:
y añoro aquel momento de la cara rojamente borrada,
                                    [pero entiendo:
clavado en la raíz de esas palabras
está clavado el año
LOS AÑOS
que pasaron y pasaron.

II

 Ésta es la segunda parte del mismo texto: dividir para reinar

seguro que mi historia empieza con esa señora teresita
la pequeña Teresa Galeano   E N O R M E M A D R E
imponente:
miro mis pies y abomino de mis pies
"no — en El Fiord —, no podía aceptarlos ni escupir sobre
                                            [ellos"
Piera soy yo
abomino de mis pies porque los pies de Teresa son hermosos
y el espesor de las lágrimas construye una mirada tridimensional
///// miro a través de los diamantes /////

lámparas con caireles en el comedor de casa
mi padre y las espadas de sus amigos militares,
                    pero todo era de cristal
y rota la bolsa de agua y nacido a mí me salvará ese acceso a una
                                              [escritura
confesional
megalómana, burdamente // mitómana
              burdamente,
rescato al abominable Miller antes de reventar O Ca
la última oca escandinava de León Bloy
y hasta los Tres Carajos con que me despojo de mis flemas cada
                                        [mañana al
levantarme
              Carajo de Ginebra
              Carajo de Vallium
              Carajo de Faso
también al fin servirán a su fin: Que también la Escritura
se convierta en un inmenso globo de cristal
Y estalle

pero a mí (preferiría decir Sol)
pero a mí una dama madre, madre dama de no darme / me
                              [condenó a cierto grado
de locura refinada   ¡no somos nada! ————————
y aquí,
cuando el aire es un tajo
con el asombro (para mí) de un tajo que no produce sangre
Aquí ella viene, Madre, aparece
aparece por tres partes a la vez / la partitura de mis lágrimas
                                          [partidas
                              — viajes —
todos los guachos están invitados a mirar y a escuchar
escuchar / como si mi madre fuera una música o el recuerdo de
                              [un escruche

                                          ella
                                          ella
                                          ella
                                       por tres
                                  caminos a la vez
                            posa sus pies sobre la arena

                                                y no deja huellas

para qué huellas
en un jardín de pétalos de cristal
y de pelo transparente que permite radiografiar el cerebro de
                                              [una sola mirada
      Las Huellas Están En Mí
                          TERESA GALEANO
      Me ha grabado en la carne la Forma y la Manera de su Pie
                          Y Robinson Crusoe se aterró ... / su isla virgen, su isla virgen /
                          Estoy aterrorizado
                          y no, no:
                          esta costumbre de pasearme incansablemente por la pieza
                          no se me pegó de mis amigos ex devotos de Devoto
                                  como cree Lozano
                                  amigo de Luis
                                     LUIS GUSMÁN
                          es el pie de mi madre, Madre, que me recorre y me camina

—Virgen y Madre figlia, hija de tu hijo
violadora emputecida de tu hijo
            ✳ ✳ ⌠ La Forma
del pie de la Virgen aplastando la cabeza de la víbora
                — Mi mala fe tenía que estallar del todo y para siempre
                                                        [alguna vez
                                                    Analista Paula
                                                            escuche

16

DESENCARNADO
mi Edipo encadenado a mi cabeza
ha perdido ya
toda su carne y su sangre
Prometeo se hacía la paja porque lo habían dejado solo
Mi Edipo es un gesto // gestalt //
Mueca vacía
Cultural

Y sin embargo SOY Edipo
Un Edipo que besa los pies de su madre ahorcada
Que se cuelga de sus piernas para detener el bamboleo de ese
                                                              [cuerpo
Que cuelga de una cuerda
Y arrodillado
Lengüetea Lame
Con su única lengua
Lenguaje posible
La vagina todavía tibia de su madre ahorcada:
                          en el momento crucial
Lengüetea
enfrentado a la posibilidad de que la historia continuara
que mundo
h u b i e r a
un momento, un paréntesis (
me asomo al balcón pero no para tirarme
seguiré escribiendo

se volvió impotente en ese momento decisivo: la erección decaída
diría más tarde Spengler
fue la Decadencia de Occidente
Ella
Se me ofrecía
Yo
Yo

no pude
Pero no me cegué ¿Cegarme? Nunca. No me quedaba en la vida
[otra cosa
Que mirar a ese cuerpo femenino pendular ahorcado
Esa
Mujer que se suicidó porque mi impotencia la mataba

III

Entendido
Los puentes se tienden de cualquier manera
En el aire
Aunque en cada uno de los extremos
Del Puente
Al terminar el puente
Sólo haya
Vacío———————————————————— Llenar este vacío

Analista
Analista
Analista
P A U L A,
                el malentendido se da desde el comienzo
Su rol, elección o enajenación, tiene un nombre: anal-ista
Pero su relación con el analizado es
Es oral
Y ahora pienso en su cuerpo Anal
Usted fue mujer de Horacio Pilar
Y ahora será pareja mía Oral
(ya estoy destruyendo el análisis
estoy *sublimando* — palabra pornográfica — y sin embargo no
[sublimo:
Sublimación,
la única posible sería el suicidio,

con lo poco que cuesta no entender,
ahí, en el suicidio, al margen de la enfermedad y de la conciencia
[de la
enfermedad
Auto-conciencia de uno que a veces camina agarrándose de las
[paredes,
Debe haber un momento "sublime"
y acaso también en la guerra
en la de 100 años y en la de 1 minuto
o un segundo o menos aun. Ese
el segundo de ver
Porque Edipo no estaba ciego
Mirar con mucho miedo el agujero negro
La punta de las balas en el tambor del revólver
YoliC
el gatillo ha sido montado

yo tuve un hermoso revólver español parecido a los del Far West
"¡qué infantil alegría cuando sonó el disparo!"
me lo habían dado en el Sindicato, la otra historia: luchas
[políticas //
y fue robado por fallas en la custodia
Aprenderlo: nunca una custodia debe estar a cargo de imbéciles,
y junto con ese revólver español
Mi Arma
que convocaba el recuerdo de la única lengua que hablo
Mi Arma
También robaron
Una pistola 45
Y una parabellum que tronaba
Nos convertía en dueños de una tormenta:
hemos perdido, por ahora
Pérdida y derrota: Volveremos
(pero no a una playa cobardemente arrasada del Tercer Mundo)XX
Volveremos a hablar de esto. Hay tiempo. El pasaje

de la agonía a la muerte es largo   Y no corto
como el pasaje Pasaje La Calandria de Villa del Parque
en ese barrio y en la cama de mi madre nací

Era rubia
y cantaba como una calandria
Mire, Paula, si usted en vez de psicoanalista fuera pulpera
Mire
Si usted me pasara grandes vasos de ginebra
A través de la reja
Hermanita ¿quién de los dos es el Preso?
A mí la sangre de la castración me rezuma por los flecos del chiripá
Pongo mi daga invencible en sus manos

Paula, mire
me hablaron de usted
Señora
Usted es rubia
Igual que Piera
Y Piera soy yo

Esta daga
Este acero rubio
y Escribir Escribir Escribir una canción
          una sola
la espada, la Autoridad de Cristal
Paula: Pareja histórica
Pero pareja histérica en mi caso, histeria de representación
Histeria
Puedo hablar incluso un lenguaje que no entiendo
Esquizofrénico mimético
GERMÁN y Usted ya hablaron de mí: Lo sé)
Pareja histórica sin embargo
Toda época tiene su álbum fotográfico: Carabineros,
                              [Estructuralismo //

20

En él, Álbum de esta Época, posan fríamente
Fingiendo no mirarse
Analista y Analizado
el
Analista
y el
Analizado
Y el círculo se cierra como un Ano

IV

Bésame Iocasta, un beso largo como para morirme de sed al borde
[de la fuente
Iocasta
Iocasta
bésame
Convocada una villa /// que es soledad /// convocado un parque
pero este parque
suave su hierba como la cabellera que se vuelca de tu vagina,
quizás haya todavía una posibilidad
que degüelle castamente Iocasta
mis imposibilidades
A ratos soy impotente
Pero quizás haya todavía una posibilidad
Quizás acostado
Yo
De espaldas
Sobre la frescura del rocío: ciertas tradiciones, ciertas lágrimas
Quizás pueda erguir mi pene hasta tu sonrisa
O quizás pueda ofrecerle mis pezones a tu sonrisa
                    pero no me abandones
                    pero no me abandones
                    pero no me abandones

estos pezones que me han florecido son las flores de tu camisón
tendido sobre el lecho, inviolable

viólame

Volverse
Y yo me he vuelto para ofrecerme al macho
Volverse loco es como no haber nacido
Y hasta es cómico:
Pasar del confinamiento del útero al confinamiento del manicomio

¿Pero es que estamos en Grecia, acaso
o en la Inglaterra isabelina,
acaso
con todos los ecos, las resonancias
melo
melodías
de la poesía de Shakespeare y de Donne,
o es que acaso
éramos tiernos
niños de pecho?

Pero no
y no
Pero no
y no

no me abandones

Hazme el don
pero también
Historia sí
y Representación

— La mala fe no podía durar tanto tiempo, tenía que estallar
alguna vez tanta mala fe: yo no tengo ningún desorden // mis
sentidos // tengo demasiado ordenado Mi Aparato de Mentir,
otra mentira más: entonces — *la militancia en el MRP no nos*

estaba sirviendo de mucho — entonces es muy serio: estoy enfermo.

Y trataré ahora de interrumpir lo menos posible mi diálogo con vos, Iocasta: dame un beso //// no he podido dormir esta noche como el coraje de todas las noches //// historia—————his-teria y representación /// he llorado ante la mañana que ya está aquí, he babeado babas sobre el teclado de esta máquina de escribir padre de la música——————la mañana——————
——————que no, no es un mañana, no es un porvenir!!——————
——————sólo una luz y el ruido de los albañiles: Iocasta: me lanzaste de la humedad de las mil lenguas rosas que hay en el interior de tu vagina // a navegar // navegar en un mar de excre-mentos——————rayas——————rayas para contar los días—
——————¿qué fecha es hoy?——————rayas: histeria y represen-tación——————rayas: el mar es de excrementos
R A Y A S
R A Y A S
R A Y A S

Osvaldo Lamborghini, hoy, 12 de febrero de 1969

(marginalia manuscrita:) historia / histeria / & / representación / rayas

23

Los enfermeros, que saben.
dicen que son irresistibles.
¡Tantas veces han perdido
la cabeza (y el puesto)
por ellas!
—Y también los médicos.
Quiebra en el cotidiano manejo profesional:
hay "algo" en el olor de las locas,
en el vaho que se desprende de sus cuerpos.
Locas: Ellas,
con "algo" en la carne y en el olor de la carne
que ni la electricidad puede arrancarlo,
ni las palabras.

Las palabras son el último intento
antes de la perdición definitiva.
La que entra en el consultorio delirando
se lleva a otro atrapado en sus respuestas.
Las vidas "arruinadas", ojo,
no merecen elogio ni elegía
ni melancólica
oda postrera.
En el momento la loca habló
y en el otro vino el vértigo.

La encuesta previa para el levante de este
remedo de poema (¡y el tiempo vino!)
llevó a la puerta oclusa del ex doctor Groshen,

24

el expulsado de los cuerpos de salud.
"Me seducían invariablemente", dijo,
con los dedos manchados,
"y despúes me abandonaban a mi suerte".

—Por una loca hija de puta o puta... —comentamos
"¡No!", él cortó la frase.
Suerte: Expulsión, él: el expulsado.
La medicina no lo necesita
ya más
y tampoco, tampoco es preciso
a las palabras placentas de las locas:
por un cuerpo que pierden
encuentran toda una academia para ejercer.

¿Cómo decirlo?
¿Quién ejerce y a quién ejerce?
La puerta se abre y los razonamientos
de Groshen exdóctor se evaporan
"¡Me quemó los sesos!"
Hay una mujer con la mirada perdida
y vaga sonrisa
que llama desde el umbral.

El olor llega hasta aquí
hasta la noche del blanco castillo,
o sombras débiles. Hasta el órdago
de las curaciones.

Me estaré
me pregunté
volviendo "loca".
Oleré, acaso,
de esa manera y con ese
perfume y dardo de que hablé.

Groshen me ruega
un poco de amor:
"¡Un poco de amor!"
O que le dirija, en última instancia,
la palabra

llegaste ¿estás contento Groshen?
los berbiqüines de Dios están aquí
y guirnaldas
en una cantidad tal
y de gran preciosura
que ninguna boca sola
podría proferirlas

se pierde todo temor a estafa aquí
hay joyas brillando y jodas perennes
hay un grano de anís
orgullo de la placenta
hay un pliego y lápiz
japonés
o leeré
reclinado sobre la solución adivinanza
o el invento de otra en su
insoluble reemplazo que
que, inmensamente castillejo corresponde
a hidalgojo
inmensamente
y el que tiene
¿con qué me hueles?
¿la nariz el culo o la boca?

El contenido y la historia molestan
aunque la trama igual sigue
sin la voz cortada
desalentada por aquello que se insinuó
insinuara mejor dicho
en el vacío de la figura.

    Los puntos de enganche son tan probos
—el replanteo y el vuelo de los pájaros—
—con las alas mojadas por el vuelo,
circular —mojadas por la espuma— del salto
mojadas
en el rodeo de un pico atronado
allá abajo por la catarata.

Agua; y la catarata atruena
atrona
            ...pulido el huevo de piedra inútilmente
porque el pájaro no se lo traga.

Ha transcurrido ya una larga historia.
Abismo en vez de pico.
Los recuerdos se desgranan como la miel
batida en una taza de cerámica
bien a fondo en el fondo.
No dijeron allá
—temporalmente hablando—

que iba a convertirme en una espada casi
aun de barro.

O agua. O cómo, pura prevención,
se llenaron las horas de la jornada
   —El trámite de la muerte del rosarino
obligado a morder una cápsula de veneno.
O no lo hubieran dicho.
Lo hicieron venir para matar a otro.
Cambiaron la decisión por limpiarlo a él.

La historia no tiene autor

* * *

Hay especies de pájaros serenas
que no vuelan empinadas
listas para taladrar la espuma
aunque tampoco tienen autor

Hay especies de pájaros serenas
que al sol las alas dorarles
como se dora todo en su hora
vuelven al sol agradecidas y amorosas
los picos resecos y lejos
de la catarata atronadora

Sobre la cara que se deforma

El rosarino envenenado dicen
está aquí,
              frente al vacío de la figura.

Ahora no repetir
    se insinúa

* * *

—El oro, viejo, el oro.
A cierta edad alguien se ve
en algunas posiciones
(en las pocas que puede)
enfáticamente brillando menos.
El oro es el salto en la garganta
Lo que luce atraviesa como un espejo.

Las casas se abandonan, los domicilios.
En las piezas de hotel barre la mucama
y el nombre todavía, con la rúbrica al lado,
figura en el registro.
Pero igual se voló el tipo.
Es la cosa, entonces, tan difícil.

En una rara ciudad — el ave,
tal vez, de todas las ciudades —
tener como tarea buscar,
recorrer piezas vacías, encaladas.
El portero y la mucama ríen bajo cuerda.
—Huyó —dicen—, huyó,
por la puerta de mármol.

Yo lo busco: él puede estar
tras las cortinas de una ventana,
observándome.
No mirará gran cosa el pobre idiota.
Solamente,
al otro infeliz que lo rastrea.

En el cielo el avión de propaganda.
Los hechos ocurrieron hace tiempo.
Tengo fiebre y floto
sobre suelas agrietadas,
camino en el agua.
En el bolsillo del impermeable llevo un arma.

Me siento
el gusano más débil de la tierra,
el más lebrel apenas.

Había podido mirarme con superioridad
y decirme que mi dinero era sucio
y que no lo tocaría.
Pobre mujer. Sonreí para mis adentros.
Nadie sabe, nunca,
el día siguiente, el otro día.

* * *

Sí, he llegado.
Estoy en la casa de su mujer.

Señora, piedad. Ábrase de piernas.
Sésamo, ábrete. Me gustan estos muslos
de manteca. Me gusta abstractamente claro, la muerte

Ella y su corpiño,
por añadidura negro, hacen aparecer
Los senos inefables.
Si desde la ventana me disparan
Mientras estoy en cópula
El disparo me desparramará los sesos
Y me iré al hueco sin cabeza.

Usted, Señora, fue su mujer y lo es aún.
Cuénteme de ese hombre suyo:
Señora, sus tobillos,
Por de alguna manera decirlo
Tienen la rara calidad del alabastro

Y la blancura de las hostias.
Las venitas del empeine,
de la mala pécora del empeine,
Son todos mis días de deseo, los cálices,
Una vida religiosa de deseo.

Empeine, Empeine
Oh Señora
Oh Clítoris
Mi lengua crotta quiere estar ahí
En su covacha de sal incierta
En la penumbra de la hornacina.

Encendió el hornillo y puso el agua.
Me excitó no poco verla moverse por la cocina
envuelta en aquel vestido
tan ajustado. Todo
en ella me atraía.

A la noche me tomé una botella entera de ginebra
y unas cuantas pastillas de veronal.
A la mañana siguiente no estaba muerto.

* * *

El ave, tal vez, de todas las ciudades.
En una frágil representación es,
La Puerta de Mármol, mi destino.
He de permanecer estatua y afilado
entrando en el cuerpo de su mujer.
¿No he entrado, acaso? Del todo
no es seguro. Crece mi cabeza sin embargo.
Voy a volar en globo.

Ser poseído brutalmente por un amigo
no es lo mismo que ser poseído
brutalmente por un enemigo.
Se percibe la diferencia.
Las diferencias son de Dios,
en tiernas volutas suben al cielo.

* * *

Los aguantaderos tienen la virtud de soportarlo todo
Menos la presencia
Del tipo a quien uno busca

La mujer ahora me acompaña en mis gestiones
Se divierte con la idea
De que va a contemplar la escena

* * *

Recorremos cada vez
ciudades más imbéciles.
Estamos llegando al confín.
Aquí los pájaros se gozan,
se arreglan entre ellos
y paren luego como mamíferos.

Sangre en puerta.
Ella se me niega ahora,
se me niega porque confunde:
para ella, sobrenatural equivale
a contra natura. Los delincuentes,

le digo, no se parecen
ni a los dioses ni a los reyes.
Pero tienen, para decirlo,
esa rara cualidad de los mamíferos.
En medio del campo ponen un huevo
que equivale a una caricia.
Mal habida, en efecto.

* * *

¿Así que el tipo había conseguido ayuda
y nada menos que prenderse
con la gente de Ughi?
Sí. Y yo soy testigo: acaba
de atarme a un árbol y ahora
le pasa a su mujer
el rollo de billetes. Adiós,
puedo despedirme de mi parte.

Cava con una sevillana en mi muslo.
Tranquilo ya debe contemplar el hueso.
No siento nada. La cabeza
se me llena de comparaciones. La (...)
¡y yo he amado a este hombre!
¿cómo es? ¿cómo se dice eso?
ah ya me acuerdo

"Cuando se abre un corazón
y adentro sólo se encuentra
el vacío o una flor reseca..."

Una cadena de labios hace eco
el nombre de los amantes,

un verdadero farfullo siniestro.
La sangre habrá corrido en vano,
y es inútil: resulta el perfil
tan indiscernible como la frente.

Los vapores regresan a la tierra, palo santo. ✕

La amplia muerte en redondel
en espacio que nunca gira
y peor que fijo
qué importa
ahora
con los años de improntarse
con el mismo espectáculo
el mismo
gondoleo vacío.
Qué importa.
La línea
cortada
tiene su propio andarivel y su sortija.

Había una vez un sueño.
Para entrar a un campo de concentración
al que todavía era importante entrar
había, había que entregar en la puerta
u hosca barrera
un animalito al azar, cualquiera.
El pobre viejo probaba con un atajo de harapos
y rechazado le descubrían el engaño.
Luego tenía suerte al despojarse de una media.

A esta altura Groshen también
menea sus chinelas sobre el páramo,

pero aunque se anda por aquí cerca
aunque se cerca
Groshen. ¿Quién es?
Hay una nidada en el barro
de gente enferma.

Aferrado a la suya, a su diametral condición,
el viejo entraba al fin con su pie descalzo
y en un limo obligado
tenía que introducirlo.
En un limo.
Otros ya eran estatuas barro
erigidos en solfa momentos
barca que encalla en un silencio
fruncido y anal. Bah,
la gente nidada tenía sus huevos suaves antes
ya constreñidos: "¡Esto es un barro!"
"¡Esto es un limo!".
Otro lado de la barrera.
Del otro lado de la barrera el viejo
pero ya adentro
se miraba el pie.
Y ése era el llorar de un anciano
que quería entrar sin el azar de cualquiera
omitiendo el animalito.
Había una vez un sueño.
Desnudo el pie se hundía
viejo y embarrado.

                                        1972

¿De dónde vinieron, o cómo aparecieron, esos criados de chaquetilla verde y pantalón negro, tan pulcros como complicados en toda la trama de la intriga?

¿Por qué era importante con sus barreras bandeadas, ese campo de concentración al que todavía era deseable entrar?

¿Y ese viejo que no tenía el animalito requerido para la admisión, y tomaba entonces por el atajo de entregar una media sucia, a costa de meter su pie, desnudo hasta las heces, en el limo y en el barro: en el barro y en el limo?

¿Y desde cuándo la repetición fútil ineficaz de golpear la cuchara contra la escudilla de estaño para pedir, por añadidura, más?

Preguntas cuyo sentido se resuelve
       por declararse a sí mismo
       absuelto
       de culpa y cargo
       de finitivo y sobre seído.

A todo esto la industria seguía produciendo, el acero era —irónicamente— fruto, y de aleaciones. Tan erguidas las fábricas no paraban. Turnos en la noche y Turner anulando (éste es nuestro anillo) el color en favor de consistir el ojo y la mirada, ya que cuadros sobran. Mercar la mirada.

       Pero
       así como había una melena, melenita de oro,
     también siguió el gerundio del habiendo
       una lucha
       entre el poder de la industria
       y la industria del poder.

Hijos del estado eso es precisamente el Estado.

Y el viejo enterró su pie en el barro, y Groshen fue expulsado de la Medicina hasta convertirse en lo que es y no es, el exdóctor.

Y de la fábrica se pasaba al hospital con una rapidez increíble pero con la misma celeridad del hospital a la planta, a ese pie fabril sembrado en la tierra.

Largas colas entonces frente a las alambradas en corto circuito del campo de concentración, donde la vida era durísima: pero nadie se cansa de rodar hasta encontrar una piedra. Los antiguos poetas chinos incluso firmaban el hallazgo, como si se tratara de una obra: el tratamiento, todo lo contrario.

En una familia tradicional, hasta vinculada estrechamente con el Estado, los criados escancian bebidas.

El alcoholismo es incurable, como el estado.

Los criados consiguen fácilmente drogas: incurables.

Ellos están en la cosa y basta decir esa cosa para que el guiño quede petrificado.

Ante las alambradas, ante la red de alambre, un ruego. Un animalito bajo el brazo como forma de entrar y pago. En la tradición, oral hasta las heces, en el perchero de la sala de recibo, las gorras militares y los sables. Pertrechos inútiles para la cena, inútiles y molestos. Y un viejo senador (el hombre de la experiencia) cómplice anverso y reverso de la industria y el poder.

Las burbujas todas de champán que sobraron sirvieron, si es que lo es que, para componer tangos, para sentir el sentido, pero como cargo. Para humedecer el palacio de velos, ases y espadas hasta derruirlo.

Ahora por lo menos este campo concentra una dureza. Piedra o tal vez lápida, pero se supone que alguien grabará el tornasol que no vuelve.

1974

La perdición, un pulóver claro
con la letra insignia de una Universidad:
pero,
la perdición no es universal.
Es un saber que sólo concierne a seres
delicada, abyectamente particulares.
Yo soy aquel que ayer nomás decía.
Pero ahora es el silencio:
el silencio, el dije de preso.
Contra una soledad poblada en exceso
las sirenas se convierten en piedras
y los hombres
los hombres en inicua arena.

Igual el canto vibra en un barranco de promesas.

Las naves otra vez
y otra vez las letras.
Quillas en el agua pulsada
como la cuerda más certera de la cítara.

Artera.

Te amo Helena
a sabiendas de mi ignorancia.
Me queda la cítara
me queda el agua
la asfixia del que no tiene y canta
para ruborizar a los dioses.

En la embriaguez todos los leopardos
se alimentan, nutren, con leche de mujer.
Y las mujeres ponen los ojos en blanco
(todo está dicho).
Mentira: yo quise decirle.

2

Pero me interrumpí porque
(¡este porque!) entramos en un río de agua
de agua parda
que invitaba a la pobre locuacidad de los mercaderes chifles
y a la gravidez de las mujeres de alcurnia
especialistas en lienzos y en potosíes, y
y nada. Una era mi madre
contenta de reencontrarme y yo contento
de poder decirle: "Allá en el mar
siempre sentí el centavo de tu mano sobre mi cabeza, tu poco
                                                    [peso,
y en cambio ahora que me miras, aquí en el río,
me despojo de la sal, del Edén de la sal,
y es tu cuerpo
tu cuerpo lo que me inunda".

Pausa.
Respiro.

Paréntesis.

¿Por qué miento?
Si lo que quiero es que tu cuerpo me abarque
como a un grumete que contempla las jarcias
y se desploma con un temblor primerizo
de miedo a medio sobre la cubierta.

Y tú, perfecta, te ríes
y caminas
caminas por Buenos Aires
sin herejía en los labios
sin nunca
lo que se dice nunca
pronunciar la frase
"El imbécil de tu padre"

3

Vuelvo del mar y quiero
también quiero
con las yemas de mis dedos acostumbradas al cordel
acariciar el rostro del imbécil de mi padre.
Radiante, él se vuelve hacia mí,
por un momento abandona el lustre de sus armas
y decide
pronunciamiento
no pronunciarse
postergar la eterna última guerra
(sólo por un instante)
para decirme sólo por un instante
"¿Cómo te va, cómo te va y por qué
interrumpiste cobardemente el viaje?"

"Es que papá, padre, soy homosexual"

"Bah, hijo, eso
entre hombres no tiene importancia".

4

¡Cuántas flores en un corazón marchito!

SORÉ, RESORÉ

I

Hay que cuidar la relación del doble con el cuerpo.
Tantos, por perder el doble
sin nada se quedaron, como la intención
de decir, o con esa intención.
Precisamente y vaga,
que nada hubiera fuera de eso,
de ese ras ras:
quitado el doble nada.

¿Caminaría yo por esas arenas de ardor?
Si no supiera de antemano
que hay una boca y que hay un jarro.
Esperando. Indiferentes. A quien llegue
o se eluda ad hoc. Señalando.
Señalando su distancia. Indiferencia,
fuera de todo teatro

acrado.
¿Caminaría yo?
Por esas arenas de ardor.
Hay que cuidar, es preciso.
Que el doble (él)
a cada rato venga con su certificado de presencia.
¡Yo he conocido mujeres
ya entontecidas de parir!
Cuidar incluso que esté en el ahijuna, en breve.

Sin desesperaciones por el gasto,
hasta cuidar incluso el gesto:
el terror nace, pare cuando se pega un salto violento
hacia atrás y él, doble, no está
(¡oh, te quiero ver!).

En Roma,
en el templete circular de Hermes Chano,
adoraban el ovo de la magnolia
el bien rallado sobre un vientre de mujer.
El doble (él) era un rayo de luz sangre,
púrpura se decía: "Un rayo luz
púrpura sangre". Generalmente,
las máscaras consiguientes se ausentaban
para que él, doble, produjera intente
su laxo andar sobre la cal del muro.
Y sólo sobre la cal.
Y sólo sobre la cal.
Sobre la magra película cal.
Caminaba y acre,
y las máscaras yacían, pero no donde yo yazgo
sino refundidas como yo
sin el salto prudencial del rasgo
y en tanto el pincel, el pincel,
untado de azul
traza un color.
¿Caminaría yo por un César que me descabezara?

Se entiende que el rayo se efuminaba
tras la cal, sobre la cal
mas sin tallar el muro
ni atraparse para efigie del clam.
Yo lo he visto entre clavos de orgasmo.
Olor. Investidura.

II

Soré y Resoré, divinidades clancas de la llanura,
como vientos opuestos o en otro decir, encontrados,
otrora se posesionaban por entero de la atmósfera
y le imprimían su cadencia
(que ellas también como tejer
por tejer su brisa se les daba:
alguna vez la palabra erradicar).
Eran, Soré y Resoré, divinidades. Allá, oh allá,
como una sola copla andaban
gratoneando casi en un plano de delito,
entre ellas remirándose.
Y poseían el rallo.

Orei, no cabe la nostalgia.
Pero entonces cabe y entonces, vamos,
qué duda cabe.
Es un hueco en la esfera no del entendimiento.
Es un hueco.
Orei haría
haría,
falta toda una ciencia de suplir
que no tenemos, o tengamos. O un arte,
que tenemos, o.
Yo no he adivinado aún,
al menos,
las estatuas de Soré y Resoré,
Orei:
de la llanura clancas divinidades.

Están con sus compadres, los ecos.
Viven la vida intensa y eterna de las ratas
pero en una esfera externa donde la caña,
la pulpa misma del concepto

vanamente tratado de omitir,
nubla la mirada y añuda
a cada griego con su sabra
—no saber, ¡tan caray!—
y a cada orador con algo, con un halo.
Orei, ¿adivinar las estatuas,
los erigidos monumentos?
Pero dónde y cómo, mi amigo (sin nostalgia).
¡Si ésta es una llanura de lo más llana!
Si es el mesmo concepto desenrollado
como un despliego de la pulpa mesma
sin ninguna clase de prominencias.

Oh no, Orei:
"Naides es más que naides".
Y nada se avizora,
a fuer de un comentario de barbijo.
Ni siquiera la llanura llana.
Idolillos que se van contaminados
y cunde el escenario
Y ahora el viento
Y ahora un dibujo guanaco
Para escupir la cara
Y ahora un heraldo mensajero amante enviado
a la ciudad de los patentes muros
(más paja aún que adobes),
descubre que soy nadie y no naides
o menos ni menos que naides.
Así andaba la cosa en el momento de poner
cuando al fin comprendía a mis compadres.

Estaba el hombre tras la reja del bar
con la tranquila copa en la mano.
Bebía seguramente su caña o su durazno y acrado
se partía en el lacre de un envío seguro,

seguro sin reenvío posible:
pero él era, o al menos estaba.
Y en la esfera no del entendimiento,
sin recordar bien (y menos pensar)
me acerqué con paso calmo,
intentando a lo sumo yo
entrenarme en los andares laxos:
ver y a ver
si podía revertirme, con un movimiento inverso,
en la misma condición del rallo.
Gritó
"¡Rayo!" acentuándolo. Y fuese
fuese redundante tras la bruma de la caña
(jamás he visto tan tranquilos pasos),
o disimulado por la sombra mal habida del durazno.
Y ésta es la reja del entrechocar:
lo mesmo.

Los Tadeys

Dado a pensar
Y al azar de dado
único abrigo contra el hormigueo del cuerpo
El pensamiento
Ya no
Esto no
no pensar sino hormigueo vasto
Grosero
Las palabras hasta
caen fuera de matriz extraída la leyenda
Trabajar contra
y domeñarte está probado que no te domeño
Alharaca de la cruz
Tiempo parpadeo
Hormigueo y bullido
que no bulle ni se evapora
y agregado de la postrer desgracia
Menos aún condensa

¿Primera introducción a los tadeos?

Y así no hay relato que progrese,
la palabra está aquí, en este lugar.
El cuerpo, en un crepúsculo de blandura
(o varios amaneceres) se envuelve en una piel con agujeros
—escribamos— se triza en el lugar,
y así.

El primer tono, el humorístico,
queda de lado como el cuerpo y el humor.
Cosa de hombres,
la máquina de escribir se traga a los hombres
(rasga el manuscrito)
con evidente perfección
poco menos que fordesca.
Perfección, en fin. Pero de adónde
ha de venir a ser posible ella
(invidia desolada del campo huero)
si certeza hay una sola y común,
la tercera.

Es el encanto,
todo se entiende tan bien
tan injusto suena aquello
(ese decir: naides entiende).
Entenderse, y tan claro.
Cada uno habla desde su lugar
invirtiendo el lugar.
Propone el estigma de la adivinanza
y el enigma crece. Crece
hasta crecer
hasta creerse en el haber nacido
y en payada cualquiera se raja.
Rezuma en su encordado:
"Ajá: o el hombre se hace mundo
o zas: el mundo hombre se vuelve".
Tanto la una como la otra,
esas dos procosas
imposibles son.
Entonces telón.
Veintisiete letras.

Yo, que tiene que vivir,
progresar en el relato,
decididamente no puede: el poder...
se invierte en todo lugar, conquista
(a la larga) la superficie de cualquier inversión.
Así que: ningún qué.
Blandura o blancura
(hasta la última sustitución)
jamás la escena vacía.
Y si alguien lo resiste, entender:
se trata — de un caso
feroz de resistencia
    el casi el saber
    la locura casi
y hoy tampoco seguro ha
— de advenir.

¿NOTAS INVERNALES DE UN DIPUTADO INFELIZ?

La nieve cae y cae tanta...

Hoy, Especiato de Contra Tona.
Hermético, ridículo poema en cuerda Tikidiki:
hoy había un Consejo de Regencia
donde la titiritada diosa aparecía
(llaga invernal o la dostoievskiana eternidad
en el hueco oscuro de una letrina).
Yo era un diputado, uno de los tantos del Imperio,
y tenía mi propia versión del culto primitivo
y a ella me aferraba
hasta enmohecerme en los hierros de la fe.
Yo decía que la diosa: ellos
decían otra cosa.

(Esta taza de té que el crepúsculo bebe
sentado en la pestaña de una ventana ojival,
esta taza de té es un culto antiguo a la sed,
no al saber.)

Y, de verse, lo que se ve es la alondra mirada
y la bandera de plata.
Sol, mármol de aryento
y el escudo
mal pegado en la frente
de una casita perrona.

Se ve, desde el cuadrado de la pestaña
—amarillo en la noche, blanco
en la mañana (¡idiota!)— se ve...

Y aquí ya hay uno: un problema.

(¿No existe acaso lugarcito
en la vastedad llana del imperio
para escena crujida de arte irónico
pura befa y perfecta
perfectamente masoquista
hasta los dientes chirriar?
Rozamientos múltiples, canción.
      Rozamientos de pubis
      Rozamientos de esfínteres)

Cuando me apuran me apuro
Jamás libre, siempre esclavo
aunque no dejo de alvertir
(tamango gaucho a esta edad)
y sobre todo cuando el alado torniquete jala
hasta la carne que toda se vuelve
(suculenta presa) y de todo dolor se evade:

Tú borceguí, diosa, Niña de la Frontera,
diosa adulterada,
tu borceguí en el culto es el que mejor calza,
Y mi tú, en mi medida, hacia ti vuela.

En alcohol me lavo los pieses
Después de meses
De no verte...

Telones de grasa y aparejos
de orgánicas entretelas
yo, clavado a un pedestal.
Pero hoy es hoy (¡diametral condición!).
Hoy es la advomitable, arcada fiesta.
Llamo... a mi florido criado
con dos manitas de bronce dadas
a aplaudir cada vez que oprimo
el ingenioso resorte botón,
una especie de gong.
Lo venden: en todos los bazares.

Reclamo:
el gorro de lana palomí,
el abrigo de pieles con correas de Jatar
y borlas tales.
Reclamo:
el espejo de mano
pero cierro en cambio los ojos al mirar.

No
He
Visto.

Es oficial: parto
hacia la zona de los lagos.

La nieve cae:
para tanto.

Hoy, nada menos que hoy
(y juro: que a esta precisa lujuria
la pagaré, tan de dar en el lugar,
algún día cara. A cara.
Este redoble soberbio
de abominar cualquier mirada).
Parecen las aguas del lago siervas indecisas.
Calibran, a punto de congelarse.
Y sirven su modesto manjar al que humilde
    (rozamiento de pubis
    rozamiento de esfínteres)
su cuenta zanja.
O al menos: inténtalo.

Hoy es el pueblo,
la virtud que clama.

(Pero habrá que rasgar otro lugar
para suplir — como en un suplicio,
la descripción completa)

Así, más dichosamente dicho de este modo,
sus hediondos hocicos los tadeos asoman
a flor de agua.
Hoy es la festividad invernal
pues la nieve del deseo a nadie espanta

    (eyàcular en aguijón
    contra el botón rosa de la espina)

¡cae tanta!
Hoy, Niña de la Frontera, es la fiesta.

Fiesta, solamente tuya, la costumbre acopla
cuando sin embargo también hay, hinca un deseo
de salirse de la copla.
La rima encima y confunde
de esta (suerte de trabazón).
Del coito al embarazo y del embarazo al canto
y de ahí a tejer un concierto
con el pálido igual.
Hoy hay un derecho común (como un)
y una costumbre copla
transmitida en un sentido directo y natural
tanto y tan igual
como el tadeo y la micción.

Prepucio.
Un ramillete se abre en el discurso
        Pubis, Esfínter, Ojo...
(Refugiado en una letrina invernal,
haciendo oídos a la contracción y al jadeo
y al final gozoso adormecimiento,
un sueño sube de todos los órganos
—pero órgano por órgano—
una hiata modorra: fusionada en extremo y cadavérica.
La ganga de apropedazarse. Había y no hay.
La muerte es el órgano, el placer de los vivos.
¿Qué ramillete entonces se abre en el discurso?)

Las letrinas son cabañas de mrostag,
lo demás ocurre en el exterior.
Aquí en los lagos, todo el mundo hoy bien munido
tiene el derecho de deslizarse
y hundirse
entre los labios del lago
y hundir, hundirse en esas aguas
y matar: tadeos hasta hartarse.

Ya las aguas enrojecen,
pululan sangre así como pulula en sus invivibles células
(el discurso). Si los tadeos se revuelcan en su entraña
si nada deslumbra menos que el equívoco
—y lírico— sucio brillo del oro (hedores
de un arte masoquista, afanes
de una palabra que no cuece en su fusión
y caída muestra
     su
molusca herida, o rastro
de hacha en la argolla de su vértebra) si.
De veras, no: nada de esto parecer.
Parecimiento o muerte general: yo
¿qué miro?
Mi monóculo cuelga —inútil ya,
de un ojal solapado.
De donde las untas: de una cinta grasienta.
O veamos de cómo
con mortal rabioso placer
su propia estatua se infrige.
Punto de infusión:
mi lágrima cae, como una tortuosa espera.
Madura...
Y lo que veo es esto
de ella al través.

Igual aquí hay uno, un problema.

Ya es tarde, entonces.
Ya se ha perdido: gran parte de la visión.
(Puedo matar tranquilo
en una suerte de ostracismo
o, a lo inverso, en esta concha muero.)
Ahora se ven los miembros reventados
sueltos de los tadeos que,

como superfluos,
por encima sobrenadan:
patitas, aletas truncas
esquirlas sexuales
órganos del goce o la reproducción
(no es mi tema)
prejuiciosamente cercenados
no sin crueldad.

Se los arrancan a tirones con las manos
antes de devorar el cuerpo:
nutritivo, es su suponer.

Mi esperanza está en que supongan
eternamente y mal.
La condición de todo alimento es el peligro,
el doble filo.
Los hombres entran desnudos en lo que resta de la visión
se abruman en y con los chillidos
en el humo rojo del lago, ahíto.
A tadeo muerto —agonía y mutilación— tadeo
efectivamente con voracidad devorado.
Los hombres se desnudan al olor y entran
dejan sus ropas en la orilla.
Son adorables montoncitos
de orden y autoridad.
Se autorizan,
como un reflejo mío en este tramo:
o ellos o yo, o
al revés. O la tarea
debería recomenzar, y así no hay, etc.
Con unos reculongos cuchillos de cocina
torpes hasta la ebriedad,
cansinos y aperrados hasta el punto
(de revelar)

de una especie de orgía de desfusión
que ya no hay más, la prueba,
que en ellos ya no queda suma, igual acero.
Al color del agua que malamente los refleja
los hombres se desnudan y entran en el lago.
La única vestidura posible de rasgar la llevan
en la cintura,
con un cuero:
el wonsterfitz, bebida de sumo alcohol,
es el candor de lágrimas unas, aunadas al calor,
que baña la cara. Interna,
de las cantimploras huecas.
Pero son millonésimas
las caras ahí dentro.

(Tiempo y estación. Período.
Esta taza de té, que el crepúsculo a su cara
obliga a reflejar
a perecer.
Hay un yo en la noche invisible.
Hoy: en guerra, que mata.)

Rozamientos, pubis y esfínteres.

Desértico en su clima inverso,
bravo en su vid, en cambio, el tadeo anda
como dormido y atontado en la época esta:
del año.
El frío hiere a perecer el interior
(incomprensible al fin) de su naturaleza veraniega.
Ciego, la cortadura del frío en su membrana ocular.
Se agacha este animal a comer en supuestos hoyos de la tierra
(y en el agua) esa cosa que sus propios ojos le mienten
(¡pero si nunca ojos, si nunca mienten!). Le mienten
ese alimento: sus ojos, propios,

caídos en efecto en el hoyo: pero ciegos.
Singular comer. Lo entrevisto, el participio
creíble del ver.
(En la ruleta de las apuestas máximas...)

)el tadeo pierde ciego a su merced
o viene a resignarse sin saberlo
acaso queriéndolo
a los cuchillos de simiente mocha y blanda
casi inocente. Modestos: de familia(
y es así, en esta forma y su contenido afín,
como en la mal labrada garganta a los tadeos les entran.
O peor: el mango a veces en la confusión.
La yugular del tadeo entonces cede
o estalla reventada por la madera torpe del cabo
casi sin fin, o con la inútil repetición,
la forzada y siempre dilatada conclusión
de un maquinal, jadeante cuerpo del discurrir
inconcluso.
La mar de la agonía en el lago dilatada.
Los exhalos, los suspiros, los gritos, los postreros.
El collar (perro) de una muerte en el barro
pegada o lo interminable.

Con este método el matador queda bañado
cetrino en sangre.
Con esta muerte pegada a lo interminable.
Hasta hartarse puede llorar las sucias
o morenas (levemente rojas) lágrimas todas de su cara.
O mirarse en esas partículas de cristal
al calor del fluir de su cantimplora
auna
en ese candor bebido:
una y una sus mil caras y reflejos
una y una cada trenza

anudada de sus lágrimas.
El clandestino wonsterfitz, el lupanar
de ciertas (no verdaderas) interminables noches del corazón
)roce y olor, ¿qué es lo más espeso de la noche?
La poluta envoltura de las sábanas(

Masoquistas libándose en el rocío
En el fértil valle de lágrimas
Múltiples
Rozamientos de pubis.
Rozamientos de esfínteres.

Prepucio. Besa y soba.
Sobándose las manos con ese alcohol
agua ardiente suma
unta el matador y ahí reaparece la grasa
la porción del tadeo muerto que le ha apetecido.
Sin poder despegarlo de lo interminable.
La mar de las veces,
las porciones deseadas son los ganglios
esas protuberancias internas, entonces
no muy verdaderas.
Sobran, o no están.
Eso mismo ahíta (halaga)
de saliva las bocas.

Y en el humo negro de la noche
en medio de la matanza
viene la diosa.

Cuando interminable ya no queda
casi un solo tadeo vivo en el lago
al filo de la noche
de las estrellas.
La Luna.

Al filo y a la herida
la pena y el corazón.
La Luna.

Reyenos,
ahora los hombres duermen o vomitan.
Enroscados peen sus flatos al amor de las brasas
(nimio el fuego no quema
ni hay necesidad —al menos forzosa,
o sí porque la fuerza impele—
de trasladar la brasa roja encendida
al tembloroso genital del durmiente).
Las mujeres prestan el servicio
un servicio
de hacerlos arcar
de librarlos de tanta demasía
chupada: ingerida.
Momento del amor: ése.
Sin término, el tadeo muerto anida
en el cuerpo de los hombres,
enroscado allí.
¿Hímenes? ¿Prepucios?
La entretela se rompe en el discurso
cuyo ramillete de vértigos florece
con términos
pero sin fin.

Y terminada esta parte del culto
negra en el humo de la noche
la diosa
La Niña de la Frontera viene a contemplar
a contemplarlas
salvas de su propia contemplación

En el aire espeso y opaco
la diosa viene
pero aún no llega
envuelta en humo
detenida.

Labio a labio libando restos
las parejas se dicen tadeadas
a la espera:
hablan de los tadeis
en un dialecto que las acoquina.
En el círculo del amor y al cojón del fuego
el barro disuelve la nieve
y los cartílagos y aletas se trucan en el hielo.
En punta, las parejas se flechan
con vómitos tiernos,
una manera de rellenarse
mutuamente los huecos.
Tirando del bucle de la náusea o regurgitación postrera
abrazadas se duermen
antes a veces de la diosa venir
hechas un solo cuerpo,
tadeo.

Enloquecidos en el silencio
los escasos animales sobrevivientes
apaleados por el frío horror
aprovechan y abandonan el lago
en los ojos llevan solamente vacío,
densa supuración.
En el colmo todavía se demoran
en el último intento de comer eso que siembran y no ven:
pupilas.

Llega La Niña a los ojos que abiertos la esperan
desean
Llega: belleza de la muerte.

La diosa. Los pocos,
los muy pocos que estaban en condiciones de hacerlo,
practicaron una abertura
abierta en el telón
y la diosa apareció.
Ella es su propia armadura
fundida en un propio armazón
que en ella se reabsorbe
así
dibujando otra vez y afuera
una imagen nunca interior.
Muestra ella su gracia al andar
pese a los quiebres de las torpes ruedas, bastas:
muestra
su fino
talle de lágrima
de cimbreante
cinta de monóculo.
Y su fin (al cabo de caderas)
su trasero fino
gracioso.
Hay, en el culto de hoy,
un detalle sobreimpreso:
infiltraron el asqueroso
animal en su corona.
No importa.
La ridiculez
la inmensa indecencia de la toca
con ella es otra cosa
a ella no la toca.

Yo esperaba.
Yo soy el verdadero,
el que por una imagen huera no se cambia.
Yo soy el único y el cierto,
el único tú de su medida.

Yo le ofrecí su propia estatua
hecha en escala más fina y aliviada
toda liviana del triste animal de la matanza.
Yo a su paso le mostré la estatua.
Yo estaba allí, el sólo real y verdadero,
de rodillas en la nieve...

Ahora todo es muy sencillo de explicar.
(Ahora tengo años de notas tejer
sin ironía y en pliegue cómico meditando
la dimensión de este fracaso.)
Pero aquel día.
Como una manera de decir ella hizo un blanco en mi lugar
me salteó con la mirada
precisamente por decirlo.

Me tiraron un poco de barro (a la cara),
un poco de estiércol. Ganglios de tadeos
y sus diminutas partes sexuales
—rozamientos de pubis
rozamientos de esfínteres—
se estamparon a la fuerza contra mi mueca de asco.
Me arrugué contra las carretas del regreso
ahítas de fragmentos de todavía servir mañana
para llenar la tripa... (¡Más tadeos!)
Mi florido criado venía
unos pasos detrás de mí:
yo lo miré. Es vulgar,
vulgar en estos finales de comedia:

cautelosamente el criado sonríe
la desventura del amo
....
....
....

Cortado
ha llegado el momento de saltear
o de descubrir que concierne
quedar pegado a la muerte interminable.
(Te) Estoy de vuelta,
escarnecido y humillado,
con silbos aun a cuestas del dorso.
Pero, no importa.
En amor, quién sabe.
Nunca se sabe de qué lado.
No en amor, nunca
se certifica la posesión
y ni siquiera se es:
no, quien reconoce abrasa...
Té: una, dos y hasta tres tazas
bebidas en el revés de la pestaña.

El amor, El Amor,
"Sus vacíos / Reinos pronominales".
....
....
....

¿ROZAMIENTOS MÚLTIPLES? ¿PRUEBA DE REALIDAD?
¿LETANÍA O CANCIÓN MASOQUISTA?

Pubis y esfínteres.
Margaritas ya sin pétalos, letanía,

64

Nada: ni un solo pétalo por arrancar.
Margaritas felices
Y al mismo tiempo desgraciadas,
Pubis y esfínteres:
Vivir la coherencia
De algún estado,
Vivir en coherencia
¡Con algún estado!
Un solo cuerpo hay
Uno solo y verdadero
No millares, letanía
Rozamientos múltiples
Rozamientos de pubis
Rozamientos de esfínteres
Órganos de los ojos
Órganos del goce.
Letanía o canción masoquista.
Margaritas: toda la sangre fluyó
Pasado el momento de la agreste podadura.
El látigo es un órgano del esfínter.

Pero ni siquiera bellos uniformes
Aun siquiera para a algún naides conformar.
O para vestir las desnudas corolas.
Planicie de hielo, planicie de esfínteres.
Otra vez la prueba de realidad
Y otra vez la protesta
Letanía, canción masoquista.
Ni naides es menos nadas, ni
Nadas es menos naides.
Nada, ni siquiera un par de charreteras
O un emborlado bastoncillo de desfile,
A cambio de nuestros pétalos,
A cambio de nada.

El vacío empieza a suceder
Y es lo único que sucede, *él* es el único,
Emperador, rey y soberano.
Letanía: nuestros cuerpos,
Achatados retratos sobre la tierra...
Nuestros cuerpos,
Achatados retratos sobre la tierra...
Letanía, todo es letanía y letanía,
Muerte y merda.
Monoeyaculación monódica.
Monóculos de bazar, llenos de tedio y de soslayo, letanía:
Rozamientos múltiples
Rozamientos de pubis
Rozamientos de esfínteres.

Y viene el idiota de las preguntas.
¿Dónde está la herida?
En el halo,
En el ano,
En la connota.
En el aura siempre, letanía, canción masoquista,
En el círculo: áulica herida.
El esfínter es (rozamientos de pubis, rozamientos múltiples)
por definición aquello que se "carcome" y "amorfa".
Letanía, canción masoquista.
La piel nuestra, una miríada,
rosetones de esfínteres.
La rosa excremental en el cuerpo cardinal.
Tierra desplegada, letanía, sin puntos ni horizontes.
Mar de adioses y ya estamos de vuelta.
Letanía, canción masoquista:
Rozamientos múltiples
Rozamientos de pubis
Rozamientos de esfínteres.

¿ASTUCIAS VERANIEGAS DE UN DIPUTADO CORRIDO, EXPULSADO DE SU BANCA?

El deseo de ganancia no explica nada, ni siquiera el deseo de invertir en una quiebra, en una quiebra verdadera casi definitiva.

En medio del estío, calorcito recién advenido (un por estío de exilio) puedo al fin comunicarlo con claridad.

Será difícil que alguien encuentre, por más que mire, la marca del deseo de ganancia en alguno de los cuatro lados del dinero, ni en el círculo monetario, ni en el tampoco canto de la moneda.

Por más que mire, por más que penetrante el monóculo.

El rastro del ojo condena al artefacto.

La visión es un método despreciable. Hasta el esfínter ciego sería mejor... pero sobre este punto creo haberme extendido lo suficiente. Letanía y canción masoquista.

La visión. Yo no sé de qué prostíbulo provienen estas pupilas mías, que me defraudan siempre y desencantan. Para colmo, ya ni me interesa de qué camastro salen las tuyas.

Es siempre lo mismo (jamás deja de mentirlo así el que cuenta).

Jergones, jadeos, sábanas sucias, inversiones que no llegan. Edipos rebeldes y Edipos tranquilos, de tarjeta postal. Piastras de la India y castración kurda: lo mismo.

El deseo de fracaso tampoco explica nada. Señala solamente, es una marquilla, como un rasguño en la rosa del rosetón.

Con el verano, las preocupaciones al diablo: coman tadeos hasta hartarse, si quieren. No seré yo el que venga, vaya o se oponga.

Mi consejo a la joven industria es: inviertan poco, traten de ahorrarse la estúpida comprobación de que todo (lo que se dice: todo) está invertido ya. Fabriquen alguna cosita a medias, flotadora, virtual. Y no rompan nunca el molde de la primera versión.

(1974)

Porque resulta difícil sin guantes blancos
levantarse en medio de la noche
entre las oscuridades y las albas
y desnudamente romper un espejo
  Hasta el derroche cualquiera está dispuesto
a pagar rescate por su doble
incautado en ese silencio y esa noche
donde lo contado y lo sonante duermen
  ¡Pulidos versos...!

¡Ah! pero si pudiéramos librarnos
de estas paradojas en falsete
(de esta extrema y dura aun en bosque ausente)
como el nombrado rescate en secuestro equivalente
¡y librarnos sí y formalmente
de este amaneramiento!

¿Por qué no somos sencillos
por qué no somos transparentes
por qué no somos puros y buenos
como el pueblo
como las buenas gentes?

Una inmoralidad creciente ha invadido nuestra obra
así como una pringada o deleitable huella de leche
mancha nuestra alcoba
donde se supone una tabla sin ley entre la hiedra
y una enredadera

que como esa huella láctea acontece gredas
aun con las extremas precauciones
aun con las más duras.

Ya nada distinguimos con tal de distinguirnos
y desleídos en estos andares mixtos
¿no habremos perdido para siempre
al Jesús al Cristo?

Buscamos un punto con su brillo
el entrecruzado mármol
carnal seductor y reluciente
y para construirlo nada sobra
y nada tampoco es suficiente.

Si es verdad que los pavos reales
se amelonan en tapices que fingen el desierto
y que lo ficticio los enrosca en cierto punto
en que más hubieran querido haberse y muerto
también es cierto que una coyunda de rosales
—espinas solas
nada de corolas
nada de pétalos—
yugula la garganta del galanteador incierto
que en vez de desatar lo verdadero

o convertir el sumiso indio en lirio de ande
cantó con mujeriles versos
esta mueca y esta intriga que se expande.
Las verdades legadas por El Muerto.
Pero claro:
nunca es bastante verde (la verdad) para un perverso.

En Kreslöw hubo una vez un esbelto
oficial prusiano

que inducido por la fatalidad final del gentilicio
unas culpables hemorroides fue y contrajo
cuando en Europa ya brillaba
el tibio sol de un pútrido armisticio.

También hubo un médico inglés del ochocientos
que se divertía curando los males inocentes de su pueblo
rural de campesinos inocentes
con el método de amputarle a sus pacientes
bajo cualquier excusa o pretexto ambos miembros.
Lo ahorcaron limpiamente
pero igual tuvo su tiempo
de esculpir una leyenda en los muros de la celda:
En mi aldea
por más que busquen en los rincones o en el dorso
puramente quedan
además de mi traducción de Medea
puras cabezas solamente y puros torsos.

Y hubo una señora detestable
criada en la ciudad de Buenos Aires
que contrajo el singular padecimiento
de creer que todos eran sabios alemanes (tales su padre)
y que a su propio bebito arrojó a un foso
por no responderle ni siquiera con un movimiento de los ojos
a una feliz y frase dicha
en el idioma de Goethe.

Le damos y le dimos mil vueltas a esta noria
porque formal y justamente
con nada tiene que ver la Historia.

Pero si es verdad que los idiotas
en sus babas reciben como un premio el rayado caramelo
y creen que eso así como se lame

y se ve y se come así también se toca
también puede pensarse en su lugar y por su puesto
tal como lo fijan estas mientes
en un verso ardiente del doble
posado en los dobles labios y ardientes
de un cristal de acento circunflejo

    Con un entender el movimiento de los ojos
con un paso de lluvia y huella en el borde del foso
levantarse en oscilada vacilante noche
romper con guantes blancos un espejo

Contiene esta caja de madera tras su broche
los rubios cigarrillos del Esposo.
Contiene el porvenir en forma de estoque
contiene un estambre de plegaria
de ruego
de mírame
no me toques.

Apetito y horror y raciones diarias
en una perpetua y trivial guerra de fronteras
si de perfil o de frente eras
porque si aquí vienen a plegar las almas nobles
también yo podría hincarme en mis clavijas
si entendiera la exacta diferencia
la sutil pero siempre fija
que media entre una montura de carnero
degollado en la guitarra misma que ensordecía sus balidos
y la pasta o ungüento carnal del sol
asomado entre dos riscos.

Pero no.
Con la mano crispada en la pecera
y sin hacer caso

ni siquiera omiso
al trébol justo de los pasos
ni a los iris mudos y destellos coloridos
que a través del cristal me emiten estas bestias
ni paro la mano ni me alegro:

en medio de la noche me levanto
en la escarchada noche de los guantes negros.

Ninguno puede no obstante ningún empero
reírse a sus ancas de los peces de colores.
Es necesario olvidar premuras y retrasar amores.
Es necesario posar el cigarrillo en el cenicero
e introducir la mano en la pecera.
    Serio
alimentar en diminuto el cristal vacío
pensando que no soy yo el que me río
ni el que secuestró a esta actual animalada cristalera
de un supuesto lecho natural Naturaleza.
Ése al menos es el criterio.

El tibio órgano que está es el único que reza
y si por supuesto y claro
mojada resulta la pupila del gemelo
bien que ella se abanica en sus burdeles y al amparo
de creer una sola letra del camelo.
Iris irisente iris de arco
de un solo violín al pelo:
al introducir ella la mano en la pecera
juguetea con ardor
abre un campo del saber y un magisterio:
desabrocha este botón y demuestra
la existencia de un solo color de goce en la palestra
pero que todo el mundo limita al improperio.

Erguido y fálico en la satisfactoria crisis de esta mueca
hablábamos precisamente de este lado.
Hablábamos de un rosedal mojado
y de la distancia láctea de la rueca.
Entibiábamos con las palmas una espera
tejida con el hilo del cristal
y empuñada en la humedad de la pecera.
Esa cosa o ese animal
que siempre se oculta en la contera.

(1975)

"Die Verneinung"

Para César Aira

Prólogo, o conclusión

Qué giros de pensamientos,
qué ridículas torcazas
qué torpe andar.
Rimero desnudo sin lo propicio.
Sin la intensidad. Sin la sal.
Qué alboroto en medio del sueño,
reñido una vez, otra más, el crisol de las hazañas.
No atreverse en la lija estival
donde se gira (trueca) ángulo por huero
y el toco del saber por un terror agrícola
merecido: carne de surco.
Una eternidad (suspiro y aye).
Ineficacia monumental.

Los dos cuerpos tomaron la misma pócima
y una sola pasión fueron en los órganos
que se unifican con la muerte.

El Libro se aduna en el desierto.
Es así, o vendría.
Tampoco atreverse en la tabla rasa
ni en la parsimonia de los hierros de entrechocar.
Los cuadros exhibidos en el muro. La música,
oculta por el telón.
¿Pero qué es un cuerpo ahíto
aunque más no fuere de la pócima aquella?
El modelo de vaciar sostenido por un gancho —
otro muro, erizado en la pared — inocente.

Detenida, quieta lana de los trajes,
imposible ponerse a tiro con los ejes
perdido ya cualquier emolumento. Moneda,
buenas obras y hasta novelas malas:
dentellada en el volumen de madera
o tabla del paisaje en función de laya — o grey.
También arrozales plantados por gramáticos
con ojos de llanto por la falta de respuesta.
¡Déjenlos, oh dioses, librados a sus propias fuerzas!
Ellos querrán siempre su propio mal.
Atravesar en ploro el patio de lentejuelas o grafito
y dormirse en unos ciernes de piedad
mientras el árbol clama al cielo
relámpago lo satisface.
Éste es el cantar de gesta, el mio
Cid bajo los mandobles de un orificio
impertérrito o anal. Atrás, atrás.
Pero hay que señalar
partes del cuerpo.

Yo vivía envuelto
en una diamantina transparencia de gin, o ginebra
cuando la guerra vino a confirmar
mis fantasmas más deseables:
los más persistentes, los más bellos.
¡Y cómo corrí tras ellos!

Más allá, más allá
(como las nubes)
Más acá: así el viajero que huye.
Quedará por dicha toda escasez:
enunciada y reída.
Los dos cuerpos eran el mortal enemigo
de un abanico que para retrato
posaba entre ellos.
Carmesí.

Largos años esperamos esos labios
con los pezones aplastados por la pedrería, por el oro.
Por el sostén y aun (aún o todavía)
por la cota de malla.
Largos años.
Los labios y la pintura de los labios.
Largos años.
Un posarse.
Un acento entre dos alas,
      circunflejo.
Un beso.

Y ahora que nos tenemos entre los brazos
y que con mutuo sudor de títeres nos humedecemos,
      ahora
la jirafa espía por encima del retablo:
ahora tampoco podemos suplir
la pregunta ahíta por la cosa escasa.
Suplir: ni la una por la otra
ni el vértigo por la patraña.
Los penachos de este ejército, más que ralos.
Y detenidos, quietos brazos,
en infinita posición:
la que se contó cuando los largos años y,
y el rouge. Así como se dice:
—El varón con sed empina el codo.
O mandoble (antes de caer ya se declama translúcido).

Refrán como dinero recuperado, carta blanca.
En un campo desolado cava su propia tumba
—una lápida entre los hombros en lugar de cabeza—
porque sabe que no habrá de morir.
De todos modos,
cava
cuando (y pero) al volcar de las urnas será el reír.

El veneno posa para el trazo irregular
porque el arte viene así,
como ritual extinto.

Pero el arte es hemofílico.
Entre ambos (entre el arte y el trazo)
una esterilidad acalla la voz
y en pifios sodomiza.

Finalmente,
ejecuciones de goce en el consorcio de las legiones.
Deletreo occipital
y Ohm, el duque de,
afirma que el castaño vestido en sedas
inteligentemente manchado de púrpura
        y alado
(la tierra no lo sustenta, no se casa
el cielo con culos de botella)
símbolo es de un Zeus Cagaancha
capaz de emascularse sonriente
de oreja a oreja.
El retrete, en suma. La plegaria, el duque de Ohm.
El deslucido y rasgado papel de los gramáticos.

No construyen sistemas: se emperran.
Es visible sin embargo que estas rejas ofenden al parque
y perpetuo lo incluyen del otro lado.
El tiempo, el condenado a gruta ornamental.
Y la cara contra allí golpea, se hiere,
falta de imaginación incluso para la protesta.
Pero obtenida, todo en orden.
Obtenida, con membrete
con un membrete
la patente de cárcel.

I. Prosa cortada

1

Si hay algo que odio eso es la música,
Las rimas, los juegos de palabras.
Nací en una generación.
La muerte y la vida estaban
En un cuaderno a rayas:
La muerte y la vida,
Lo masculino y lo femenino,
Los orgasmos sin patria
Y los órganos de parte a parte,
Se perfilaban en un blanco.
Apuntes, apuntes, apuntes.
O amputes,
La "roca" de la maldición.

Es de mañana en esta pava argéntea
Y al empezar ya sobra una mirada:
Nací en una generación.
Pero antes había otra generación.
Antes que yo y antes que la mía,
Y ella era sabia en sus letras
Que no necesitaban acusarse demasiado
(O tanto) o tanto
Para mostrar alguna verdad.
Nací en una generación,
Oh vida — el tonto en su reclam.
Aquellos antepasados fueron libres.
Con una libertad rayana,
Con una estupidez casi imposible
Hoy de lograr, gravitan como nuestro modelo.
Nosotros, los que estamos más en claro.

Nací en una generación.
Es preciso un método.

    El aburrimiento de la vida de hotel
Como simple recodo del camino.
Es de tarde en este manuscrito,
Las horas se pasan volando.
Después del mate viene el almuerzo,
El café en un bar, un corto
Paseo por el centro, y de vuelta,
De vuelta al escondrijo.
Ahora es de tarde, un poco
Más de tarde en este lápiz,
Y continúo por el simple gusto de andar
Como quien anda en su pieza trina
Y contra la ventana...
Y contra la ventana fuma.
Humo azul, humo verde, humo negro, humo colorado:
No devolví el libro que me habían prestado
Y hasta me gustaría robarlo,
Quedármelo para siempre, adverbio que se esfuma.
Aseguro que estos pensamientos no asaltan.
Nací en una generación, era de esperar.
Golpean con suavidad la puerta.
Aquí están, ridículos. Nací
En una generación.

Éste es un verso,
Ladra el perro en la superficie rala,
Como para concluir que no es tan horrible la risa del idiota
Cuando en plena labor nos roza con su ala.
Esta complacencia en el error es mi marca de fábrica,
Pero nacido en una generación.
A la fábrica la chongueó el protervo
Manierismo, el ocultamiento patas

Cortas de la falta de dotes,
Si bien me divertí un poco durante algunos años.
Odio la música, odio el arte, odio
Mis paradojas en falsete y mi voz inconsistente.
Pero amo: amo el pene
Cuyo rostro no puedo adivinar enmascarado hábil por el antifaz
    de la bragueta.
Y como entre mirarlo y tocarlo no sé qué pensar
Hago votos y sufragios.

    La forma de poema es una desgracia pasajera.
También para que algunas partes de mi cuerpo se mantengan
    vivas
Debo recubrirlas con harina.
Desgracia pasajera, así por lo menos hablo en el ritmo buscado,
El ritmo arbitrario del proyecto sin sustancia,
Y escribo como un nuevo, como un novato —
A mis años — "proyecto", "sustancia".
Generación,

    de una agonía campana burbuja de cristal o madera blanca.
Siempre mantuve esta tendencia e inevitable la conservaré na-
    ranjo:
En cuanto algo está por parirse, volver la cara,
Pero aun cuando se nace a mis espaldas con los dedos hago
    gancho.
Es de noche en el color marfil que invade la mano, su pelambre.
Es hora de cerrar los ojos porque pronto el alba.
Pero otra vez abiertos, táctiles, despiertos justamente por el alba
Al fuego entonces la pava y lumbre de gas al tabaco, brasa.

Sexualmente perfecto o casi casi,
Amable Dios,
Al empezar el día el artista no te olvida, ni te rima,
Porque toda rima ofende: basta, amputes tu discurso.

La mañana es pesada como un amasijo de malentendidos sobre
la vanguardia.
Agarro un libro y después otro, y ya sé, la curiosidad toma a ese
otro como blanco.
Posiblemente, Los Orígenes del Psicoanálisis,
Por las cartas, por el asunto,
Por la experiencia de satisfacción.

Me apliqué al intento de ser sincero, de caer en el lazo.
Empecé tranquilo esta prosa, con lágrimas en los caballos
olvidados,
Puesto mi espíritu en una disposición que no fuera solamente
un ánimo,
Pero algo mata al ser que se conjuga
Y siento que las reservas blancas tiran más bien a escasas.
Con bigotes ralos, tenuemente sobreimpresos, se incluye:
La efigie de la madre en una foto de mi cara.
El pobre zarevich acuña en falso.
Y ya es mediodía en el pendón de nácar
Y esto se va a volver aún más desagradable, más pesado y más
sexual
Mente insatisfecho, más tonto en sus giros de sorpresa,
Como un alto vuelo, o su pretensión bajo el agua,
Más burdo en su absurda autolimitación
y más hiriente en su orgullo de cobayo.
No, no se trata de la quiebra de un talento,
Sino, o más bien, del descrédito de un interior.
Sin ironía, en mi mundo moral reino yo.
Este alegre imperdón es lo que se consigue después de un largo
trabajo.

Golpean a la puerta, espero
Que sea el médico el visitante inesperado.
El hospital como flor deseada del porvenir.

Incansable, a la búsqueda siempre de una "poderosa" falla,

Es muy posible que haya nacido en una generación, aunque es
    cierto que me recluí,
Pero para compartir mejor el ídolo gema, y dos:
Como si al mismo tiempo quisiera adorarlo sin testigos,
Creérmelo y comérmelo solo, la aventura de tenerlo a Lacan en
    el cuarto contiguo.
Ya son necesarios muchos domingos lluviosos para que se re-
    fresque mi piel.
Para entretenerme amé entonces una mariposa en aras de fernet,
Aire

    aire,
Aire de balance sin un cobre y aire de la muerte que comprueba
    tales,
Habida cuenta de que en la cocina del hotel la luz no es mala:
Allí triunfa un fuego tentador.

    Metido a sugerir la sensación de "pensamiento",
No sabía qué camino tomar: *Personaje*,
Un escritor llegado a su madurez grave como un enfermo grave,
Un acento de cobre falso en la balanza
Me había prometido excluir el retruécano, pero fallé como el
    cristal,
Como el juez, cuando el tenor canta, oh Señor.
El grito azul, condenado y profano. Me—
Había—
Y prohibido
Las alusiones literarias, la rima guasa en esta fase perdularia.
Pero nací en un espejo donde cualquier "objeto" era accesible,
    salvo la distancia

    la crápula del imbécil
    su cúpula rutilante
    de dorados y rubí

¡Es tan difícil no gustarle a nadie!

Hoy rompí por teléfono con Juana Blanco, esa chica, la escritora.

Nos habíamos amado porque aman siempre los poetas.
Son gajes del oficio, aman en los poemas, fuera de ellos,
Y hasta se atreven a amar en sus propias osadías de fracaso.
Tip. —El inconsciente, el pequeño objeto *a* y el ser para la muerte.
En una generación, seguro que nací en una generación.
Primero la palabra, después la imagen.
Ojos rayanos.

Juana

Serás la última de una cadena putrefacta.
En ristra, me quedan los hombres ajados.

Es indudable que el arte quiere ahorrar trabajo.
Para muestra entonces basta
Mi última producción en bata:

(fuertes comillas y una musicola suena)

"Entrar en las aguas, qué tonto,
tan tonto como aquel otro decir
de puro tonto, lejano y alemán.
Entrar en las aguas, sin embargo.
El cuerpo ilimitado, cerrarse sobre,
entrar: del agua en la vertiente.
Ver, sin serlo, suele la operación del verso.
El verso: algo que está muy lejos.
Y si una papa hay en el centro del cráneo
se la puede (bien atravesar)
con un palo: sin ningún acaso,
sin jamás estar
ni diciéndolo.

Apoyando su corrupción contra la estufa.

El dorso de la espalda o la tentadora

curva de la espalda — línea,
la tentación turbada de toda vértebra
(árabe y rubí)
que termina, y allí
habas cuece:
imposible saber qué humo se refracta.
El vapor, el agua:
es allí donde las aguas.
El cuerpo muerto y abogado,
harto del pene del otro,
en el otro y en el otro
de secreciones y de glándulas
                en
Para un arte retinglado *por* la ciencia
—Pero la debilidad de una cabeza venerable
no tiene por qué (hábil, erigida en motivo)
editar una idea en caracteres.
O la cesárea idea de un descabezamiento.
César Emperador:
la mano en alza".
                (*vase*)

        íntimas,
Nací en un ataúd de plata
Y desde mi nacimiento,
Desde mi generación,
Ahuyenté al lector
Estúpido no tan estúpido
Pero observando:
sin él la literatura acaba:
qué pavada.

    En el ataúd de plata se abría una mirilla,
Bastaba para ello una brizna de pincel
O el pulsar leve de una sola pestaña:

Ahí estaba yo, gordo y amamantado, con los carrillos blancos
Y pliegues en cascada cuya ocurrencia era recubrir
El ombligo: impúdico, por alguna razón
    ...en una generación...
"Criarlo sin chupete
Porque visto de frente o de perfil
Un bebé pegado a esa goma
Ya dibuja el futuro
Oratorio de un imbécil"
    ...en una generación...
Todo se percibía, escuchaba, balanceaba, sentía, chupaba, inge-
    ría
En el ataúd de plata
Entre las mantillas molestas y la crema prenupcial del excre-
    mento
    ...en una generación...
Con un hermano genial cuando a mí iban a gustarme los perros
    como yo,
inocuos en la noche que ladra, con una hermana hermosa y tan
    querida (qué infamia),
Y con un padre: delirio extremo.
Pero actual la madre viene hacia mí
Preñada con las espigas del sarcasmo
Amoroso como no podría serlo más
Y apoyándose semejante a una stebánida
En su báculo de fresno.

    Tal vez me equivoqué desde el vamos, pero nadie es tan
    torpe.
En manos del médico me vuelvo golondrina, carne sutil y atenta

        ésta es una manera de decir
        y también una manera de pensar
        culpable y al mismo tiempo
        irresponsable

absolutamente irresponsable

culpable y dos
irresponsable
tres
un veredicto
dictado, consumido y consumado
cuatro
lo que es yo
odia los juegos de palabras
y el aura concupiscente
unida a eso que se llama
significativo utensilio tipográfico
distribuciones varias
puntos ausentes
y la duda siempre
entre "joya" o "antibiótico"
cuando lo mejor
lo mejor en lo decisivo
estuviere tal vez
en la llana aspiración a un buen verso
   expulsar ahora el aire
en un diálogo más amoroso
amante heraldo enviado
con el lector amable

pero el beso entre dos hombres
tiene más perlas que un rosario

expulsar ahora el bulto bello

cuidado

   El destino olfatea.
El que está solo en una pieza sabe que por algo está solo y está

pieza.

Un amor del ser, fundamental, un amor de repugnancia
   carismática.
Estados de memoria muy intensos durante los cuales no se re-
   cuerda   nada.
La gracia ocurre al jugar con la hipótesis inverificable.
Entiendo la piel del asno, sus oriundos pelos,
Pero tengo problemas de otro orden.
La forma de poema es una desgracia pasajera.

2

En el templete circular de Hermes Chano...
había una vez un anciano venerable.
Un coetáneo que al mismo tiempo era contemporáneo
y quería que su hijo tuviera un cargo,
alto se sobreentiende en lo posible.
Lo tuvo en el manejo de cadáveres sin ser médico,
tampoco enterrador.
Gozan los símbolos a los pies del camello, en la arena,
pero no es tan fácil mutilar:
sobrevienen sin posibilidad.
La goma de mascar, en el cenicero, germina lo contrario de su
propio ser.
Por suerte un pseudónimo grisa las miradas.

Sí
Dama ridícula
Másmédula
Los viejos no saben qué hacer con sus vidas
aunque tengan el mar a dos pasos
el espigón de portland
o la escollera de piedra: alta
y no groseramente autoerótica,

pero precipitada hacia las olas antiguas.
Ahora, el que mira se despoja del velo gris.
Dossier escondido,
un tumulto en la avería.

Representa.
Éste es el escándalo del lado de la comedia.
O el placer abominable, Hijo,
de estrujar la despedida con un rictus de llanto.
Lo que fracasó en el tálamo, el gato
y unas bragas de nodriza
mientras los cuerpos giles luchaban por el premio.

Ahora no hay desierto suficiente.
Falta el nunca del más allá
o sobran dos sudarios,
mortajas de cultos opuestos.

Ni siquiera
Los cuerpos giles compartieron el pastel.

Y proseguir es tremendo.
Quedarían solamente
los indomables defectos de cualquier traducción.
En cambio, un clítoris magnífico se lanza a la aventura:
mejor así.
El pene exagera los anhelos.

II. La madre Hogarth

1

El duque de Ohm, fiordizado,
vale decir uncido cara a cara
hambrientamente a una muerte
de brillo, de fraude y de neón,
pero con la pala de enterrador
erguida en cruz sobre la tierra y los hombros
o lápida en lugar de cabeza:
el duque de Ohm esperaba en el lodazal tropas de refresco.
Pero no aprobaría él esta creencia en la espera.
Al contrario, se resignaría más, en diminuto,
a una marmórea trepanación de cráneo.
Preferiría el alfiler
femenino y violeta (violenta es su elemento),
el soma callado en el símil de bubón maligno
que tercamente anida en la tabernera:
Hogarth, la vendedora de ginebra
de vivac en vivac
y también puta ocasional.
Pero cara.
Por el culo.
Por la boca.

Con el carmín excita más que con la lengua.
Provoca el deseo con las dos
dilatadas pupilas azules, y,
cuando vaticina la cabriola seminal
clava el alfiler y la víctima (no mea)
            —goza—
cree que es suyo el pinchazo,
suyo: la propiedad es la obsesión
ilusoria del adicto —y así confunde

la jeringa de la Madre Hogarth
con su propio ajo yerto,
yerto y ausente perpetuo de rubí:
en la ruda ocasión,
mágica o tal vez medicinal.
O el cuerpo hoy nada quiere saber.
O nunca lo quiso.
O se despedaza por puro gusto, total
entre despedazarse y comer no es mucha la diferencia.
O la diferencia no es nada, en ningún caso.

    Mondadura, en suma, mondadura de anécdotas
arrancada a esta guerra senecta y de papada gris.
Pero así y todo ésta es la noche de Ohm
(noche de aullido y pesadilla)
yaciente en su catre sin despojarse de la dignidad del monóculo
y trastornado por la discordancia de los mapas.
Una región de pantanos, desconocidos.
Por suerte el arte ya aprendió a desconfiar
y por adelantado está al tanto:
nunca llegarán los refuerzos.

    En la pesadilla,
el gato devoró los alamares dorados
de un uniforme blanco y estival.
La sangre propia de Ohm corrigió el error,
brotó dolorosa para la jerarquía y el orden
y tiñó la tela justo en los lugares.
Escuchábasela fluir ya antes del fragor
y también después
cuando la caballería enemiga no dejó
marica homosexual con cabeza.
Y afeitada, con la cabeza afeitada,
en la escena de pavor parecían
tubérculos en pleno desbande,

papas probadas en su cocción
con tenedores al rojo.
Madre Hogarth también huía,
pero siempre en la redoma de su tiempo propio
y así pudo ver
nalgas de adefesio bogando en un río de naturaleza intestinal,
ahorcados en un panel (derruido
el resto de la construcción),
y un niño.
Solo en el abandono de las tropas.
Solo como un medallón.

Al duque lo tomaron prisionero
y fue a parar de cabeza al cepo
con los calzones bajos para que la tropa en su conjunto
lo gozara por atrás.
Según la costumbre enemiga,
un refinado coronel contemplaba dicho ocurrir.
Ohm, a la trigésima penetración,
ya había caído en éxtasis,
un film de bellezas fijas se desarrollaba ante sus ojos sepulcrales,
y mientras pacientemente recibía penes por el culo,
murmuraba insistente y sólo en apariencia paradójico:
"En verdad, los hombres no cuentan".
Y hasta reclamó a gritos firmarlo como testamento.
Pero el coronel terminó su copa de Oporto
y mandó llamar al verdugo,
al hombre de Dios que abrió en canal el cuerpo de Ohm
con su congénita hacha ritual.

2

Hace bien el arte en desconfiar, pero todavía desconfía
poco.

La cópula con la pintura está rota.
La música, aunque bestial, tiene una sola espalda.
El sueño es una mitad demasiado homogénea.
Por un lado queda entonces la insistencia del gandul,
y por el otro la obstinación de los inventores.
Arlt.
Una novela de yeso y masturbación.

    Como todas las noches salí a hacer mi recorrida, baños.
En el cine hay tan poco para palpar
como en el castillo homofónico de las letrinas tensas.
Por reflejo: orín
Por reflejo: extrema
           unción
Ohm hubiera reprochado con justicia
la ausencia de masas compactas en la contemplación
pero activas al menor resquicio,
al menor signo.

3

"Yo soy tu proveedora de droga"

    A la madre Hogarth la encadenaron
a un minúsculo obelisco de piedra carmesí.
La ubicaron para el cachetazo.
Cualquiera puede infligirle una herida cortante de arma blanca
o propinarle un golpe contundente.
Cualquiera puede divertirse con ella,
que sangra y brilla en hematomas espléndidos.
El semen le chorrea por las piernas y ha perdido un ojo,
consecuencias del látigo.
Le arrancaron también todos los dientes
para verla florearse con más clase

en su habilidad de mamavergas.
Pero.
"Yo soy tu proveedora de droga".
No es un consuelo, es una profecía de universales esperanzas.
Y cuando la canturrea en forma de canción
no hay quien deje de escucharla.

"Yo soy tu proveedora de droga"

En los alrededores de Once, en mi recorrida,
hice negocio con un renguito y nos fuimos juntos.
Con cuidado.
Había que rehuir los patrulleros.

4

Cuanto más límpidas te parezcan
Las aguas del lago
Y aun cuando creas
Rebosar de plenitud
Igual recuérdame
Yo soy tu proveedora de droga

Cuando contemples
Con mirada ascendente y pura
El triunfo de los pájaros
Y la derrota de las olas
Igual recuérdame
Yo soy tu proveedora de droga

Cuando vayas al encuentro
De la amada o el amado
Sintiéndote seguro
Del esplendor de sus pupilas

Igual recuérdame
Yo soy tu proveedora de droga

Y no me abandones
Prematuramente
No te comportes
Como un ingrato
Recuérdame siempre
Yo soy tu proveedora de droga

5

A la luz de un saqueado candelabro
el refinado coronel lee en su tienda,
sus ojos recorren las letras
de una novela francesa.
Las confesiones son
de un hijo del siglo.

Bosteza, quisiera seguir leyendo,
pero una punzada de angustia lo agita.
Sabe que si cede al sueño
cederá también a la pesadilla

un hombre le palpará todo el cuerpo
calzadas las manos en guantes de goma

Las ejecuciones siguen, pero no bastan.
El espectáculo no basta.
Hasta la presencia de grandes masas resulta insuficiente.
La metódica represión de la muerte
no logra perfilar una estética vigilante
perpetuamente insomne.

Y ya la goma gélida
se desliza por sus mamas
y segura busca el pene
y los cantos mudos
que resguardan el orificio del ano.

¿Cómo nacen los malos poemas?
En la insatisfacción de la hartura.
Cuando se mira fijamente el lugar del poder
y se ve un blanco en vez de un vacío
Monosexualidad
Órganos rudimentarios

El renguito come chocolate en un rincón de la pieza.
Lo llamo y lo beso.
Su matadura física preserva la lejanía.

III. LA FRONTERA

1

Miro lambiéndome por la ventana
Y veo que no hay ningún hombre solo en la calle.
Por la vereda discurren todos del brazo de la amada.
Aquel hermoso de cabellos nacarados
Y aquel otro envuelto por la niebla del tabaco
Y uno más con muletas de bronce
Y horca escocesa en cuadros de bufanda.
Sarmiento y Callao.
Me saludo bajo la bata las ingles crepusculares, ciertas y tardas.
Detrás de la ventana escribo los nexos en movimiento
Y hasta espero o vaticino que los narro.
El amor se me aparece como una martingala,

Posterior siempre al abrigo, flotante su existencia
De estela ulterior a la incisión hierática.
El amor: el Amor,
Sus tablados reinos del género drama.
Lejanamente lejano, todo ocurrió de extraño.
Los campos se arrepentían, las tres brujas entraban en razón
Y buscaban las ciudades transparentes contra el páramo amasa-
do en cerrazón.
Los golpes en la puerta venían de otro actor.
No el médico: una mujer del género mucama,
Que habla primero en bastardilla y a quien yo respondo
En letra vulgar:

Señor, ¿cambio las almohadas?
Almidón no les falta
y están blancas, albas,
como las tetillas de las hadas.
Tétrica, la propina no me halaga,
pero hágame saber si algo
—hasta pudiera ser un alga—
a usted no le hace falta.

Conducen los juegos de palabras
a la tersura de la piel
y a la cara interna de las nalgas
allí donde la sed declina un agua
casi rosada.
Tierna con los escombros de mi alma,
segura usted nombró la almohada
el almidón y también el alba.
Tendré que exiliarme en su barca:
vamos a narrarnos un vaivén
en las apostillas de la cama.
Desabróchame, por favor, la bata.

Encantada.
Me gusta decir oriflama
y largo beber del glande
hechas las mucosas unas Gracias.
Anoche un perro me hizo ojal,
y en cuanto a usted, ojala.
Lo confieso desapasionada:
distinto es el semen
de la naturaleza humana,
tiene otro color y otra mirada

Mucama, mucama, mucama

Querido hermano de mis ansias

Ladra el perro en la superficie rala
....
....
....

Extraño: extraño
Como la felicidad
Y lejano: lejano
Como un martirio
Sin embargo
Innumerablemente repetido
Fotografiado por etnógrafos intrépidos
A distancia
....
....
....
Grande quedó en la sábana una mancha
y yo me incliné hacia el sándalo del olor
y hacia su figura de escándalo otoñal,
el dibujo de un hombre con paraguas.

/la clase de literatura que puede escribir un intelectual,
equivocado sin duda alguna, pero no necesariamente inepto/

El espíritu se traba otra vez en las entrañas.

2

Me estaba componiendo la bata y el pelo
(Ella ya se había ido, planchada y blanca como una luciérnaga)
Cuando por teléfono, desde la conserjería lo anunciaron:
Hartz, el visitante inesperado. Está bien: que pase.
Entra Hartz en la habitación, entra y comprendo
Que engordó sumo en estos últimos años.
Pero sus mofletes son como cascadas
De ceniza fría, lejana
De toda o cualquier ocurrencia:
Sobran en su lugar y sobrarían también
En la boca de un horno abandonado.
En fin: Hartz, nacido en una generación.
Banca su mujer una cuantiosa fortuna.

—¿Qué tal?
—¡Hum!

Silencio.

Pero después se reacomoda y habla a chorros:

"Nací en una generación, ni tragedia ni locura,
Sólo este estado perpetuo, neurótico,
Lloriqueos políticos y quejas porque el actual arte moderno
No difiere lo suficiente de nuestra idea del arte moderno.
Un alma desdichada. Mi mujer es una yegua que promete.

Mi hija adolescente, ya, una verdadera bazofia.
Se pica, pero si le impido la droga soy la 'represión',
'El castrador en lo real', y si la dejo se vuelve una especie de
idiota 'carenciada de afecto'
Y hay que correr a internarla".

Miró el cuarto con evidente desagrado.
"Estuve por decirte que envidio tu soledad, pero era una mentira,
No la envidio: es una soledad de preso, una reclusión.
Sos de esa laya de lunáticos, los que se internan solos".

—Pero no soy judío—.
(Insultar siempre con el argumento más burdo).
Me invitó con uno de sus cigarrillos ingleses
Y ya había rabia en sus ojos cimarrones.
—Gracias. Voy a fumar uno de los míos—.
Encaminé mis pasos hacia el atado cuidando de que no se abrie-
ra la bata,
Porque éste no era quién para descubrirle mi secreto.
—Cornudo, tampoco —agregué, y ya incontenible, embalado:
—Toda esa caca de las adicciones se fabrica
Para que los membrillos de la burguesía tengan un drama.
Dejala que se pique hasta reventar si eso le gusta
Ya que su droga te mantiene vivo como a una rata en tiempos de
peste—.

"Me estás cansando, y como con alguien..."

Pero yo había dejado de escucharlo.
Había logrado recluirme otra vez en el ataúd de plata,
Allí donde todo se percibía, escuchaba, balanceaba, sentía, chu-
paba, ingería
            *sí
            *en el ataúd de plata

El excremento prenupcial era allí la más completa de las bodas
El ven himeneo y el dulce son de la zampoña mía
Era el organdí
El mudo organdí de las mantillas
Y el carcelero armado de una brizna de pincel
Y la espera lujuriosa de ser signado por un trazo para ser
Y el rouge ambicionado de la boca materna.
Pulpa y color las primeras formas
De un templete circular o lo que es lo mismo
Para las primeras formas de una prisión.

Pero Hartz, nacido en una generación,
Ya se me venía encima en cambio
Armado de rota botella como para demostrarme que la vida era valiosa,
Más allá de los potingues, para mi garganta amenazada.
Recurrí entonces al expediente Delamarche, al dossier escondido:
Me escurrí por entre los pliegues de mi propia bata
Y así dejé en manos de su ira esa forma vacua,
Ese proyecto de espantapájaros urbano
Mientras yo golpeaba en otra parte, desnudo,
Sin poder ya encubrir mi costumbre de enharinarme los testículos.
Y también fue un golpe en otra parte un nuevo, fugaz retorno
Al ataúd de plata, a pesar de la enjuta circunstancia:
Ví una multitud de fieles en torno a mi hornacina,
pero también vi un fuego, un fuego preparado.
La pira y el cuchillo de piedra de los sacrificios...

...Con Hartz la cosa resultó más fácil.
Empecé a estrangularlo con el cordón de la bata
Aunque me detuve a tiempo, cuando ya viraba a azul su gélida ceniza,
Igual hubo estruendo, el escándalo de los cuerpos al chocar
Y una denuncia a la comisaría quinta:

"Dos putos enojados", el conserje condensó.
Y ya en la seccional
El olor fresco de una pintura excesivamente fresca
Y los airados gritos de un oficial polvoriento
Que fumaba demasiado en ese ambiente
Me provocaron un corto desmayo...

3

Había niñas en las eras
y rubicundas jugaban al hastío:
"Madre, ¿cuándo nos llevas al asilo?"

La horrible risa del idiota es
        el pan de cada día
porque no hay otras risas
Y tampoco otra vida
Lo que no hay es el me trajo
            ni el verde calipso de los cuerpos, múltiples cuerpos que
            en la imaginación, en la soledad se aparean, salpicados
            de un blanco indeleble
O lo fingen
O lo hacen como
Si
No se entiende qué es eso de la primavera
        tampoco lo anterior
Menos aun el resto
El golpe de verdad consiste
En que esa novela ya está escrita
        idiota suena a digno
Consiste en el atrevimiento
De un derrame prematuro

        Estoy harto de Suecia y de Noruega

El Fiord
El Sebregondi
Los Tadeys
　　　los síntomas son un decaimiento general
También de Rusia y de los mitos centroeuropeos
　　　y la facultad de escribir que se pierde
El síntoma es
El ridículo que se avizora
Pero también falso
Como gaucho en pe que confunde
Un ñandú con el fraile
Tornasolado de amarillo
Que cruza el campo de la visión
Arrastra las espuelas debajo de la sotana y
En plena barbarie de los fortines
De rica seda es su sombrilla
　　　　　　　　lenta es la borrachera
　　　　　　　　hasta en las preguntas
　　　　　　　　hasta en las palabras
　　　　　　　　preguntas

¿A dónde va, padre?
—A comprar un poco de dulce para Jesús
Hoy es Navidad
Armamos
El pesebre en la casa del Comandante—
Y digamé, padre: ¿por qué son celestes
los ojos de la pulpera?
—En el nombre del Padre
Del Hijo y del Espíritu
Porque ella es rubia
Porque rubia es ella—

Era

Esto que se extiende se llama desierto

El corazón se achica
La garganta bulle
Como agonía de sapo
La sombrilla es la cosa más bella del mundo
Y mejor no hablar de las espuelas
Plateadas madres que trinan en el canto

No merecíamos esto
Pingo no lo merecíamos
Era
Veo lagunas tan saladas como quillas
El ñudo de lo que fue mi ánima

Pero la incisión está clavada
Y ahora la emoción me postra
Otra vez será
Juana
Juana
La comisura de los labios
El seno un poco chato pero tibio

1977

¡Qué milagro!
Hoy me siento de parabienes bien
sentado frente a una pava de fuego
a la espera: que los dioses
se olviden de mí.
En demasiados embrollos me han metido ellos
incluso en negociejos
ya era hora: descanso
me procuro un bledo
disfruto: ¡qué sainete!
Defraudé sí la confianza.
Demasiado rápido
empecé a hacerme el gil
("poesía eres tú")
... *la pluma se le cayó de las manos*
... *sangre en las venas*
el frío
graso del español enteco
el armazón misericordia
de la parodia póstuma

¡Pst!

¿Hasta tenemos una vida cotidiana
conque ahora?

Las suculentas formas de la vendedora de aguarrás
pensé: pero más tarde

hay tiempo y luego: en cambio
decidí darme una vuelta por el bar
para verla cómo anda la cara de la especie:
ella prorratea por ahí
soneto de encargo: primera
novela mala
: igual
a pesar de todo
encontraré a Regina Olsen
en la calle de los farolitos infamados
y la instalaré en un chalet tranquilo
frente al mar sirena

Y ella me querrá
y yo la querré

Soy un filósofo un tanto turbado de salud
me internaron y salí
no tengo psique
adiós

¿Qué puede hacerse conmigo sino amarme?
Mi familia lo comprendió
y me renta.
Para los viejos
me dedico a la enseñanza de Freud:
por suerte los psicoanalistas
        —mis muchachos—
son como los ángeles:
creen en el sexo y en Dios.
Ahora,

        Regina Olsen me pide un beso
y yo se lo doy
y yo se lo doy en la sal de los párpados

: es mi arte
un trebolar de afectos
: es mi arte y
¿Que si te quiero?
Por supuesto que te quiero
por supuesto

O. Lamborgini-Hartz
(1978)

De Alvear a Freud

La locura es una segunda juventud
sin hablar de la niñez
(yo tenía un amigo...)
: como en el ajedrez
ocupando las casillas
todas las posiciones son malas
: Baudelaire era más concreto
hablaba de lo irreparable

La piel se vuelve lozana
pura leche y rosas
el amor doble ario en soledad
(Cupido nos perderá a todos)
una verdadera muchacha
: el profesor de dibujo
francés suizo
     Y yo me voy

Si volví a este lugar fue sólo por un momento
mis ex colegas los poetas sabrán perdonarme
: vine a fumar un cigarrillo en el camerino
y de paso
anotar un teléfono:
la diva me ha querido en otro tiempo
y ahora sólo puede ofrecerme su piedad
y bien
sed piadosos
ya quisiera que me tuvieran piedad

Troia Helena — Helena
Troia: repechar en una guerra sucia

Mi palabra
—lo único—
puede aún pastar ovejas
y tómenlo como un dogma
koan lamborghiniano:
todo es más simple de lo que ustedes creen
muchachos: lapidario

Hay que rodear a Germán
: no merecemos más

                    Hartz

Juana Blanco frente a una copa de whisky
Jugando y como sabía ella jugar,
A la posibilidad intacta de no beberla:
Virgen la vaciaba de un trago.
Luego sonreía y más que luego
Tintineaba el hielo en el cristal.
Son cosas de fundamento:
Por eso nos decidimos a hablar —
Como una ampolla de droga
Con la que ella sabía jugar
Intacta a dejarla, pero obsérvese el ademán,
Para nunca o para mañana:
Había en aquellos tiempos
La certidumbre de un jamás luego,
De un sonreírle a lo que éramos,
Tumbas cercanas y besos, besos salvos,
Palpables hasta no poder más.

Ahora el espacio gira con lentitud,
Es el tiempo y lo hay
De un perfecto luego sentimental.

Da para más, da tanto,
Ahora no es nunca ni es mañana.
Es sencillo,
Es el pasatiempo, la poesía y la verdad.
El himen que tararea
Como si fuera a cantar.

"Unas bolitas de mercurio"

Soy de fácil llorar
la verdad es que lloro por cualquier cosa
    Después de cinco años de ausencia
me reencontré con la bienamada
y nos acostamos juntos
juntos y el uno y el otro y
    Un tic le deformaba a ella el párpado enfermo, in
Y ahora
a caminar
    Cuando encuentres un bar tranquilo
    Ah
pasá
pasá de largo
    Las tropas están rodeando el parque
    Hay música
    Cruz gamada
    En realidad lloro porque
    No
    Fui alistado

MÁS BOLITAS DE MERCURIO

1

En posición de cantar, en posición de fallecer, a qué echar panes con morir, en posición de rubricar el testamento mientras la lluvia anegada de imprudencia inunda el patio, mientras no logro escribir tampoco desespero

vamos a ver ese coraje

no: de veras comprendo, pero lo siento; otra vez seré, como ya lo dije alguna vez, cuando alardeaba de expresionista en la metrópoli pecas

vamos sin embargo, mundialmente y todavía

este miedo

¿por qué —me gustaría que me lo dijeran, aunque me nieguen un beso, con los labios— por qué no someterse a este miedo, pánico y verdadero?

la lluvia sigue

estoy enfermo

estoy esperando mi comida (artimañas), el regreso del muy querido, del entrañable Sebas, a quien he ofendido por unas miserables hojas de bloc, a quien he arrastrado a mis aventuras médicas, sometido a pruebas de sugestión e hipnosis, afiliado al Psiquiatra Korps, y: recauchutado con una cascada terca de fármacos anales y: también a traductores

pervirtiendo su esencia

Llueve tanto

Se me pedía que escribiera, sencillamente eso: que escribiera y no pude hacerlo

porque más allá

más allá
más allá
Bueno, esto es —ya es— casi la felonía de una indecencia
        hambriento de teorías
        como todo caso límite
el horror de haber traicionado el pacto (no escribí) y la lógica
violenta del castigo que me espera
        ser leído
        igual seré leído...
        ¡aunque no haya escrito!

2

Sigue el dogma de mis apariciones

        En todos los púlpitos de cedro
        hoy han crecido rosas
        tañen las campanas
        y se tipean casorios
Que el semicírculo se vuelva círculo y el poeta teólogo
        somos una sola corrupción
        le dije a mi mujer
        y ahora vendrá la paz del odio calmo
        en habitaciones en rigor separadas
El padre Carlos me lo había dicho confidencialmente
        que alimentamos carroña
        al infligirnos este matrimonio
        pero yo le contesté que el odio
        el odio es un sacramento
        y que ya no puedo permitirme el lujo de no poetizar
        raspar la obra con la inocencia de un monje
        harto de chirinadas de paganos
El padre Carlos fuma
Yo también fumo

Los dos tenemos los dedos amarillos
El arte tenía que terminar así
Estrangulado a lo gallina por un cura y un psicólogo
Y sexo mediante
    además
    la gente anda confusa
    como...
    ¡bah! las preguerras plantean este tipo de problemas
    y si el arte es siempre un happy end
    el sacristán ¡aleluya! ya ha tomado sus precauciones
En Treblinka todo marchaba a la perfección: como erecto
    lo exige Cristo desde su cruz

Cristo fuma
Tira la colilla y un centurión
Le da la última pitada
Entre el garrón y el milagro

3

Por mi falta de ángel para la plegaria
terminé en trickster de la poesía argentina (¡Argentina!)
terminé aunque no estoy aburrido
hago vida de familia y gasté
hasta mi último peso
en el podenco entierro de mi padre.
Estoy pensando incluso en casarme y en escribir
("¿O prefiero de nuevo ir al hospital?")
vanguardias de novela como lo receta mi médico amante.
La que está aburrida es la Divinidad
ella misma
la que me obligó a escribir autos de fe.

Claro que reiré último y mejor

pero cuando tome los hábitos
pode el árbol
esto es un fragmento
aunque los puntos suspensivos
—a ellos los detesto

Seré el
El Esposo Ejemplar
Generosamente me desligo
Le dejo el sexo a los retóricos

Unas bolitas de mercurio

a Susana Cerdá

Cuando la pasión se hace fuerte, pero muy fuerte,
El cielo monta su gatillo
Y entonces estamos perdidos
Mi muy querida
Más, tal vez, nos valdría...
¡Oh, no, nada nos valdría!
(Salvo este gustito de perecer en el intento)
Porque la cuestión es nuestro galimatías adrede.
Claro: no hay cuestión.
Aunque (jamás escribir aunque)
¿Por qué no hay cuestión?
No me preguntes, querida
Ya estoy un poco harto de tus preguntas
¡Aunque!
Igual te amo al calor del diálogo
Y, y no nos entendemos
Prefiero tus pies de monja sobre la boca
"Del que no sabe pensar"
Yo
Electrizantes pies de monja
Cada uno de tus hermosos pensamientos
Los tiraré a la basura
¡Aunque!
Porque siempre estaré a tu lado
Millones de lados
Una sola mujer
¿Dónde estás, paradisíaca?

1979

Jacobo Fijman no se atrevería a retomar las estrofas pasadas de
este poema. Yo sí, mi Amor Divino se Pasma con los Escanda-
losos Resplandores de su Estela. Si copio el metro de los traduc-
tores de Walt Whitman, su suave libertad,
su ritmo de mover
los hombros en un desarrollo
adap-tado de Pri-mer Movimiento y decir
cada
tanto
una palabrota mostrada como inconsecuente,
es porque ese ritmo me permite también retomarme a
mí mismo
traducirme.
Pasan los años
y mi gran cambio de color

II
1980

Ligeras ganas de introducir pasmado
el remanido pene en la pátina vagina
y adorar luego la bóveda celeste.
Venían los griegos, esos niños inocentes de la peste.
Encendían el fuego y escupían las espinas,
no en un cuarto de hotel, no en éste,
que a manzana huele y a pornoshow deshabitado
por la más linda, por ella,
por la más bella,
por la más trina,
por la joya:
Helena, Helena de Troya,
Madre de Dios y bailarina.

El éxtasis y la dosis y la rima
y una clase de zorrino ensimismado
que igual tendré que dar mañana a pesar del pico.
Me gustaría ser judío
y mañero y transexual como el Espíritu,
y no este zorzal, este aeda marcado,
que huele a horror aunque se disfrace de Cupido.

Envuelto en una paz apocalíptica
el tipo miraba la cocina,
las hornallas, el fuego encendido:
la cocina, empapelada ciertamente
con hojas o páginas
de diarios y revistas.
Él no había merecido la estrella de la mañana,
eso es claro, y no era (ni siquiera)
el primogénito de la muerte.
La vida pasaba como un lago.
Las orillas tensas, el centro mudo.
Agua ciega, pobre y cercada.

Aquel que ayer nomás decía
tomaba ahora mate eternamente
y leía novelas de vampiros.
Televisión y fármacos: la perfección
quedó en anhelo.
Renacerá el amor con la próxima guerra.
Y en un entonces sin entonces,
con un Dios pifio que siempre tarda,
entonces se apoyará en sus muletas
y abrirá el pico como una gaviota
y derribará las puertas del paraíso,
antesala del infierno.

El retorno de Hartz

La música se lleva en la bragueta
o en el corpiño si uno es hembra
pero
Hartz
el pobre Hartz
el pobrecito Hartz tan moderno
en el sudor de su grasa llevaba el pentagrama
la notación de esas parcas
miserables perlas
                (lo imposible igual es no tenerlas

Hartz es poco
y harto calla
y mira por la ventana
y no es para él tampoco
para su laya
la bendita estrella de la mañana

—

Judío pero no del Antiguo Testamento
más bien un liberal apenas, a secas,
ni siquiera acérrimo,
Hartz entró en el Tortoni
y entre los mármoles buscó una mesa.

Así como de libros, La Casa Editorial,
también tenía acciones de alpargatas.
Pidió primero un té.

Después, una menta:
no tanto para beberla
como para divertirse con sus colores memos.
Pero el tiro le salió por la culata:
            se aburrió
como el suicida Svichigailov
cuando la noche previa de pindongueo y aguacero
anunció su largo viaje
irrumpiendo en la casa de su novia
que púber y dinero y padres y rubor
sólo era una nena

1

Acusado de complicidad con el osario común,
"usted no quería que cada cuerpo se distinguiera
	de su vecino, coronado por una cruz decente",
yo no pude
yo no pude levantar la acusación.
Bien es cierto que me relamía
pensando en la idea
del osario común.
Como buen trotacalles
seguí trotando.
La vida se pierde tan fácil como los dientes.
Seguí en la calle o en los hotelitos
esos iguales
algo de droga mucho alcohol
yendo al médico cada vez que podía
para poner mi cara de querer curarme
sin engañar a nadie, histrión.
Pero me gustan las clínicas y los hospitales
las manos albas de los médicos
exentas de eros
y hasta la caligrafía de las recetas.
Consumida su medicación
volvía a la mía.
Todo es tan sencillo
que hasta da un poco de vergüenza.
Ah, pero falta hablar del amor grande
y de tener incluso (incluso) una
palabra de ternura para los amorcitos.

Corta (pero)
El verso
Por donde no se corta:
tampoco pude levantar ésa.
—"Si no podés escribir, no escribas. Quedate tranquilo: no te
                                                          [mientas
Yo sé lo que les digo. Yo me entiendo
Hay magníficos poetas,
léanlos;
así como yo no puedo engañar a nadie,
así, así es de difícil,
que ustedes a mí
me hagan tragar la papa
que hasta (mierda) los católicos desprecian.

Para mí llegó el momento de la "pura" charla,
acusado de complicidad —clic— deseo
con el campo de concentración
con la picana pic
con las murallas de penal máxima seguridad
color gris tormenta
acusado: bueno, sí,
yo quería estar seguro.

Ahora estoy seguro.

Y les digo:
No pierdan el tiempo
no se alucinen con estas sílabas
porque es verdad todo lo que encadenan

Porque lo único que hacen es encadenar.
Catalepsia religiosa y senil,
eso son,
eso es.

Quiero una silla en la academia de letras
o una cama estable, "crónica",
en el hospital psiquiátrico.
Quiero un cigarrillo.

Quiero la casa negra de Erdosain
y cambiar de sexo.

Una botella de leche se rompe contra la vereda
y el gato se desliza, trota, *o se las tira*
hacia el baldío cercano

2

Qué peste
qué mal estoy. Me autocomplazco
en la autocompasión.
O mejor todavía, o quizás,
en dejar mal parados a quienes
(¿a quienes?)
alguna vez sostuvieron
que podía esperarse algo de mí.
Y en verso libre.
En verso cortado
por la inepcia bruta y el destilado lagrimón.

Una birome.
Un cuaderno.

Estoy triste y babeo
en este hotelito
que "Dallas" se llama
en la ciudad de Mar del Plata.

Los cojones se pierden —decía—
el orate de Van Gogh.
Aunque no comprendo nada de lo que leo,
comprender ocurrió en el tiempo
en que me ganaba los garbanzos
y el orgasmo le hacía
a mi mujer Garba
y hasta hacienda tenía,
hijos y mujer.
Y hasta hacía
juegos de palabras. Y hasta
una retórica tenía
de mangrullo
soberana.

Y ahora ¿qué tengo?
Rima, Puré Chef, Psicofármacos

Para escribir esto me vestí
(llovía) calado hasta los huesos regresé.
Me desvestí, de nuevo a la cama
                    a la cama de nuevo
Suspenso: de nuevo pero ahora
con la lapicera y el cuaderno.

Me mojo excitado. Se
me cae la baba:
mi Bic azul de tinta azul
con capuchón blanco para hacer bandera
Mi,
cuaderno a rayas, espiral,
marca América
—y la letra derechita
infantil verbigracia.

126

Y,
lo sé,
toda la mala fe
la rufianería
de la y griega
Y Lacan
Y Lévi-Strauss
Contándonos otra vez la Leyenda
Leyéndola

Y ahora en mi nuevo empleo
de parador de palos en un bowling
del que me echarán seguramente
por llegar ebrio hasta la bragueta
o por no avisar que mi padre ha muerto
justo el día que falté.
Nada me costaba llamar por teléfono:
nada le costaba tampoco
al Payaso
al viejo, esperar
otro horario
para entregarle el culo al monitor y a la enfermera.
Muerto en terapia intensiva.
Si hasta le frotaron el corazón.
Era piel, ojos y huesos.
Resultó de sexo
masculino, el
muy bataclán, el
muy introito: don-
de pudo

La masa toda del cadáver parecía
un *bulto*, un cojón
insensato ahora que se dispersa.
Y éste, seguro, nada que ver con el universo.

Los pendejos blancos yo le vi
y los miembros de la senectud.

La mujer es el cuerpo sin órganos
pero desgraciadamente se organiza

3

Leyéndola
Y también vendrán
Los desmitificadores de mi
De la Leyenda
El Estado es azul
Y cuando ríe
Como una espada entre indefensos
El dulce fuego del hogar
Entibia los pies mojados por la lluvia
El café humeante en la taza
El cigarrillo en los labios
Algo está por ocurrir
El fósforo quema la yema de los dedos
Y entonces se lo arroja con rabia
Y se enciende otro
Porque el cigarrillo apagado
(Me repito)
No es un buen negocio

4

¿Qué querrá decir ser homosexual?
Si yo me convirtiera en mujer
haría la felicidad de muchos
y a otros los haría sufrir

bestialmente
como en las telenovelas
y en las más excelsas
obras de arte.

5

Siento la cabeza vacía de tanto torturar.
Vacío punzante
así como (tengo hambre)
el esfínter queda como
como medio chiflado
después de una diarrea prolongada.
Razonamiento estúpido:
que-porque-alguna-
vez escribí
ahora *debo*
seguir y escribiendo.
¿Otra alternativa?
¡No tengo!

El cuerpo sin embargo
que hoy me pusieron entre manos
ya venía mutilado y deforme.
Tengo sueño.
Es el efecto del sedante.
Pero si me duermo
mañana deambularé con mi ovillo enredado:
más deambular,
más enredo.

(Temas de autor)

El almuerzo en la casa de la madre es una operación difícil,
es una operación política, como si en el "pináculo" (así somos, así
escribimos: somos así de ridículos) fingido de su poder, cada uno
tendiera hacia lo peor, para sí mismo y todos: se ha elevado por
sus propios medios cada uno, el cubierto que le destinan no sólo
es un Destino (así...), también un premio. No importa, no impor-
ta nada. A nadie. Esa señora juega a ser un punto fijo entre
merodeadores; cuando ella *ya estaba allí*, en el centro de la forta-
leza, se escuchó el rumor de nuestras botas después, primero la
sirena de los tanques: abrimos las torretas de los tanques, entra-
mos a la casa con fragor — mejor dicho: invadimos, *Escena*
    apartar el plato, borde casi, hum, con la grosería
    encender un cigarrillo de sabor y olor acre
    fortísimo
    fortísimo
    y luego el gesto único, marcado
    especialmente en la comisura de los labios
    : el momento de citar a los filósofos.
Pero devolviendo a esos seres de razón al lugar punto mórbido,
fetal — enfermedad y odio
    y parto y nacimiento —
    de emperrado origen como nosotros
    para venir a nos como nosotros
    y a estos maníacos (jueguitos con la muerte).

Uno de los hermanos se levanta, se pone los guantes no
para partir: para no lastimarse las manos, ¡pues! —con los puños
hace trizas el mejor, el más caro de los espejos.

La lógica de los acontecimientos — *basta ya.*
Tomar a la madre por la vulva (eso sería el toro por las
astas) empuñarla, rociarla con bencina,
      un festín en el chiquero, un
      chiquero en el festín —
      anfetamina, anfetamina

    ¡Qué vida se cocina entre los libros! Sabrosa y llena de
acciones y de conquistas: nos convocaron y aparecimos —
      si supiera de qué estoy hablando —

    Trae el café la mucama (por el culo, ¿por qué?)
con la crema del postre, encremar, sodomizar.
Con la miseria propia, con la ajena
—delirar,
en un puro estilo de preguerra.

    "Pez, una sílaba.
El pez nada.
Una sílaba nada."

    Cántaros llovía, y al salir a la calle, cuidadosamente, con
cuidado, me puse el impermeable. Éste es el Boulevard Maríti-
mo. Otros le llaman camino de la costa.
    Otros cantan, otros hacen política, otros se suicidan.
Modulan y modulan,
        en torno al volátil punto fijo.
    Sí, algo de pájara tiene, medio loca: choca contra los vi-
drios de la ventana, en esos vuelos de plumaje ridículo, y se va a
reventar,
      la cabeza algún día:
      ¡anhela tanto una guerra definitiva!
      y un planeta vacío
      y una colección de urnas (adentro, cenizas)
En cambio, ¡hombres! En cambio, ¡hijos!

Tiene razón, emperrado origen.

En cambio agonías de televisor: cardiopatías, cáncer, alcoholismo. Con todo ese horror me identifico.

* * *

TEMAS DE AUTOR

En fin y con tal de
(Perdido: no poder evitarlo,
el propio, el estilo) pero con garantías,
con tal de morir: gacho, si morir es morir
con el corazón destrozado, perro.
Pero si se garantiza,
asegura la inmoralidad de estar triste
la inmortalidad vileza, de: mu,
desparramar el hastío.
El estallido del corazón, pero y perro,
dale, con eso basta.

Y el dogal si el dogal
si su regodeo se garantiza
más un palo de gallinero
y un ¡hurra! (ya se relame)
de abrir el piquito lamentable:
no, no sólo para lamentarse,
también para el gorjeo dirigido al cerrojo
—un pedante, un loco, un cobarde—
y decirle *guligüli pic-pic*, saltitos:
—¡Hum! sos más lindo que el azul
acil
así. Esperar.
Así, el estallido del corazón y basta:

cinismo y ausente
recorrer con la mirada el teclado,
si morir. Con el corazón destrozado/para...
darse el gusto: ladrando.
Evitar con astucia, más:
hasta el extremo evitar
evitar hasta la ascensión a los extremos
...esa...
...nota...
¿quién no la sabe,
quién no sabe —estoy hablando—
si hasta yo sé? Esa...

    Pero,
el genio está en los labios.
Y de boca en boca entonces...
y hoy
es una gloriosa mañana.
Perder el pulso y la voz.
Pero el genio...
El peligro entonces
(¿otra vez entonces?)
de volver a andar contra
contra y el Sentido...
análisis del sentido.

    Entre tantas tentaciones,
como certeza no hay
como puede llegar a ser
peligroso hasta un canutillo
(¿qué es un canutillo?),
entre tantas, la de verdaderamente reventar
rosa y rocío,
quedar a solas con el Estilo
—ya ocurrió el carajo del Estilo.

Hasta la posibilidad de causar *Gracia*: no,
la posb de andar de nuevo a las andadas
y así ¡o por lo tanto!
nuestro más —sentido—
al Sentido...
Los eslabones. La cadena. Las rejas.
Todavía es demasiado temprano,
esperar. Los negocios están cerrados. Los eslabones.
El Sentido. Un pájaro. La cadena.
(Pero, el genio está en los labios
y de boca en boca entonces
pero de bocas literalmente
que se tocan). Las rejas. Jacobu
Urquijo, guardiacárcel,
oriundo de una provincia.
Temprano
—demasiado.

        Hoy es una gloriosa mañana.
Un pan albo cae
en el barro...
Y el Sol hereditario

blancura
pasos de goma en el corredor

¿por qué no abren?

todavía
es todavía
es una sola
¿esta boca es mía?

Es algo
esta mañana

134

Es hueco
el beso
pero de boca en boca
la boca lo llena.

* * *

1. ¡VAMOS...!

...Come el hombre sus medias-lunas frescas, frescas
en la mañanita temprano. Come el hombre...
...Buen tiempo, serenas conclusiones, casi planas:
la vida es esto, esto el análisis... Come frescas...
rica sesión y productiva, y reunión de ministros
el estado. O así, por lo menos (lo arguye el diario), el estado,
éxtasis campos de mutilar más
utilidades más
el tadeo animal y su pupila
El diario temprano, lacónico de la mañana
serio hasta donde yo lo entiendo, según
Mi yo o la cantidad, dadme, de mgs.
Sin venir a cuento
aunque tampoco a cuento viene
un juicio
anal
o un Tedeum
a mandíbula dice, riente arguye:
            * el eco, peco / Al eco peco / Doble doble pago (contra)
            * el (sencillo) doble / Los par / Pados entorno, pintados
/ Ojo soy, por Ojo /
            * el mensaje
Es difícil, como recular casi, o en chancletas
retroceder

¿Un pájaro, para empezar o una flor?
y el componente (arcaico) y los actuales
¿pero no demasiado actuales
        acaso? — Factores, para colmo erráticos:
de cualquier delirio, o del ario o psico neurosis o asis, juegos
irrelevantes, u, de palabras: una, otra más, hoguera que caga
: como idiotas, cuidado (reblandes cerebral: "del ario..."),
cuidado:
no vayamos. Tan rápido.
Seamos cautelosos, cuidado.
Rimará él, ya se sabe, rimará
su burbuja de nada: marginal y estupor,
oso, por anticipado
y nuestra labor pinosa, de años, al fenosa, al
—el dolor de los sensa, de los sensatos al
—el dolor de las terminaciones ¿no somos hombres? acaso al
—al entonces carajo, al
museo de los fracasos
archivo, derivación, historial:
rima y entonces: a ese relicario.
     Está claro. Como primera alarma o señal,
como primer paso... Come el hombre...

...es el mismo hombre
y lee el mismo diario,
como si dijéramos "las fuerzas
de la naturaleza se han desencadenado", frescas...
O el consabido: "en fin,
ya empezamos". Trabaja medias-lunas:
es panadero. El patrón se las regala. Trabaja, come,
tiene, o man, a su familia. Un hijo se le suicidó en el Chor
                               [Romero

     Es de mañana excesiva y temprano, y es
hasta posible argüir pero el arguye entonces
confabula, conspira entonces, ahora y ya

(¡calma!) con su doble eco y mensaje de proseguir:
es posible argüir entonces (¡o basta, o por lo tanto!)
que es temprano
muy temprano
demasiado: un inútil
temerario desafío pues ¿por qué?
¿por qué extremar? Si el hombre, frescas...
Muy temprano, temerario, irritativo incluso
—para las autoridades y hasta
para los más, todavía, cualquieras.
Él hizo mal, me lo canta el alma, el alma se...
yo L, ...come el hombre, frescas: se dobla mi alma y me lo canta:
                                        [de vate, batea
Aún,
que, no se la podría a la hora esta
llamar amanecer,

o alba. Amanecer. ¡Si frescas las medias y los
titulares desplegados
y el sol que es gloria de: de Dios, también del
Cielo y de un
ventanuco alcohólico. Oxidado: de herrum
Y están por otra parte,

es lo real,
y tal vez abiertos a lo real
lato y sin rima
(porque toda rima ofende)
(sin rima, ni siquiera un mísero asonante)
—íbamos que te íbamos llegar, llegando a eso,
a lo no, in-negable:
abiertos están
están los bares y se despacha
circulan los diarios y (¿y griega?)
la prueba en mi caso

que no es el amanecer, menos el alba
la prueba del tadey domesticado.

Que: pues: es.
Ya no estoy en la soberbia
mullida cama
      ni en el incómodo o si vosotros
      ustedes digo
decís jadeante
(yo no me adapto)
sueño de decidir
bajo el efecto mocho de invocar serio en ese sueño.
      dos palabras: que en él solas se pialan y
      una a otra se llaman

      son
      esas
      dos palabras
leve,
orgasmo. Pero, cuidado. Leve, Orgasmo,
porque la decisión por una de esas dos, cualquiera. Come el
                                          [hombre...
es grave. Grave,
dicho sea esto con toda calma.
      Atañe,

en principio, vestido ya como estoy con mi mejor traje
desayunado y metido letra —por letra— y hasta palabra,
en un intento de poema que me yergue y espera
aunque en efecto demasiado es temprano
casi resulta alevosía de tan la hora tan
pero tan temprana: es grave. Grave y temprana (?)
Si llegara a resolver
gloria de la mañana — cómo,
cómo empezar este floreo.

Cómo (empezar este floreo)
    si fiel, fiel:
y por una
sencilla flor,
entonces podría comenzar (¿si es que comienzo, sigo, empiezo?)
    Si en cambio me decido
por uno, por un pájaro
de sólo nombrarlo me emociono

ya hasta la sed de los que están allí,
y lo sé, como la sabida sed que lleva a malas,
lágrimas y manantiales de lágrimas que están
como digamos, en la cuenta cierta de mi lid
si por un pájaro
    si
ceñido por el sueño

y el cielo hecho de aire

y el roce leve

así
asidos
de las alas.
¿Metáforas? ¿Fe?
Cuidado,

tengo mala leche
metáfora del orgasmo, y las revueltas que vienen. Come, frescas...
(en fin) tanto la fe como la metáfora y el cuerpo. Cuerpo,
que a ella se dirige como quien implora tanto
el now, como el ahora y como el último
cigarrillo
búlgaro
de la espera

Sí: sí, legisla:
para comenzar
en vez de un pájaro, pluma hum y sexo, sexo.
No, una flor

Es una lástima

me gustaba la idea del pájaro.

Ya el fracaso
Ya en los primeros pasos, fue fracaso
Y pensar, pensar
que tantas veces —pero— que comprara le mandé una jaula
al criado viejo. Que es pu
              Un sólido o altar marica de verdad
              Puto y drogadicto.
              Como todo lo que aquí me rodea
Sin considerar los psicóticos omisos,
Los Coz nombre famoso que recubre (doctor Lieder Coz
                                            [Pereira,
ganador
De la Cruz del Hueso
Todo aquello que bajo el pendón de base
Neurológica, mixtos fáciles de cazar.
Ellos se refugian demasiado
No en las enemas (las detestan)
En la Fatal
Traición que les hizo el cuerpo

Quería la Jaula
El Pájaro
El Poema

Para cada ítem
Que es metí al vesre

A Malinka criado viejo al mango
Le di la tela, que también se dice guita o dinero
Pero Malinka, tierno de caderas,
Todo se lo gastó en colorete:
La cantina estaba llena y

espacio
blanco
espacio

El gran llanto me fluyó apacible
El gran llanto
A mediados de noviembre
En un estilo apacible y
Casi y contractual.
Me hundí.
Quise hundirme y me hundí
Vi venir la tormenta
Y me quedé a la intemperie
Sin hacer nada para cubrirme
Ni un meñique

De acostarme dejé con Malinka
Y paré para siempre y en seco
Los avances de un cabo enfermero
De tipo sexo
       Sexo
Nada más que el glande,
Verdaderamente glande en este caso,
Ese glande hum
Ese sufijo que envanece
Al chongo que con sus brazos de toro
Y su Nabo y sus bíceps te hace
Tocar

el cielo con las manos
   y allí sí
los hermosos pájaros te ven
boca abajo
culo para arriba
alguien te culea
y los pájaros bellísimos
sólo ellos son testigos

perdono a Malinka

con mi dinero le compró a su horma
a su chongo
Paolito el Disconforme
un juego de cuchillos que dan risa
aunque el bufa Paolito alias también El Suertudo...
porque siempre tiene ojete...
piensa usarlos en el circo
e iniciar así una nueva carrera

Éstos son, pero, recuerdos.
En cuanto termine este desayuno y de
         de ser
ominosa
terroríficamente tan temprano...

    La Jaula
    El Pájaro
    El Poema

No quisieron, no me dejaron
—en el Sanatorio "G. Menno" donde me atienden
        no quieren que escriba—
        ciertas cosas y que escriba
        ¡escriba, escriba! otras so pena

(hay una: Sopena,
Editorial Sopena)
¿de qué?
—de sopenarme aquí para todo el resto de mi puta vida

* * *

16 DE AGOSTO. 1980

Como hoy me levanto levantándome
sintiéndome mal, sintiéndome peor,
es hoy como me levanto entonces
con un fracaso erótico
porque al delirio llamo
y no llega, no pega ni con cola, eso
que soy un anal de pura cepa
anal sádico
hasta la esencia
¡esencia!

La cabeza en otra parte,
lo que quiere decir el mal o simplemente
el mal comienzo: levantándome,
no me levanto. Estoy acostado y escribiendo,
crispado por mi odio al semejante, y es triste,
así. Así nada. El cuerpo no se planta
así
(como tendría que ocurrir) en ninguna escena,
y así, así es de humillante. Tanto o peor,
o lo que es lo mismo
                    Argüir que
enfermedad o vejez
o los años

aso sean éstos
los últimos años de incesto
prohibido
y "productivo", por eso.
De alguien que alguna vez se dijo, último,
sujeto, hombre de letras, el amante o el bledo
y hasta "pasión inútil" (de animal en su jardín,
el paraíso
excremento
cielo, dicen que el cielo
es excremento de gacelas)

El archivo que no cesa.
Porque este escribir ya no tiene nada que ver con la estética
(llamemos estética a cualquier amor), entonces:
el archivo. Caso es decir cerrado, que no cesa.
La conciencia y la pulsión, en fin,
                    se estrellan
contra la celda microscópica del fue
del yo sé que ahora.
De la máscara sobre
entendida en exceso
y acéfala

    Sé lo que digo:
no puedo hablar de amor.
    Sé lo que estoy diciendo
("no puedo hablar de amor") con una lucidez perfecta
o admitámoslo así, así y sólo
—cuántas comas, cuántos acentos, cuánta
"puntuación sin texto"—
convengamos lucidez, digo, sólo por un momento

Porque la agachada fracasó.

Porque el amor igual no llega
(lo estoy diciendo)
pese al sé.
Y aun cuando renuncie a todos los colores
ya vienes.
El verde
botella
el tierra siena, el gris perla.

    Anotar es decidir.
Pero decidir no es, como se cree, igual
(como se crece)
a tomar *una* decisión, tomar una y proseguir
con o sin alardes
Anotar significa parar la mano
para encender otro cigarrillo
para pararla (me anticipo: impotente,
conozco el juego)
con cualquier pretexto.

    Hablar claro, mi mayor deseo.
¿Pero por qué regalar mi mayor deseo?
¿a cambio de qué,
de qué esquirla de cualquier
otra mierda que me apetezca?
En español esto se llama conformarse,
sonar a hueco.
En español esto se llama progresar,
ascender a los extremos.

Las nupcias con mi vieja madre, fueron.
Tumba primero, nicho después y ahora
cenizas,
urna.

Como nutria que ya no nutre
valgo un centavo. Nutría,
comenta el último hueso,
no.

       Comenta que a la habilidad hay que perderla
y si es posible rápidamente.
No sé qué hago aquí, entre estas letras.
Aunque lo sé, "el fastidio
de la vida de hotel".
Como siempre que fracaso,
hago el papel.

"El que ya escribió"
El que odia a ese hombre
que pasa con una mujer.
Me releo, tacho, corrijo,
opino demasiado,
me entrometo y vivo
pendiente del correo.
Y es muy sencillo:
no "surto" efecto.

       Soñé...
(como último recurso apelo al sueño)
que dirigía un penal en el desierto.
Me gustaban los delatores,
los premiaba con tabaco
y un poco de alcohol.
Quería volver puto a un pendejo
y lo dejaba solo con los más peligrosos
para que hicieran con él lo que quisieran...

       El chico gritaba
Que grite.

Los otros también gritaban.
Todos gritábamos
y bien al pedo.

Silencio.

Me pasaba el día entero esperando la noche
para encerrarme con una botella.
El chico ahora se disfraza de mujer
y se depila las piernas.
Consiguió marido,
lo envidio.

    El marido es uno de los carceleros, sigo,
y espera que el comilón cumpla su condena
para alquilarse juntos una casita.
El carcelero me odia por lo que yo, yo
hice sufrir al chico
y éste le cuenta interminables historias
de cómo se lo violaban entre todos,
sin amor,
siempre el amor.
Yo no puedo.
Ni siquiera en sueños
y a pesar del "bulto" bello.

Utilizo mi poder para separarlos y,
perfecto, el romance fracasa.
Persigo al carcelero, le
(por ejemplo: le hago "le"
cada vez que se cruza en mi camino.)
hago la vida imposible
hasta que se ahorca en la letrina,
un bufarrón menos.

Se llamaba Jacabu Urquijo
y era oriundo de Rosario.
Fue uno de mis métodos
llamarlos a los dos,
a Urquijo y al recluso
so marica presidiario,
y Urquijo tenía que mirar
como yo obligaba a su amorcito,
a su beso de lengua,
a comerse un tacho de mierda...

    Soñé
Basta. Es el amor,
eso que no puede ser,
lo que le infunde fuerza a las palabras.
Eso es y por eso
no son estas palabras.

Criminal, enfermo, estéril.

                  * * *

TEMAS DE AUTOR

"Un manuscrito de casi 30 carillas"...
Empezar lentamente y despacio, gracias,
(esta serena pulcritud se la debo a mi alto rango en el Ejército,
pero ya no pertenezco a ese Cuerpo)
Con calma. Sin desoír los consejos,
"Hay tiempo —*Con Calma*—
y si un pájaro (¡Hartz!) señala el comienzo,
(bueno: casi 30)
enseña a salir de las aguas, del Plata o el Salado,

permitir su aparición, sugiero, ("Hay tiempo") o cualquier
otro río, el Danubio podría o también el Yang Tse o el Nilo.
Ser cortés siempre con el fantasma:
sabe todo el que juega, un Mico saber después de todo,
si así se dijera (¿así se dice?), sabe
que es mentira aquello de las interrupciones. De mármol,
—*Con Calma*— es la altiva madera de cualquier sueño.
El terror es continuo. Escriban, es un niño escribir,
un desamparo, un prematuro, como cualquier otro
Para la obediencia, aquí no hay órdenes. Solamente carteles
símbolos mogólicos: casados y solteros de ambos sexos,
escribo. No hay órdenes para la obediencia
y aquí no se cocina —para la desobediencia tampoco— nada
                                            [bueno,
y es lógico,
"*El mal-comienzo*"
   Me levanté peor esta mañana,
   tan peor que se me ocurrió esta idea,
   ya lo sé:
   "No hay que tener ideas".

   Miré por la ventana.
   Pero antes de proseguir, releo.
   (Como militar, poco tengo que decir,
   salvo que ya no lo soy: aunque dicen que militar una vez
militar siempre
yo me retiré a los 39 años:
una herida en la cabeza)

      En fin, con tal de, pero con garantías, con tal de morir:
gacho,
si morir es morir con el corazón destrozado, perro...
...pero si se asegura la inmoralidad de estar triste, la vileza de
desparramar el hastío...
El estallido del corazón pero —y perro—.

149

eso basta. Y el dogal: sí, el dogal y el regodeo se garantiza de al
cerrojo decirle: sos más lindo que un azul, acil...
El estallido del corazón, y basta: cinismo y amante
mirar el teclado
morir con el corazón destrozado para darle el gusto al silencio,
la cruz, la... Pero... el genio está en los labios... Perder el pulso
y la voz...
Pero el genio... y el peligro entonces de volver a andar contra...
y el sentido... análisis del sentido.
Entre tantas tentaciones, la de verdaderamente
reventar rosa y rocío, verdaderamente enfermar. Enronquecer,
quedarse a solas solo con el estilo. Ya ocurrió. Enfermedad.
Así lo quisimos. Hasta la posibilidad de causar gracia, no:
y menos la posibilidad de andar de nuevo a las andadas, vivir con
colmillos, comunizar el caos y nuestro más —sentido— análisis
al Sentido...
Hoy es una gloriosa mañana, pero... Un pan albo cae en el barro.
El osco idiota silencio, suerte, liquida a la inspiración.
Sí, el genio está en los labios. Pero, no hay peligro. Renunciamos.
Un jardín de fármacos y vocecitas todas
humildes: autores con dossier escondido. Sólo temas de autor:
con eso basta. Somos...
Da rubor, da vergüenza: *encarna*. Somos no
lo que fuimos, sino este gesto por llegar aquí. Blancura, pasos de
goma en el mudo corredor. El dilema resuelto: contagiar
oh hasta sentirse.
Experimentar desde el central de una visión mórbida que un día
(8/3/74)
empezó a odiar la obra y enfermó.
Quiere morir y ser pastor
de criptógrafos.
Obedecer al Alto Mando
que no hay
El ser es ahora parodia
El canto, un duelo ronco, afónico, entre los que sólo

posan para la foto
Aquí se escribe mal y se oculta lo escrito
Aburrimientos puros de autor
contra los que piden armonía, gracia, tilo.
encarna:
a esto se llega con una sonrisa y odio
fuerte al semejante, al arte
que suele felices a los hom.
Otro color (la carne alrededor de la boca).
Amarillos, rosas y ocres se preparan, y luego,
hasta la misma proposición encarna.
O la palabra, si se tratara de palabras y no de un silbo,
de un silbido para llamar: perro. Ya voy.
El floreo empezaba, de entrada quejándose, con...
con la ya chisporroteante
lacra de la compasión,
sin compás
empezaba su trabajo
con esta boca (es mía) (es una manera de decir,
cuestión de labia), punteándola: para cerrarla.
No tan terrible, al fin y al cabo,
a fin de cuentas el esfuerzo dice de superarlo.

Como no me sostengo, como caigo. No duermo, y el estrilo.
Y vergüenza otra vez da ("¡superarlo!") Irrisorio. Le gusta al
                                                          [perro
)¿cómo se puede escribir así?(Fracasar. Espina y castillejo de:
tema de autor.
Otra vez encarna en un subido, en un tono,
valga esa idiotez: no puede dar la cara
ni siquiera en su epitafio. Odio feroz a lo que dijo y que ahora
morir preferiría con el corazón
Agoniza, quiere morir. Se sabe. Parte,
de una demostración tres carajo
demos carajo.

El floreo como un pájaro empezaba.
Era hermoso, como salido recién del agua
de la humedad del sueño y pintado o tal vez ceñido.
Pic
por esa suerte de aire (ya no)
que en vilo, y a la visión se fue al cesto, al tacho
aunque nadie lo hubiera visto.

El oficio de crujir. De imitar la fuga del don perdido.
Por el solo goce de las alas, al cortar la brisa
Desdeñado el don, mejor dicho, el talento, ahora imitar el espa-
cio sutil
donde antes la —LA— parecía
en algún lugar aparecer.
Señoreó de tal modo, valió la pena,
tan ahí y tan afuera: si morir es morir con el corazón...
Tanto, que en seguida fue escrito. Aquí,
se queman los manuscritos. Vienen a morir, viejo
—¿pero cómo cribir así?— Especulan
el día entero en el laboratorio, anotan
¡escriben la escritura!
El pájaro sólo ironizó, tomó el pelo y el hazme
reír él, de algunas
palabras perras, palabras imitando el dogal como dichas
"Ah, ¿cuándo aprenderán?

Es sólo un roce, un roce leve de las alas,
como el orgasmo
por amor; quiere aburrir; tema de autor entonces: desea
(el estallido del corazón) (el jardín, la escena: caído
sobre las cuartillas de la LA, al fin, muerto,
patético lo encontraron.) Por fin.
Sin alterar una sola letra...
más cuadernos al margen río, Amazonas —¡silencio!—.
—¿Ah, cuándo aprenderán?

Roce, sólo sagaz roce, tampoco yo puedo decirlo
con los dedos amarillos de tanto fumar tanto
tampoco temblorosos escribirlo: tampoco, dije,
decirlo.
Sólo un roce, un roce leve de las alas,
Como el orgasmo. Ladridos,
Escupan todos los dientes
... es sólo un roce leve... puntuaciones, puntuaciones
muchas —sin texto, nada de texto—. Puntuación.
Canten, como al orgasmo.
Aten cabos y desátenlos.
Roce, roce leve, digan (digan cualquier cosa, no canten)
(canten) y no,
como el gran burro enmantecado,
no rebuznen sobre el goce. Esto quería decir, aquí
quería llegar. Era (pero ni pienso). Una idea.
Y es inútil, no se esfuercen.
Ahora me voy, ando buscando al microcéfalo.
Mañana lloverá mierda,
quédense tranquilos en sus casas
y fíjense qué fina es,
cuando el parto frigorífico de ustedes no interviene,
la atinada consistencia del excremento."

        El floreo con un pájaro empezaba,
estos temas de autor sido
que ya no escribe
obedecen sólo
mejor no decirlo.
Pero fue necesario empezar con una flor,
para empezar: para poder, aunque tampoco.
El tema de autor es el final de un camino,
allí donde se quema el manuscrito.
Tal como lo dijo el pájaro, llovió mierda.
Como si fueran (culebras) algunos se divirtieron en los jardines

así de mal expuesto, con sintaxis de ineptitud
acto de y desprecio
enroscando bellos soretes
flexibles y largos
con un palo.

Someterse a la línea, frontera
de un frenético
arte de que el arte no ocurra
expulsado
llanto y pérdida
des-amor
así se castiga el desconcierto,
autocastiga
de los que cantaron "a sabiendas"
y ahora que saben piden la jeringa, el bisturí
y ellos solos se cortan
partes como partituras, magníficas.
Ellos solos y solo
Si morir...

¡El microcéfalo no quiso cooperar!
Se arrebujó en su poncho,
el chambergo se caló de alas altas
hasta las orejas
y el día entero fumó negros
con una delicia interminable.
Permitía que la mier se le deslizara entre los dedos
y por momentos la amasaba
para esculpir su autorretrato, para empezar
o modelar al pájaro. Me gusta el microcéfalo,
tiene un algo...

   El estallido del corazón,
¡El microcéfalo no quiso cooperar!

154

"mierda, culo, soretes"
estos malos términos de estar
de pretenderlo
en un papel y entre signos
(al fin y al cabo de pelpa, y tal vez de armar)
de lo que fracasa

y no se convierte en la dichosa

alegría del canto o en el dolor del niño
Himalaya.
Insisto. Y al mismo tiempo ruego

...(alguna vez vibró el atril)
por favor, salir de aquí.

      Cometí el inmenso error de escribir y publicar libros, babeo,
y declararlo como es obvio empeora las cosas.
Babeo.
Yo no lo declaro: es el silbato
el jadeo del perro (14 de agosto,
1980) que sigue los pasos de un amo, Beh, Beh,
Temas de autor. Dios, El Narcisismo, La Lengua.
Ladrido: —¡Au!
Es decir, como lo digo:
"una mala palabra".
Y más adelante el agregado
en verso: espacio
del nudo en la garganta,
temas de autor "Te lo dije, no había que invitarlo,
es un pesado, le encanta arruinar fiestas
Opa con ínfulas
Opiáceas de Opa"
"El nudo en la garganta"

Así que ya está hecho
Está pinchado
Fuego y, y cagar.
Los órganos se arrodillan
y en vez de soñar con el beso
        Tanga,
        un beso, basura,

        nos besábamos, Juana,

        nos besábamos en la eterna Melo
Drama
        humedad de los labios

¿dónde está el genio? el genio está en los labios...

y tu muerte no fue prematura
—habías nacido como un pez en el agua—
aunque mis lágrimas cobardes te abarataran.
Lloro para atrás. Llanto en marcha de invertido
como si te cubrieran de lentejuelas, mis lágrimas.
El corazón, mis lágrimas
lentejuelas: no.
Invertido en el logi negocio de los giles, que su
                          [Logos...
No debieron permitir que me acercara

        a la proa de tu cadáver para el beso

           el beso
no podía soportarte, ni el aire que respirabas,
postrero,
mi plegaria: si ya olía, yo
a mácula
de máscara

frígida, por el terror
aterrorizante, y
"He sido", guliguli
pic pic, oh, "He sido"
aterrorizada,
Juana, perder la salud puede, digo yo,
una manera de ganar tiempo. Si
se especula y renuncia, se
enfrenta al estilo a solas.
Solo al coro, dueño de todas las bocas.
Si ya no importa
gusta, gusta, gusta
ser lo peor de lo peor
Por ejemplo:
un Osvaldo
("¡Hartz!")
casi Lamborghini
o a medias.
Y vestidos de señora y manicuras y peinados
y maquillajes y toda
clase de dones de mujer hermosa
que ¡no! vino al mundo para amarme, pero...
me amó —¡digo yo!—
y me habló de su amor
apagando el cigarrillo en el cenicero
Recurso y dale
o apoyando los codos en la almohada
antes de dormirse.

O antes, y no hay otro modo de decirlo
de apartarse el pelo de la frente
con la mano derecha ("sos como todas")
para introducir el pene en su boca
y jugar con él, el que siempre está ahí
como imperdible que sostiene mi disfraz,

libarlo hasta extraer el semen:
    No te prives
como si estuvieras en tu casa
Juana y el caballete tiembla: ladridos, silbos, bromas
ensuciar las riendas
con la deposición de los vacas y cabas,
palabras perras
remedando el dogal
o entregándote:
las piernas abiertas en V,
en horqueta y —tal vez, seguro—
Una cualquiera
aunque hoy, 26 de octubre,
1980, no pueda escribirlo
o ya nunca pueda
—no, no escuches los silbos
el pito, el cascabel degradante
de mis "he sido"—
escribir 26 de octubre y mil
novecientos ochenta.

Aunque ya supieras y no te importara
mía relación con el Más
Allá, mi catalepsia religiosa
porque no es zonza
y sí tramposa la vejez
Esa vejez
A la viruela
provocada por la sarna que trae
la perra culpa de la mala fe
la traición a lo único importante
lo dado del azar (pero "más" importante me creí "yo")
la carta que libera, Juana,
los ánimos, y que hace sonreír al genio
—que está en los labios—

—un beso más, Juana—
—pronto esto termina, rápido,
invocación, tema de autor
o simple tristeza,
pena de amor: agachadas a la hora cacareo
entregar el rosquete.

Estallido del corazón al recibir la dosis.
En la vena, torrente sanguíneo:
la sobredosis de algo, ese tóxico
ese veneno que se llama
...no, no se llama...
—un cuerpo femenino, en este caso
(mi irrecuperable caso)
fue más sutil que la entera trama del espacio.

Y el espacio es sutil y vertebrado, más sutil
que la gran lengua del lenguaje
esa que convierte al estático microcéfalo
en interlocutor de un pájaro soñado para el comienzo
y a la flor a la que luego se apela
pensando: una rosa quizás, y su rocío.

Llueve lo que la ironía
más alacrana manda
hay poco material
trenzar y destrenzar
el chambergo
el pitar de fuerte que nos prometieron
los pulpos alados
los profetas

Y ya que el pájaro,
su talento sádico dirigido contra el médium de poca fe,
el de los temas propios,

"propios de autor" (así soy yo)
perfecto negó su don,
a propósito habló con enigmas
más bien yo diría deslenguados
—Puta, Carajo.
hipó groserías
—comprendió, "mierda" y lluvia,
"culo", que se las había con un cerdo—
aulló lo que se oye
en la confusión del castigo, digo mal.
o sea: punitiva de cualquier celda,
de cualquier memoria
que ya sólo resuelle
tendida en la cama que le tendieron
el buen tiempo y las caras
de carne y hueso
sin mácula de máscara
tengo medio y miedo
la gran lengua del lenguaje
ahorca sin asfixia: muerte por vértebra y dividir el
[resultado

La gran lengua del lenguaje
puede inventar tanto el mate curado
como el fierro chifle de las perras palabras
por ejemplo: las tomaduras de pelo y un espacio estéril
para que tiemble el papel

claro: Hoy nació un bebé, una criatura de madre,

en las mejores condiciones
Ganges

Y una ciénaga estilo Romanov
cuyo nombre no me acuerdo

otro río volcánico tal vez
detalles simples en los mapas como ovas de pescado
ovarios puros y la alegre fecundación
no sólo chupe y chupe y chupeteos
También darla
Ponerla
Darla

Otra,
con las garantías y ladridos suficientes,
mejor olvidar las fechas, el pulso:
cuando empezó a fallar, la voz silbido
y perro. La última meditación (olvidar) man
tenida antes de preparar aquella sonrisa y partir
en busca de ese jardín, cuidado con tanto esmero: ¡cuidado!
Morir,
si sólo ocurre de ese modo:
con el corazón destrozado, si el dolor del niño
Himalaya.
La cuna donde nadie habla:
está bien entonces instalarse a perpetuidad,
un desastre perpetuo, en un manuscrito:
Me gusta todavía perpetuo... (aunque temas de autor,
todavía) trazar las letras. Aunque temas de autor
pero, y perro, con el dogal, con eso basta.
Esto significa entonces pasar de un juego
a otro. No cantar.
Solamente letras y mentir,
quemar los papeles. A
Burrir
      aparte

    Como si yo no comprendiera que es preciso
volver a empezar desde la primera página
(por principio el comienzo)

ésa en las orillas,
cuando lo tenue se inclina a favor de otro
y lo complace
contra el otro: el otro y su margen
también tenue. Y queda
con las manos en las rodillas
sentado frente al fuego, quemar.

Bueno es todo comienzo simultáneo si a la vez
("en su mismo trámite") doble e impar:
—Aguantemos, dije yo.
Yo no empecé la guerra
ni dije sí o no a la digresión,
ni al correo tahúr que mezcla las cartas,
escribo. En el paisaje se insinúa
del lado de los silbos y el material
del cuerpo y los autorretratos,
se insinúa cuando el viento
hace temblar el caballete,
que las capas avergonzadas de color
alrededor de la boca:
lo que encarna en el rubor de esa figura, perra,
de perro gacho y de dogal
        —Enfrentar a solas el estilo:
y vuelvo a ella.
Pero ya no hay
no es tiempo.

Enganchen los caballos.

Y si alguien da rienda suelta
a juegos con la mier
como para que se pudran las manos
del postillón inocente, inocente: bueno,
también tener paciencia.

Un gang de pájaros decide
terminar "para siempre" con los dobles
los ecos
los fantasmas:
        terminar "para siempre"
        "con todo" (y esto es aquello)
con todo lo que *no* sea,
imbécil:
canto verdadero.

        El silbo dice: "El otro
        es el mejor.
        El otro —Ganges, Himalaya—
        vale por los dos".

El Orinoco, gran río.

El Jesús Cristo siempre en su cruz,
en ablande.

Así masculla mi odio al semejante.
Odio a mi muy querido hermano,
a mi repodrido Leónidas hermano.
Dickens picoteando los brazos de su nodriza
porque los confundía con manzanas.
Ya termino.
Después el traidor elegante
volteó el honor de una doncella:
son recuerdos del mar. En efecto:
siempre que fin
Fin aquí,
en la costa sur, el Atlántico.

        ¿otra vez?

Demasiadas preguntas
a solas con el estilo.

Sólo una mujer hubo,
la Juana Blanco.
Y para volverme "loca" bastó
un solo cuerpo
supuestamente femenino.
O yo lo digo.
Es un decir que la sobredosis
yace en su ataúd.
En esa tumba semejante.

Estela Achával.

Letras todas trazadas
por mi mano,
pero no me las ingenio.
Es inútil. Pasó,
de par en par y en todas direcciones...
...Agua triste del sueño que se olvida,
                    mentira.

Y yo, que no lo digo,
desoyendo los consejos
y menos lo "reconozco"
(¡reconozco!) ni lo, bueno:
bueno, basta.
Peor aún.
    Que me obstino en vivir escondido
debajo celtas
bajo una piel marcada
por puntos altos, bordados
dispersos de maquillaje,
Yo me estaba pudriendo en mi hornacina.

Esta boca es mía.

aparte, MUDANZA:
Un sillón verde.
Un trapecio.
Un cuaderno.
Una boquilla sin filtro.
El botiquín con los fármacos.
Un mate.
La eterna provisión de cigarrillos búlgaros.
Otro cuaderno.
Hartz en una jaula.
Lapiceras y lápices.

Aparte,

no puedo

Aparte,

no quiero

Pero cuando dejes de llorar, orillas del mar,
y te apliques con vástaga humildad
a tu poco de papel...
—Sé que hago mal, pero me gusta releer
todo el tiempo mis propios manuscritos,
comprobar la existencia de la hez,
paladear las heces.
Algo escuché acerca del cáliz
y me imagino (Huertos, Olivos, Alambrados)
que soy el custodio brígido de los prisioneros
y los tengo colgados cabeza abajo,
o mejor, en jaulas:

allí no pueden ni echarse ni estar parados
ni dejar de mirar el hierro de las torturas.
¿Qué pienso? Nada, me guitarra, aburro: mis mientes.

Reeducarlos otra vez en el control de esfínteres.

Me gustan los delatores, escuchar sus informes:
las reuniones en mi oficina con café y cigarrillos
(me envanece el placer que así obtienen,
con manos temblorosas al encender el fósforo).
No falta a veces una copa de coñac
para aquellos más...
—no hablo ni escribo el español así que—
...más quebrados
los que lamen las botas
o como se diga ¿un carajo? ¿un "delirio"?

Por supuesto que quisiera salir de aquí
pero no puedo hacerlo en el preciso instante
del éxtasis mórbido: desnudo,
cuando imagino y no pienso y me excito,
escribo. Cuando, y hoy es 12 de noviembre,
me masturbo recalentado por mi odio: ahora,
yugo a uno de mirada inteligente: inteligente
como si se dispusiera a leerme a leer
en mi propia cara (esa que nunca
puedo dejar de ver,
solo como un agujereado plato de estaño,
estaño: arrojado así a la basura de los desperdicios.
¿Quién? En el baldío no hay nombres,
sólo suicidas: y ratas, ratas tiras)

Lo tengo medio ahorcado con mi dogal de yuga
y le digo que prepare la boca
porque voy a cagar ahí, en el órgano

tal vez más noble del hom,
el que se relaciona con la comida y la música, y
y el hablar, me olvidaba. Como que el genio...
está en los labios: así es, microcéfalo.
Después, microcéfalo, puedo matarlo,
o proponerle regular nuestras relaciones
volverlas sólidas, permanentes. Acepta,
cago, traga. Termino (término a término),
lo ahorco y eyaculo, me dejo ir.

Una delicia más oír
los cloqueos de Hartz,
sus silbos de perro aunque es un pájaro,
el ave del comienzo: para empezar,

¿es así como se dice?

    El solícito bisturí de la alucinación
no sirve de mucho: depende demasiado, pende,
todavía demasiado
del Bien
de la
Belleza.
¿Cambiarán los tiempos?
¿Cómo se escribe la historia? ¿Es un texto?

    ¿Cómo se escribe el poema
Esta Boca es Mía? cerdo

    (Silencio: hospital)

    Aquí termino, sólo
un par de aclaraciones más.
Cuando se lee esa historia
Ale

Goría
(llovió mierda, pájaro, microcéfalo)
hay que entender que El Procreador es hembra.
Confunde el ano con la vulva,
cree que no hay orden en los cuerpos,
sólo caos,
hormigueos.
Nada sabe de diferencias y menos
de "diferencia de los sexos".
Cuando desde sus alturas ve
una mujer besando
a otra mujer,
o a un hom sodomizando
a su compañero del mismo "sexo",

o un coito —dice que de verdad, normal—
entre un hom y una hem,
para decirlo todo una mujer,

(algo se me escapa, y qué)

cuando ve
sabiamente se conforma con ver
no pide explicaciones, no
dice nada

ni siquiera recurre a la lujosa hipodérmica:
la gran lengua del lenguaje,
el final,
se las arregla como puede y sigue,

le gustan los placeres sencillos,
las flores y los pájaros:
también el rocío y,
aunque supongo demasiado,

la transformación
de los hom en pájaros

prefiere a los autores de diarios íntimos,

amarillos, rosas y ocres se preparan

ama a los rufianes de corazón,
a los taimados sentimentales,
a los que se quejan, como usted
o yo: escuche, o yo,
se deleita o pirria con cualquier frase
que aluda
(¿por qué "celtas" las alas del calado
chambergo del microcéfalo?)
aludo
a lo dulces que son
las tristezas de esta vida
pobre espíritu

pero este fracaso no se justifica

epílogo,

AMEBA (*epílogo*)
(se indica, y luego tres veces por lo menos
se repite el ejercicio, concentrándose
con los ojos fuertemente
y cerrados),

AMEBA
AMEBA
AMEBA

Pero barras de luz atraviesan

palabras
son palabras
hacen caso omiso de los párpados
o como si dijéramos
de la voluntad de Párpado

Un Párpado, otro Párpado

Mi psiquiatra punk
así me lo enseña
hace frío en Mar del Plata
Mi psiquiatra punk boquillas punk
se hace con los tubos de cartón
donde la industria enrolla en el menor
estilo punk que pueda imaginarse
y así lo vende
el hilo de coser:
que ver
que tiene
que vender

A mi psiquiatra punk
Voy a denunciarlo.
A la policía:
Algún día.
Tiene drogas
Y de las buenas,
Esas,
Que a mí me gustan

ameba

culo diestro

tema

Si no me deja vivir el Altísimo
Tal vez porque yo me dejo
Dar y también como poner
La pongo
     Si dice que todos mis otros dioses
Son bacilos o bacterias
Microorganismos puros
Puramente perjudiciales
A los que la guerra les gusta
Por la guerra
     Y no como a Él
A quien le gusta
La guerra por alguna causa
Justa por ejemplo
La guerra por el arte o por la Ley
Seca
     Si todo lo que Él permite
A mí me bleda
Y precisamente lo que Él
estúpida mayúscula
Prohíbe ¡eso eso! sí
        Sí
Al menos eso sí me pone por adentro
Y por afuera
Medio alegrón
Medio contento
Como quien (abajo los calzones)
Pirova
Un polvo se echa en el granero
del estío más caliente
Sobre la hierba
Y sé que se dice "verano"
Y sé que se dice "heno"
Fiebre
    Si

Así están las cosas bueno
Entonces no hay arreglo
    Tomo mate
Codeína hasta por las orejas
Hígado y cirrosis de ginebra con hielo
    O simple
Miro por la ventana y leo y releo
Para ensuciar las sábanas estériles
Una y otra vez mis manuscritos

Un Párpado
Otro Párpado
ameba

microcéfalo
tengo un amigo comisario

Pájaro

Iban a ser, Pájaro y Microcéfalo
hermosos poemas, pero
    Pudrirlo todo

esas ganas
todo dicho
claro como el agua

¿ameba ameba?

Oh el momento definitivo
que ahora llega con el corazón en la boca:
Temas de Autor
es un libro

pasamos
a otro capítulo

Alrededor de la boca
(1)

el pájaro
el comienzo

Al psicoanálisis no lo entiendo
y eso, la verdad, es una falta
una culpa grave en esta época.
Si bien ha muerto la pintura de caballete
alrededor de la boca se depositan capas de color
(cuando pedí mi baja en el Ejército,
y yo era oficial: pero este detalle
puede dejarse de lado por el momento,
me instalé en *** una ciudad tranquila,
juro, y provinciana)

De concentración, palabra que deleita.

(2)

Alrededor de la boca se depositan capas de color.
Es el amarillo, el rosa, el ocre, el verde.
Es la vergüenza.
Temblar sin embargo, no, no todavía:
quien lea este escrito encontrará
la paz del espíritu,
el espíritu mismo, oh lectores,
al reverberante Dios
(que no es un espejismo)

la dulzura coherente e incoherente de Sus
ríos
y una dicha
una dicha
eterna, porque eterna es la miel
terrestre y celestial del Paraíso.
¡Oh lectores,
una especie de bendición!
Mi más sentida llama
y mi témpano glorioso
en estado puro.

Es el amarillo, el rosa, el ocre, el verde
¡y el dragón mental cómo se escurre!
Así atenta el orgasmo de la mujer, femenino o de la hembra,
contra el goce del hombre: así atenta.
Es la vergüenza.

* * *

TEMAS DE AUTOR

En la primera relectura de este manuscrito de 30 carillas, recuerdo: empezar lentamente y despacio, gracias.

Esta severa pulcritud se la debo a mi educación en el Ejército, pero ya no pertenezco al Cuerpo.

Con calma, sin desoír los consejos, "Hay tiempo". No dejar que la mente se descorazone por la rareza, es raro, ¿no?

Con calma, y si un pájaro (¡Hartz!) señala el comienzo, enseña a salir de las aguas, del Plata o del Salado, permitir su aparición sugiero. Si parece un sueño, parece un sueño

(O cualquier otro río, como podría ser el Danubio o también el Nilo o el Orinoco).

Ser cortés siempre con el intruso: todo el que apuesta, para

174

no decir juega, sabe, un soso saber después de todo, que es mentira aquello de las interrupciones.

De mármol —con calma— es la altiva madera de cualquier sueño. Aunque yo escriba notas y no sueños. Ya no puedo pretender ser el mismo. Hago esto por mi familia y por un amor. Pero yo sé: el terror es continuo. Tengo ese miedo del que casi crepa.

No es muy difícil, pero sí un bemol especial.

Escriban: suena a falso, y a la larga eso es lo mejor que puede pasar. No se nace todos los días como lo creen los civiles, que tienen la libertad de engañarse. Es un niño escribir.

Un prematuro, un desamparo como cualquier otro.

Para la obediencia aquí no hay órdenes: solamente carteles y símbolos no precisamente "sofisticados".

¿Casados y solteros de ambos sexos? ¿Fútbol? El domingo es el día verdadero. Sólo madrugan los enfermos. Y yo lo estoy. Mucho asco y nada de sexo. No hay órdenes, escribo, para la obediencia, y aquí no

se cocina (para la desobediencia tampoco) nada bueno,

y es lógico. Ahora se me da por irme por las ramas. Un nuevo achaque sin contar el fastidio, la vida de hotel. Envidio a los poetas verdaderos, a cualquiera que sepa su oficio, al de salud intacta: envidio, envido. Empecé mal. El mal-comienzo.

Me levanté peor esta mañana, tan peor que se me ocurrió esta idea.

Ya lo sé:

"No hay que tener ideas".

Miré por la ventana, pero, antes de continuar, vuelvo a releer.

Como militar poco tengo que decir, salvo que ya no lo soy: aunque según la opinión de muchos, "militar una vez, militar siempre".

Yo me retiré a los 39 años: una herida en la cabeza.

De las mariposas a los tengüengues y de ahí a esos oficiales a quienes las nalgas parecen habérseles aposentado en el lugar de los carrillos, es como si todos nos hubiéramos vuelto putos de repente. En cada crisis económica ocurre algo por el estilo. Es fatal: no me quejo. Aunque tampoco pienso, fatal o reversible, abrirme de piernas.

Provocar ortopedias para conseguir licencias, ésa es nuestra estúpida pasión.

(La obra de arte junta la omnipotencia del destino con la resistencia de lo real).

* * *

Entre las provisiones para el viaje había
una buena cantidad de tinta negra
y de papel. Por cierto también,
de pecunio además de gusto
la cuestión de la tinta y el papel.
Cuestión de moral hacer tiempo,
esperar que las marcas se aborrezcan
de tanto permanecer ya sobre la piel
para gacho y aterrado desoldarse del sueño
e intentarlo nuevamente,
que las marcas abandonen
la piel, esta piel,
y caigan muertas o medio muertas
aquí
     en esta playa
sin dolor
preparada para operar
por jugos indios y anestesia.

* * *

19 DE AGOSTO, 1980

Es evidente y no triste que no hay cero, cero regulador ni manera saludable de parar la mano. El seguir sigue al sigue y el proseguir, capítulo aparte, linda crasamente con la técnica. Muy bien, conozco la técnica —prosigamos— y no es motivo para envanecerse eso, conocerla. Lleva al final por sus propios medios y uno, el por fin *finalizado*, igual queda al margen: podría "medir" (algo: algo hay para medir, siempre) pero ya no tiene ganas. Mira, nomás. En vez de decir escucha —ya aprendió— dice mira. Ecos de techumbre y reciedumbre mira. Escucha el cuerpo, porque la verdad es que no quisiera mirar. El cuerpo como un lazo, pero enrollado en la propia mano, casi al alba, como preparando una celada: para comprobar que el dicho es cierto, que no por mucho madrugar (aunque falsa la segunda parte del refrán, la conclusión). No, ninguna gana de medir. Lo único que quiere o querría o quisiera, aunque sin atreverse jamás a confesárselo, sería. Es volver a empezar. Sería, es volver a empezar.

Algún toque de belleza, aquí o allá. A esta altura (escribir mal) ya no es posible dudar de mi inteligencia, de mi honestidad, de mis aptitudes, de mi vocación. Solamente me falta morir, y claro: se trata de una falta grave. La arreglo a mi manera, en mi estilo. Con el hecho del hacer ciertas muecas que crujan y entredigan la fe y hagan pensar, en el mal, en el peor sentido, que sólo se trataba de eso: una cuestión de fe, un alpiste de nada sobredeterminado para inmiscuirse en la verdadera cadena, esa que sabe que el saber no sabe y lo dice, pero sabe de todos modos (tal vez: escribir peor). Ruda ocasión, en fin. A mí mismo, la risa puede helárseme en la comisura de los labios, o en las arrugas ya en torno de los ojos, en cualquier momento. Pasarse de vivo, por ejemplo, precisamente cuando en el no morir residía la falta grave. Conozco el paño, conozco a mis compadres

(¿sé lo que digo? no), sé a qué atenerme. La risa también va helándose en los pies helados, en el escalofrío de los sueños que no querrían soñarse, en lugares de los que huye alocadamente —es la palabra—, y de pronto, la pigmentación. Aquí podría pedir un poco de atención, pero sería redundar: la atención, de la desconfianza una de las máscaras —más tenues: ya se desenvainó para el corte sano. Cuidado, cuidado que entienden. Pero después de la mueca maula, de ese pasto derrame prematuro (intersección, mutualidad del odio) que nunca obra ni queda impune, viene el anhelado doble filo. El doble filo, sí, con este talento de bisturí, que brota así del propio cuerpo y lo exangua. Pero también va y corta, corta yugular por yugular, y así. Así la matanza en el hielo y el parto frigorífico, y así la risa. La más abierta de las bocas silenciosas. Acorralada. El gato encerrado, ¿es feliz?

Hazme reír, agujero, hazme reír.

* * *

Mi tema es la matanza
es claro: la matanza,
y no importa
nada y para nada
a qué muerte me refiero
ni de qué
muertos hablo, menos aún
si la guerra como efecto de la matanza
o a la inversa (estas minucias,
no tengo tiempo).
Pienso en mi mirada.
En qué campo de batalla nacieron mis ojos
y allí se entrenaron
para ver así,

y mirar de otro modo.
Como si hubiera modos.
Mentira es la palabra

La palabra mentira,
¿por qué no enredarnos?

(Juana Blanco)

Odio a mi lengua
el español cerrado
cerrado como cu de muñeco

odio mi lengua
tanto como odio a mi sexo
y aprender otra nunca quise
y sí
me anticipo
: puedo entenderlo

—aunque acaso ¿acaso?
sí, acaso
no lo entienda

espacio

odio mi lengua
odio mi sexo
puedo entenderlo
y acaso no lo entienda

es divertido ser mujer
es lindo y bien caliente
es divertido como jugar
toda la vida a los indios
aunque a la larga o corta
        venga

        siempre
el triunfo y la venganza del ejército

¡pero tener
femenino el sexo!
los órganos ¡femeninos!
del sexo
adiós
ahí se acaban las plumas
los ululeos y las flechas
adiós
adiós juego
Treblinka nos abre sus puertas

                    * * *

...En cualquier momento de la vida, uno
puede decir: me estoy muriendo.
Es seguro, pero no siempre
tiene uno ganas de decirlo.
Hoy sí, hoy yo
tengo ganas y lo digo. Decirlo,
y también me pregunto:
¿dónde andarás, Juana Blanco?
¿Vos también, acaso, cerca?
Yo no puedo soportarlo,
que vos te mueras. Puedo
soportar que todos (se mueran)
y hasta me parece lógico
y deseable. Pero a vos
yo no te hago muerta.
Es triste. Entré en un bar,
charlé con un amigo. Te mencionó:

te tocó, casi, con la palabra "hembra".
Es igual. No te hago muerta.

* * *

1.

El prólogo (un mal comienzo)

AHORA O YA MISMO

empezar precisamente en este instante,
cuando una mano le pide
permiso a la otra: o hasta perdón podría decirse,
porque intentar el verso para narrar un
                    qüento
cuyo natural destino (flor, algún desatino aquí se evoca)
es la prosa
        el truco o la nostalgia de un estilo
de prosa
que nunca lograré escribir,
y falto para colmo de la virtud
del virtuosismo
                técnico
(métrico) que el cáliz de ese verso exigiría:
—Y si no miento, pero estoy mintiendo, si tal es la índole de mi
anhelo,
quiere decir entonces que doblemente deseo
anhelo
                la prosa
                el verso
cambio de sexo.

Si me aplico llegará tal vez el momento célebre:

la firme unión de mis dos manos confortándose
mutuamente
sobre ese signo amurallado y por ahora mítico (?)
/Sin rima (porque le sigue el blanco) /Sin traición/
por las claras cuentas del cuento, del relato.
—Ese pincel postrero y definitivo
        oh exhalación, ese signo:
el punto final del...
                    (No)
(Es un problema) más moral que literario,
Voy a contar una sencilla (historia de amor)
y si tiemblo (*yo tiemblo*, no mi "mano",
como se suele bajamente culpar
bajo la cuerda
al cuerpo,
al mismo que cerró los ojos
para iluminar aun más la curva) belleza (de un goce
que en el revés de los párpados nalgas
graba y narra sus escenas:
        ilustraciones
        textos
        fonemas) (Es un problema)
De amor (historia)
Prosa o verso,
igual tiemblo:
la rapiña de los equívocos, la equívoca
rapiña de ciertos artífices
                    y críticos
(o críticos) y lectores comunes *u* exquisitos
        que odian lo artificial (mi agua, estanque libidinal).
        Preveo sus picos y sus garras.
Ya están aquí, junto a mi miedo
aprovechándolo
            a ese miedo
            carroña

aprovechando
esta carne que se pudre abre
y así los deja colarse en estas letras
—llegaron los lectores, se acabó la fiesta—.
Porque es más el miedo a la falla del instrumento,
a mi torpeza, que a la lacra o a la laya
o a la clase (Homo-Sexuales) de los amores que cuento.

Prosa o verso, la primera persona o la tercera.
Crujidos, de todos modos, hundimientos...
                    ...caídas
                         inevitables...
Problema: el monto
        de ridículo
        de mala fe
        que puede el...
(sí, oscilo) que puede soportar
            inevitable,
                    el arte...
Locamente me enamoré de Eduardo y fui su esposa.
                            —fue hermosa,
qué clara y límpida declaración,
                    Pero,
hablo desde mí (La tercera
máscara era débil: como la cera
            se derretía y a nadie engañaba
sobre la identidad del verdadero
puto, maestro, revelado por el cuento verdadero,
esa "loca" —la comilla, ¿ven?— felicísima
que jamás escuchaba ni el vuelo
ni el posarse de una mosca sobre sus labios mientras
cuando lo, cuando la (¡no empecemos!)
tomaba Eduardo entre sus brazos
—besos y más besos: muchos besos primero—
y le ponía una almohada bajo el vientre,

pues así el rosa, el ano se ofrecía más certero:
Una almohada y todavía
más besos   así querido? así querida
              así querida? así querido
antes de ponérsela
hasta el mango o como también se dice
           hasta los huevos
metérsela. Hasta los huevos.
Es difícil. Espero no ser el único
imbécil que así lo cree:
          que es difícil
la cuestión esta del género
elegido para contar el man—
afeminado, floro cuento.
También está el lío de Juana Blanco,
que era la hembra de Eduardo y
               con toda,
con toda deliberación
reputa y por anticipado contándomelo,
se deshizo de Eduardo para pasármelo a mí
       ¡a mí!
que estaba tan o más enamorado de Ella
(con mayúscula me gusta el pronombre
     si alude a Ella)
          de Ella más (enamorado)
que de Eduardo, y que sigo estándolo
de Ella enamorado, hasta la lágrima
       —*¡ésta,*
la que en este preciso, precioso
          —¡permítame oh este juego de lá
         grimas, de palabras—
         ¡si total es lo mismo! Lágrima,
(no desprenderme de este fatuo preciosismo)
            Instante, lágrima
la que corre por mi piel, por mi reseca—

por la piel de mi fastidio, la vida de hotel.
Porque todo terminó mal y grotescamente.
Estoy: —dolorosamente.
Solo, encerrado aquí,
en el soso poblachoncito este
                (...me cago en él hasta un punto que...)
y sin un centavo
y grotescamente enfermo. Después de la catástrofe,
el toque maestro: lo nada grave.
—¿Cómo puede ser algo
                grave, serio
si yo estoy en juego? una:
enfermedad sin importancia (ovarios, cansancio) supongo
                                                [(histérica)

Tampoco Juana me tomaba muy en serio.
Después de alguna noche especial, espléndida,
                en la cama
yo olvidado —del pequeño, comillas, detalle—
le hablaba de mi amor y ella entonces me explicaba
que "éramos como hermanas"
"si sos puto, dejate de macanas"
y que había un pacto.
        (¿para qué habré leído a Thomas Mann,
        a Virgilio, a Genet?)
Y que prosa o verso
poema o relato
macho o hembra (supongo
        que ahora no tendré que dar explicaciones
        también porque siendo mujer
        me acuesto *también* con mujeres
        ...aunque
        ...tal vez)
Tal vez. Que Eduardo (calentaba ella la cabeza)
era una maravilla como macho
para un papanatas indefenso.

Que yo estaba recaliente con él (machacaba ella),
que cada vez que lo miraba sentía
(ella escuchaba, advertía)
el murmullo de una ausencia en mi vientre
y el orificio rosa, rosado del ano
        entreabierto
como si fuera a hablar
a decir: ¡Eduardo,
Eduardo,
        Eduardo! ¡*Oh, Eduardo, no puedo más*!

Y que ella, Juana Blanco, se iba más tranquila así
dejándolo en las manos
        en tus manos, Osvaldo
de una mujer madura y sensata
con los senos ya un poco caídos y las caderas
tal vez
        Osvaldo, Oswalda
quizá demasiado anchas
        —pero que no lo notaría él, Eduardo,
        con tal que lo protegiera Oswalda:
si la hábil y perversa Oswalda, Madame Oswalda,
lo atendiera como a un niño y no lo dejara
"hacer planes para ganar una fortuna"
"declarar su Independencia"
porque siempre terminaba
preso antes de fanar
porque...
        bah, sería aburrido de explicar:
¡*Eduardo-Eduardo*! era más tarado que una caña de pescar

Tengo Educación, Letras, estudié años textos terribles y
Terrible Mente
difíciles —*Esto es un desastre*,
pero tal vez por eso mismo me empieza a interesar

Queda,
        la posibilidad igual
de escribirlo como una novela.
La verdad es que no queda.

Todavía siento
el galope de Eduardo sobre mí
Tal vez...
        la famosa "distancia"...

No, no tiene solución.

¿Yo novela?
Pero, ¡por favor!

2.

¡Qué espanto! Bueno, proseguir.
Estar enfermo es "esto"
como dicen ahora, en el "testo".
No tengo dinero para pagar el hotel, ni se me ocurre,
testamento, cómo conseguirlo.
No conozco a nadie aquí. Tampoco estoy *tan* seguro
        acerca de mi enfermedad.
¿Grave? ¿Leve? ¿Ni grave ni leve? ¿Ñañas de marica vieja? ¿Ganas
        insatisfechas de tragarme el sable? —ninguna posibilidad
aquí,
Que yo sepa
        QUE YO SEPA (balance):
        Oswalda se quedó sin novio (el idiota
        tuvo que ir a la cárcel, no podía ser
        de otra manera)
En cuanto a la yegua de Juana Blanco...

Yo quería escribir
   Y bien
   No *escribí*
   Me dejé llevar por estupores, por
      "anotar en los márgenes", por coleccionar
miserables cuadernitos de apuntes, para...
   Mañana...
   Hoy, 20 de agosto, 1980, los sucesos *no*
   Se han desencadenado,
las "fuerzas de la naturaleza" *no*
   Se han desencadenado
   Ocurrió en cambio que salí al corredor
y me crucé —y necesito hacer contacto con alguien,
   Con cualquiera para zafar de aquí—,
   Me crucé con la rubia de buenas ancas
que me hace ojitos
   Y ella me miró, dulzura,
    Dispuesta al saludo
    Pero,
        yo también la miré:
Hay un cierto modo...
Hay un cierto modo...
   La miré de *ese* modo
   Como metiéndome en ella
   Para mirarme a mí
así la miré: De mujer
   A mujer.
   Le metí la palabra puto
   De un solo golpe en el corazón
   Bajó los ojos,
avergonzada y con un gesto: como si quisiera
   Esconder los pechos, aplastárselos
   Contra el esternón, y
encorvó así
la figura y

Entró en su cuarto
Escuché la llave
(pero yo siempre escucho y escucho llaves)
Hoy lo hice
Hoy me di el gusto
Colé mi alma
En un cuerpo
En un puto cuerpo
De rubia
colé un ligero estertor frío, frío
Entre la conciencia y la vulva.

3.

...Andaba con mucho dinero y divagando
como siempre divagando, cuando me encontré en Buenos Aires
con Eduardo Boskirov y Juana Blanco...

De movida lo supe:
un par de lúmpenes
imposible equivocarse
Sentado cómodo en un sillón
en el hall del Nogaró
yo fumaba un largo
cigarrillo egipcio
de tabaco
ligeramente opiáceo
en fin: más que ligeramente,
opiáceo: opiáceo.
(Acababa —¡el adelanto, el adelanto!—
de firmar un contrato
con un fuerte editor
"por mi obra anterior".
Adivino el hombre ¿no?

Porque futura...
¡*Eduardo, ay, Eduardo!*)

> ///ah, anoto
> antes de olvidarme:
> el centro, lo importante,
> de todo esto
> es el odio,
> el odio de Juana Blanco
> a su madre///

19/VII/80

"...En cualquier momento de la vida, uno
puede decir: me estoy muriendo.
Es seguro, pero no siempre
tiene uno ganas de decirlo.
Hoy sí, hoy yo
tengo ganas y lo digo. Decirlo,
y también me pregunto:
¿dónde andarás, Juana Blanco?
¿Vos también, acaso, cerca?
Yo no puedo soportarlo,
que vos te mueras. Puedo
soportar que todos (se mueran)
        (...igual los pianos
—se van cantando...) Y hasta me parece lógico
—y deseable. Pero a vos
yo no te hago muerta.
Es triste. (Igual los pianos
        —se van cantando)
Entré en un bar,
            charlé con un amigo.
Te mencionó, rozó casi, con la palabra "hembra".
Es igual. No te hago muerta..."

///Su madre ya reventó
y le dejó
Toda su fortuna
empero
Ahora Ella es una
..."incunable"...
Del Melchor Romero.///

Cualquier cosa es el Falo
(vida o muerte)
en el momento crucial.

* * *

JUANA BLANCO

Soy una mujer, joven, por la treintena
entendida en muchas cosas
incluso universitaria
profesora:
con un buen par de piernas
y tetas sin corpiño:
caliento a los machos,
bárbaro: así de mí hablo, puta vanidosa
...porque...
¡a tantas cosas ando fallo!
sin embargo.
No tengo pene, por ejemplo.
No tengo y no tengo.
Y no sé
si esto va en broma.
Y no sé
si esto es
es en serio.

Yo me llamo Juana Blanco,
Soltera y con...
con mis menstruaciones
y con todos esos hormigueos
que van de las uñas pintadas de los pies
el depile sobaco y la pintura
hasta las milagrosas, sí milagros
jaquecas justo en el momento de acabar
cuando empiezo a susurrar y medio
hasta gemir
hecha una horqueta debajo del tipo,
sea
sea que me la den
por adelante o por el culo:
por atrás.
Zonas, en fin
        zonas erógenas si así se dice
¿para qué echar panes?
la verdad no tengo:
hormigueos entonces,
hormigueos por todo el cuerpo.
Hormigueros.
Y las hormigas me van a comer
toda la carne hasta los huesos.
Por mi culpa. Por hacer mientras me maquillo
mohines frente al espejo.
Por yegua y por caliente.

Yo me llamo Juana Blanco
y es mucho, demasiado,
lo que me pajeo. Pero,
no puedo remediarlo.
    Me encanta estar echada
y yo solita dármela.
Miro el techo y primero susurro

ronroneo, así empiezo,
y en el cúlmine después jadeo.
También sueño ensueño
en pleno día a veces
(¡esos sí que días plenos!)
Antropóloga, profesora de His
—¡vaya Historia!— me cago sin embargo
me recontracago en los tres mundos
en Oriente y Occidente
en las deres, el centro y las izquierdas
pacíficas o frenéticas guerrilleras.
Juana Blanco yo me llamo,
vengo de una
                    —así se ortiva,
me meo por el lunfardo— familia
buena por el apellido y por los mangos,
una familia de la alta
burguesía argentinoide.
(Sarmiento: "Argentino es anagrama de ignorante")

Pero, cuándo no, fue Macedonio
—yo me llamo Juana Blanco—
el que dijo al enterarse del pegol de Uriburu,
"Corremos peligro de que" —¡este deque,
digo yo!— "en los manuales psiquiátricos cambien
la designación de *mongoloide*.
Ahora en su lugar pondrán, saben,
argentinoide". Las espadas salvadoras son,
aunque un sorete me importan,
neuronas muertas.
Con ellas valúa y transvalúa
el economista demente
y así,
aunque me cago con mi culo
por tantas porongas siempre abierto,

así el loco de la economía
y el paquete armado con sus neuronas muertas,
así construyen el infierno.
Yo no soy pobre.
El cono Sur, la tortura y el hambre
y las ejecuciones y las boletas,
Latino
América,
    todo esto me divierte.

CEBRAS Y GACELAS

para Cecilia Absatz

Y ahora la quietud
la política rayana en la esperanza
de esperar: porque se puede esperar
(incondicionalmente) (¿no?)
como el galope mudo, lento,
mudo, de las cebras en la pradera.
Una cita casi: "ese paraíso que se eleva
del excremento de las gacelas".

Y ahora la multitud de los engordes
(—Vaya a la aguada, hijo,
y traiga esos pobres animales
que se contaminan aun sin conocer mujer)
Y ahora un "look" visionario.
Somos ingeniosos.
Venimos de España.

¡Cuántas teorías!

Desde su cueva
un microcéfalo gobierna el mundo.
El arte lo hace el último rinoceronte
(unicornio) y también, otra vez,
esas pocas cebras
                de galope lento
                alrededor del templo.
O la ballena que vi morir
(pues tengo ojos) en una playa del Atlántico

en Mar del Plata.
Cántico y final. Cántico.
Melville creó a Moby Dick, la hinchada pendenciera
(Where are you, Ahab?). Melville,
es un decir, se reía en su hotel
—contra el fastidio de la vida de hotel—
          (Where are you, Moby?)
y un día desinfló los globos
              con el pinche de Bartleby
              /el pálido escribiente

      Yo caí en las manos y redes de la Madre Hogarth
y me ofrecí a su pinchazo
              y le ofrecí mi brazo
              a su piedra
filosofal, instantánea.
Y aquí estoy: inflado como un globo
digno de mejor causa.

¡Salud! (esto quiso ser un chiste).
¿Muero de sed al borde de la fuente?
          Sí, y también:
—Piedad para nosotros, pecadores.
Y piedad también para los crápulas
que condenan el cirio
              la llama azul
que vela los cuerpos.

      Y ahora la paz en sandalias
el usufructo del silencio por unos pocos
el Imperio con sus burócratas
codificando idiotas
primero, el Emperador
segundo, la Emperatriz
tercero, Su Alteza Imperial

la reina madre
la que asistió con sonrisitas y ricitos
a la ejecución de la sin par
de la bella y (¡a fin de cuentas!)
       pura como una golondrina
    Madre Hogarth
¿Dónde estarás mi Madre Hogarth?

Era verano y una tarde
una mujer alzó la vista al cielo
      el índice, y me dijo:
—¿Ves esos puntitos? ¡Son golondrinas!

Yo le ofrecí mi brazo a la Madre Hogarth
y entramos en el templo
entre nubes de incienso
y en el altar había una rata
que hablaba de las propiedades del occiso
y se acomodaba los pliegues de la toga
      alma mía, que vendías la droga.

Antaño...

¡Autor de un solo texto!

Comíamos con Hugo Savino
y su mujer y su suegra
hablando como siempre de cebras.
Bajamos la vista, el índice,
y había en el cenicero
      dibujada una cebra.

¿Lo que no se dibuja ni escribe?
fluye de la química a la sangre.
    Aquello que hecho sangre

en la química fluye,
    raya por raya,
    se dibuja y se escribe.
    Y aún, rinoceronte,
y aún se canta.

AYER

¿Cuándo murió Cámpora?
Ayer, 19 de diciembre de 1980, pero,
la verdad, ¿a quién va a importarle la verdad?
—en el país inmundo (amado)
donde el pajarraco inmundo ¡Martínez!
de Hoz puede ser ministro de Economía:
en el país argentino estéril
de los estériles militares argentinos.
Me acuerdo que Perón decía: "—No,
si las armas no las tienen de adorno,
lo que tienen de adorno es la cabeza".
¡El país argentinoide!
¿Cuándo murió Cámpora?
Ayer, querida mía.

Si vos supieras (sabés)
cuántas leguas de tierra cuesta cada palabra
y que encima, debajo, la pueblan y repueblan de cadáveres:
el '80, ¡qué hijos de puta!
trajeron a los inmigrantes
                    —para matarlos.
El loquito Videla y el degenerado de Harguindeguy.
Y el pelotudo máximo: Viola.

Agotaron la cuota del perdón, que era mucha.
¡Y yo hablo en serio, no estoy jodiendo!
Lamborghinis del mundo, uníos.

Algunos, para hacerse la paja, utilizan la mano de Zenón:
bella como un talón, nadie lo niega,
Digámoslo a coro, idiotas: "¡Telón!"

En la Época en que no hay un carajo para transferir...

Pero es la Gran Época (jamás minúsculos)
Precisamente: porque...

III
OCTUBRE-DICIEMBRE 1980
POEMAS DEDICADOS

RASCHELLA IN THE NIGHT (para Sergio Rondán)

Ese sofisma —tu alma— no te lo devolverán nunca.
Lo robaron robándolo, lo robaron
ladroneándolo —y escribiéndolo.
Ese sofisma ha muerto para que estés vivo
("Dios mío, lo horrible").
Y las mujeres no hablan de Miguel Ángel.
Quieren acercarse al pibe, a Rimbaud, pero
no: no hay tiempo, ¿o está muy lejos? ("Dios mío,
lo horrible"). Alfred Jarry Phinanzas, ministro de
Economía y su candela verde, pábulo no hubiera, no habría dado
a tanta catástrofe.

Estrofa

No van a venir a enseñarme ahora a poner las cosas en su debido
lugar (¿a mí?).
Lo que digo ("Dios mío, lo digo") horrible.
Y semanas, no sememas, y meses y años. Un día.
Un día día.
Se acaba el cuenco de las manos: puf, agotado.
Morir es una flor.
El clavel del aire.
Clavado en su aroma y ex, ex tinto.
Si los maestros no quieren enseñar, debo hacerlo yo.
Y si lo digo, día. Ah..., lo horrible:
mi Dios mío.
Seis antorchas encendidas en una habitación vacía y golpeando
    (todavía más) todavía más la blanca

luminosa enceguecida
 cal del muro.
Quise mi templo y lo tuve, así
 (como quiere a mi Dios y lo tuve)
no: jamás minúsculas.

Estrofa

Ese silogismo (igual: estoy harto).
Que los hombres, Sócrates, sean mortales.
Que los perros relámanse avec la Teoría
— o la Doctrina.
"Pero, ¿cómo hay que robar?"
—Dios mío: robando,
robando.

Osvaldo Lamborghini (29 de octubre. 1980)

Y OTRO POEMA (para Elba Díaz)

¿Por qué partir si
la ilusión se sobrelleva?
(¡el mundo!) Es chico. Es chico.
Mejor no mirar la tarde, porque
va a terminar en noche.
Mirar siempre la mañana.
Y la mañana. Y la mañana.
El cielo es blanco como un lucero.
¿No? ¡No! El cielo es esta astilla,
espina, que no puedo invertir:
yo, que puedo invertirlo todo, pero
el cielo no.
Mi infierno es de este mundo
Pedirle al cielo que...
¡no! ¡por favor!
Seamos los habitantes habituales
del pasto y de la llama y del cuerpo
de esa mujer que siente —siente—
que su pezón perecerá.
¡Y era tan· dulce!
Era una cosa, ¡tanto!, que era
una cosa de esa vez. Y era
esa vez ávida, y: se podía pensar
¡habrá otra vez!
Por nuestro honor, por nuestros cojones
(¿qué?) nos acorazonamos ahí.
Tenemos el orgullo de los científicos, que no hablan pavadas:
[las hacen.

Y tenemos también el también.
Mi hija va a llorar, pobre, de alegría.
El papá, muerto en vida, resucita.
Y viene, y dice, y la toma entre los brazos.
¡Y la besa! ¡Y la acaricia!
El corazón de la pebeta (es grande)
se lo queremos chupar hasta las ingles.
Pero que ella, oh Señor, sea indiferente
bella: para que yo pueda entender la diferencia.
¿Qué tanto lío con la muerte?
¡Si es como sonreír!
Reímos, sin embargo, y lloramos.
O reímos. O lloramos.
¡Y no podemos sonreír nunca!)

O V Lamborghini
nov. 8/1980

PARA (Carlos Sastre)

Ya empezamos a decir lo que no queríamos decir
¡Ya empezamos! El sentido
en una cáscara de nuez (Conrad)
La voluntad de poder
tomar unos mates sin —son mates sin—
asesinar a la anciana esposa
(me volví psicópata criminal ¡homicida!
una mañana: hacía frío)
esposa, la glándula Penélope que no por tejer es artera
es la cineasta (coproductora) de las banderas caídas:
libre, dicen los taxis. Increíble: safaris en Europa
    —le pauvre Antonin Althusser—
libre, dicen los taxis.
Póstumamente, exageran.
Pero,
            la bella dama
            es tan sufrida
            no dice "es la vida"
            tampoco "es la cama"
ella está en su sitial como si, gusanos,
quisiéramos nombrar el...
            capullo...
¿Con qué elemento?
Con la pasividad.
Con el artista a quien la onda
            —del pelo—
le tapó el ojo.

                        Osvaldo Lamborghini (19 de noviembre. 1980)

209

EL JUKY (para Paula Wajsman)

Le tengo terror a los demonios
quiero decir a los domingos
  ¡Querida!
La delicia se transformó en pura delicadeza
y la voluptuosidad: pudor.
A la gacela le crecieron alas.
Moteada de almíbar para las noches
  ¡Dulzura!
en las horas matinales o medios días
se sala: igual al hornero, a Lugones,
limpia su casita.
  ¡Muñeca!
Es bueno irse a un país donde hay muchos troncos
y donde la "o" es un círculo, letra alguna,
pero
  ¡Piba!
si esos témpanos hablaran
esta pampa te diría
  ¡Otro hombre!
Y seguramente voy a matarlo con tus propias manos.

Osvaldo Lamborghini (sábado, 22 de noviembre. 1980)

210

TAQUITO (para Silvia Del Curto)

Primero tuvimos que soportar el tango
—¡tener el mate lleno de infelices ilusiones!
Después vino el american chillido, que no pudo lograr,
que no logrará jamás (es así: jamás)
colmar nuestro empecinamiento en una fe.
¿Y ahora qué vendrá?
Tal vez: un perro sujetado con horquillas
        —para que maúlle.
Cuando lo que esperábamos era la Voz
o a vos,
        linda.

Constituir, en fin, El Arte de la Elegancia
(y no, televisarlo). Hacer una publicidad sistemática
contra los fines: el zen y el Zenón.
Flechas de turbio mirar en una noche barrosa pero muy
                  [atemperada.
Taquito (¡Taquito!) camina por el corredor
así como la paloma
        vacila...
entre golondrina y golondra
¡alondra! ¿no?
¡Sí! Buscada por los ruiseñores a quienes ella desprecia
porque el Zorzal la fascina.

O.V. Lamborghini
27, noviembre. 1980

211

El salvavidas (para Christian Jorge Larsen)

Yo no podía decirte que no, ese "no...o",
porque te me había apegado: así,
cuando me bajaste la malla con musculosa mano,
sin saber lo que ocurriría pensé:
ahora tendré otra alma en mi alma
grabada, y otro cuerpo henchido en mi cuerpo,
hasta diría: en mi corazón.
Fue más poderoso el amor que el dolor de la penetración.
Eras bañero. Yo me enorgullecía:
¡Cuántos se habrán ahogado mientras vos te dedicabas a
                                              [montarme!
Y con los años: ¡cuántos me habrán montado
mientras, viejo, vos perdías el acceso
al mar
al Atlántico
que es feroz y perfecta
perfectamente traicionero!
Y no te comparaba con los dioses griegos
(me abstengo de semejantes boludeces).
Me parecías más bien la rapiña del ave,
los excrementos se adherían a un miembro
¡nada sutil!
cuya premisa mayor era la de no pertenecerme.
(impronunciable, de todos modos, aquel "no...o")
Es seguro que todavía lo tenés colgando,
so ganso, aunque ahora te condenaron
por una serie, raid, de estúpidos asaltos
        —la verdad: nunca fuiste una lumbrera—

212

Y bien,
y ahora, las locas carcelarias se harán la fiesta.
¡Que no es la misma!

OVLamborghini
(29 de noviembre. 1980)

Asiento (para Hugo Savino)

¡Oprobio! ¡Oprobio!
En cierta cultura —comillas—, por lo menos en la "cultura"
de la casa Lamborghini,
es imposible sentarse si asiento
no fue de modo explícito ofrecido.
En el estilo: —Che, sentate.
(Parado toda la vida, entonces, contra un rincón, contra una
pared de extramuros).
La Bernalesa que trabaja sola (¡grandioso!)
Un epitafio que no le duele a nadie:
—silencio, Cage, silencio.
¡Oprobio! ¡Oprobio!

¿Qué vergüenza?
Pausas en la voz y, y
        ¡enamorado de lo real!
Oprobio, oprobio.

Ese Ti que se arrastra desde el *cuac*,
desde los fondos de la historia,
esa —un momentito, che— esa Esa
        esperanza, oprobio, de tu Ti para ser el tú de tu medida.
¿Acaso no facilité las cosas?
¿Acaso (oprobio) no permití humilde,
        soberanamente que coman tadeos hasta
—¿hasta qué?—, bueno: hartarse?
Por mí coman tadeos hasta hartarse,
Hagan de la crítica un modo de vida.

214

Grandioso: ¡para que sepan!
Contento como tonto en sulky.
Toqué a una mujer, la piel de seda.
¡Oh, Dios!
          —Oprobio.

Entran aquí los timbales.
El contexto son los que amo
(que no son "con... texto...")
          irreverencia / oprobio
¡Oprobio!

Elvira, hija querida, no hubieras o sí
          escrito esas inmundas cartas.
No hubieras o sí "enviarle" tu envío a la maestra
diciéndole "culo de ojete",
llamándola o sí bautizándola de esa manera tan reversible.
Porque lo terrible:
es que culo y ojete son sinónimos.
¡Oprobio!

Sentate.
"¡Sobre tu ano de perlas!"
Los Cantos de Erdosain no —pi, pi, pi—
          son cuentos:
O puede ocurrir que vengan a decirme
precisamente lo que yo digo,
aunque nunca con tanta precisión, de
—¡oprobio!—

Estoy creando una nueva célula poética
¡naturalmente!, piba.
Y *debe* funcionar como una célula
—of course, of probio—, vivir
de frente a Jano y al talón, pulpa de Aquiles, y a toda

la miríada de los dioses,
que todos, por voluntad de Dios, tienen vagina:
una, por lo menos, vagina.
Pasividad. ¡Oprobio! Bah, vagina.

¡Por una Biología biológica!
Elvira (tuve) ir, IRA,
la gélida y al tiempo, al mismo, pringosa Dirección del colegio.
Pusieron *tus* cartas sobre la mesa:
¡decirle "pata podrida" a un rengo!
Oprobio

Y decirle a tu padre que sos una buena chica.
¿Vos? No: Yo
También me pasó a mí, no te preocupes.
Sos una nenita y podés, tranquila, explicarlo: ¿cómo?
Así: mi papá fue.
Oprobio por obvio
Oprobio por obvio

Y lo único original que tuve en la vida fueron mis mujeres.

O.V. Lamborghini
5 de diciembre, 1980

PRIMURA (para Rodolfo Fogwill)

Vocecita.
Llegado a la confesión   —¡no me confieso!—
Me emborracho en todo caso: si es preferible.
Me drogo.   —¡Ogro! ¡Boludazo!—
                    Estoy con la fe
Mejor, si nos entendemos, la Fe   —(qué)—
                    la Lengua y o el Habla.
Despertarse en el Fascismo no es un Chiste,
                    ¿cómo era eso?
                    ah, creíamos
que despertar lo era de una pesadilla
                    y no: entrar en ella.
Mentira, mentira. Despertarse en el Fascismo
es (perfecta, precisamente)
                    Un Gran Chiste
                    ¡y no hay otro acaso!
Si serás idiota —¡Boludazo!—

Hoy, me parece, no sé por qué,
no voy a fundar ninguna Escuela de Psicoanálisis

¡asomarse a la ventana y ver al ser sonriente!

asomarse al ser y ver una ventana
pálida (¡qué pálida!) no vacía
                    ¡no vacía!
En el mar las huestes aglutinan un piriápolis.

Volvamos (pi, pi, pi) a la teoría del núcleo aglutinado.
Pero lo bueno bueno
sería que me la
                        ¡formularan!
a mí
Psicoanálisis: indecencia y vanidad.
"La psicología es impaciencia" (Franz Kafka)

Tomen nota.
Y dejen de beber.

Miserables: sollozando en Occidente.
¡En Occidente y de a pie!

O.V. Lamborghini
7, diciembre, 1980

218

NOCTURNO (para Néstor Perlongher)

Fibras de oro, ¡eso era!
el buey torcido y la aurora:
nace la aurora ¡resplandeciente!
Pero lo que hoy no es el amparo
　　　　¡de tu mirar!
Y si no es no es
　　　　(...si no es el amparo de tu mirar...)
El Sabio Negro agoniza, hermano.
¡Miles de pirulos!
　　　Señores argentinos, y no
　　　　　　¡citoyens du monde!
El falo: fálico, y la frase
　　　¡frástica!
Aforismos en Buenos Aires, y dónde si no
　　　　¡mi alma!
La callecita de perfil y la Noche ya madura para el símbolo:
Gardel lloraba y se comparaba con Lázaro
porque el arte —él decía— es la resurrección de los muertos.

Nace la aurora (fuma, fuma)
y yo estoy en pie para sentarme
—...nace la aurora... resplandeciente...—
El estilo, un vuelo de perdiz.
un desliz.

Un tropezón...

Con la propuesta —de piedra— de no ser alusivo

me convertí cada vez más en alusivo y alusivo y alusivo.
Y alusivo:
                    no versa de nada.
¡nace la aurora!
¡Si yo supiera cantar!
Resplandeciente.

La sombra de una lágrima
                    ¡la sola sola sombra de una lágrima!
¿Cómo se acentúa?

Y cada vez menos decir menos.
Y cada vez (¡por favor!)
más una lengua blanca como la leche.
Cayol: —¡Un cotorrito blanco como la nieve!
Bicharraquear   —kafkianamente.

Porque las cosas groseras les pasan a los seres delicados.

O.V. Lamborghini
8 de diciembre. 1980

En busca del hijo (para Mónica Fanjul)

Varón.
Un despacito en la flor de la vida
(¿el aberrante secreto de la existencia?)
Invitados a comer, comimos.
Y que el vestido rojo nos lleve al fuego de la salvación.

Como sos tan linda, aquí se termina sin empezar.
Hacer el hijo visionariamente:
del pubis sale otra cabeza con pelo.
Parda la cebra, pero blanca y negra,
¡qué cutis tan claro!
La gran belleza como tímido, translúcido, intento de hablar.

Más allá de la lucidez: —acá, entonces, la belleza.
Otra vez que no será la mía.
Siempre así: siempre en la flor de la vida.
Siempre con el ábaco de tu después
el rouge pegado al entero, listo cuerpo
y esa vulva que implica la pasión por un amigo.
Por favor, por favor.

Orgía de iglesias, sí, pero también una liturgia de contrabando.
Contrabandeaba solidaridades, el solitario:
contrabandeaba un puente mientras el mar se hendía, igual su cara.
La sal y sus palomas.

¡Rica! ¿Dónde se ha visto una peste
   sin los colorcitos ordenados en el placard

ornados por tu mano
honrados por mi palabra?

Argentina de caballos y de yeguas
De cebras
Éste es el pasto de las llamas.

O.V. Lamborghini
8/12/80

IV

1980-1981

LA DIVERTIDÍSIMA CANCIÓN
DEL DIANTRE

La Divertidísima Canción del Diantre
(obra en prosa y medio en verso, sin chanza...)

Hamlet, ese criollazo
y el Espectro de su Padre:
ya tuve que dar el mal paso.
¡Venganza...!

Mia Moa, Moa Mia, Lord Garnett
¡y Monsieur Garnett!
aunque ahora torpe tor
    sólo yardas de glacé
y alcanfor
y tiaras de papel y ¿Aló
Obispo Garnett?
¡Y Lord Garnett!
¡Y Monsieur Garnett!
    siqué
Yo Soy El Autor
el ficctriador
pero a la espera del chucrut

                    (...en una taberna del Chubut...)

con la salchicha del prozen
era joven escribí
y mepa la seguí
amateur el lápiz desteñí
¿escribí? sí
cual la flor autoparlante
en el pueblo los riñones
oh sirenas oh camiones
en el pueblo mis visones
o las antenas

oh la fila alfila de casitas serenas
y aquel zaino oscuro
¡debutante!
iba yo adelante
mi uy chuchi de licor
No, Moa
Mia no la escribí

(dique sí)

es triste la verdad
una urraca de maldad:
yo, apenas, la canto

¡La canté!
Soy el Moa
autor y garnett y adelante
¡de!

"La Divertidísima
Canción del Diantre"

Dián
(¡tré!)
Dián
(¡tré!)

¡Oh Diantre!

¿Qué decía sin decir?
¿Quieren que la cante?
Oh Divertidísima
Canción del Diantre

Me pasaban el fernet
yo frenet les devolvía el escocés
Moa Mia yo y
alcoholy
¡flor!
— ¿te divertías?

226

flor sí
¡como el causante!
con lágrimas de pastel
con rimas y rimél

pijaneadísima (?)

¡oh madre reputísima!
pues ca y can
canten y sólo canten
La Divertidísima
Canción del Diantre

en qué estrofa te vi
cantando y
cantando y
¡guliguli!
¡y pic pic!
esto es sic
esto es sic
      sí
divertidí
esto es traición
no pude más mi
ni la ni sol
Garnett God
Mai Lai Lord
¿me volví fa?
¿pero de dónde fu?

¡refucilen al cantor!
¡es un drogol!
¡un cooli flor!

¿voy para atrás?
¿para anhelante?

pero si ya te he anhelado
/hasta el cordón umbrío

227

Oh Mia
— rebosante —
Oh Moa
Oh Lord Monsieur
Oh Bispo Shop Garnett
no re viví
en mu decí
con agravantes
¡pensar qué!
¿qué pensar?
que no

¡oh!

no cantar ja

¡más!

La Divertidísima
Canción del Diantre

por tu gues
y electris antes
y también después
aquello que treleu
¡en qué aprieto me la veu!

¿Oporto marca Gueus?
en fin
en fen
la la la di
di Paco di Tilla di
pi pi pi
"mi fémur brilla"

pero si ya te he anhelado hasta
/el cordón umbrío
ahorcado de la más puta vacuna
/contra el amor

y un numen que se rasca
sic torturada Juana Blanco

¡hasta la guasca!
¿es Ladilla?
Paréntesis
Comillas

> ("Me despierto en la noche
> en pesadilla ((me despierto en la noche
>   en pesadilla))
> mi padre cul se murió
> ahogado en sal, iba... ((mi padre cul se murió
>   ahogado en sal,
>   [iba...))
> Un instante ((Un instante))

¡No, no les pidas tiempo a los ejércitos en decadencia!

¿Pero era? ¡Moa Mia!
¡tan divertida!

LA CANCION DEL DIANTRE

????????????????????
y aquí letritas
bien chiquititas

¡oh cuánto dolor!
¡oh tremendos Garnetts!
¡tan grandetts!
como son
como obeliscos
Asteriscos

> *** Me Levante
>   o levanté en el llorado silencio
>   la Blanco

                                la Juana
                                y ya estaba
                                por amanecer con calas

                                /calma/
                                /son cosas/
                                /pasas/
                                /tumbas/
                                /pasan/
                                /Lamas/

                                /¿la *i*?/
                                /¿laicas balas?/
                                /¿balas, paica?/

oh Moa Mia
qué perrería
todo, loquita
todo lo qui da
                                        ¡y liquida!
hasta la vida
repugnante
Oh Divertidísima
Canción del Diantre

una sopa, Sam,
una Sopa sam
atrás atrás
para atrás
un paso más
¡oh diver Khan!
                                        ¡del Dián!
                                        Y: — ¡Alto, parlante! —

y adelante
anhelante

vacuno umbrío
otro brío
más y más en el cuadro
oh Mia
Moa qué perrería

¡lo que es lo quita madre!

(perfecto — ¡silencio! — ahora ladre)

¿La Culta Madre
Esposa del Cul Padre?
Psicoanálisis avis
(El canto, ¿saben?, el canto de los pájaros
y los árboles que sueñan como animales).

Alma, quieta:
a Juana Blanco le metieron
    en su vulva dorada una bayoneta
y así la dividieron
en dos partes iguales.
Alma, quieta.
Y sí, fueron los militares.

¡oh divertida canción del diantre!

¿Impaciencia?
¡tantas Ciencias!
tan nalguitas
tan ardientes
casi diría
un ser pla que sí se siente

¡pero caritas muy dolientes!

—pasa al bar la apariencia —
pide el chantre
saca el vientre

¡suficiente!
¿sam ti hago o es tero?

¡terminemos!

— ¡que ya me cansas
amargo obrero! —
¿adivinanzas?
¿a mí?
que ya te la di
di suficiente
di vin
di burlé
para el de él
el del Frente
soldado amigo

¿no hay testigos?

que me pierdes
¡no! que las vulvas
están verdes

¿maricones batidores o amigos?

¡OH!
¡Colabora sionista!
¡OH!
qué perdida
qué puta
fue la yuta
¡OH!
¡Garnetts!
qué perdida pérdida...

En fin
En fen
qué Mia
(o Moa)
calentura con la muerte

¡canten!

Oh Divertida
Canción del Diantre

>   *¡Diantre!*

¡Garnetts!

>   *muerte*

MUERTE:
y viva Perón
y viva Lastiri

>   *tango, en zen, en Japón*
>   *y el hara-kiri*

Oh friolenta Canción del Garnett
En su Cruz cada variante
Y una y Sopa y Sam
Más adelante
>   ¡a!
o éncu léme
a ángu léme
muy desierto
en cu le mé
yo can ta ré

>   *¡es verdad!*
>   *¡es cierto!*

¡y adelante!
¡Diantre!
¡Oh Diantres!
¡Canción del Diantre!
La Divertida

>   *¡ES MI VIDA!*

Canción del Diantre

>   ¡¡¡¡¡D I A N T R
E H
>   ?????

no seas tan gutu

       — que yo te ficho —

si estás aquí

       — y no en el nicho —

Sin perdón
la palabra un día
la palabra hundía
sin perdón
pero el silencio ata

       —atención: habla el Atha Philtrafa —

Y ESPACIO
(¿por qué mayúsculas?)
diantre sobre diantre
y culo y diantre y paciencia
(más despacio)
y un día hundía
y antes y antes y delante
y en videncia

       DEL FRÍO
       PARTO DEL TERROR

y todavía antes

       ¡antes!
       ¡antes!
       ¡antes!

¡desprecio!
¡Mia
Moa mi precio!
como tele te lo dice el tele el vizor
¡bien que me acuerdo!
¡loco y reloj!
¡despertador!

       ¡diantre!

no me amnesio
¿pero pagué mi precio?

Moa Mia
¿Adónde ir? ¿A ir France?
¿pero del ir ante?
¿y que yo
            yo la cante?
            ¡bueno!
            ¡diantre!

: OH DIVERTIDÍSIMA
CANCIÓN DEL DIANTRE

¡Argentina!
¡Yegua muerta!
Rápido querida
patria Moa
Mia
llaman a la puerta

¡Moa Mia!
¡es la policía!
¡es la policía!
¡es la policía!

¡Hay que salvar la puta vida!
            (¡divertida!)
¡es la policía!
¡es la policía!

Y Ascasubi que fundó
el Teatro del Colón.
Y ya me
(no llame ¿para qué?)
ya me...
        — ¡LLAME...! —
yugan el cogote

y no hay limbos
oh degolladores

235

pero no me olvides
tú a Mia
Oh Divertida
Canción del Diantre

Hay carne
y hay hueso
y hay chocolate
bien espeso
san gré
san gré

Y son tremendas
Juana Blanco
tus dos mitades
tan iguales:
ahora yaces.

Lo Garnett
Mo Garnett
Bo Garnett

Garnetts: ¿hay Garnetts?
¡Diantre!
¿Y los caranchos?
¿Y la punta de los pelos?
¿Y los campitos donde ponen
(y nada que ver el tero)
la guliguli pic pic en los huevos?
¿Y la divertida
canción del diantre?
Ahora yaces

Qué mal sabe el mate
y hasta (¡basta!)
el pucho

(ya no escucho)
tiene un gusto acre

                         —*¿Es lo más acre?*

¡es la masacre!
(calma: paz, es la masacre)
oh divertida
canción del diantre
cómo caen las vidas
tan al pedo

                    al relámpago
                    como lacre

        Y,

en el poema final, sin agonías
si bien, Neibis, qué agonía, qué final...
Si final, aquí,
el pájaro
o los árboles que sueñan y sueñan
como animales
o las dos mitades
yaces:
¿qué poema?

el pájaro, hum,
la flor
despiertos al primer rayo
al amanecer
ex alan
aletean
Ann

Y yo soy
y sin horror
puedo explicarlo

Y,
Lord Garnett
Monsieur Garnett
Obispo
Bisposhop Garnett,
                    felicitaciones.

Gracias por la carneada
y el abundante coperío.
Ah, y
¡diantre! me olvidaba
gracias
muchas gracias
ahora yaces
por la Divertida
canción: Canción del Diantre

Ahora hay que dormir la mona
y la nada
y esperar la suerte

¡Oh, diantre!...
Mia Moa, el peón (*cito*)
su travesura de pibe
escapó con la guitarra

                    Tierra Adentro
                    Allá va
                    En el overo
                    Otra vez el Desierto
                    ¿Estoy escribiendo
                    o estoy despierto?
Adelante, va a delante
En esas soledades
Anhelantes
En esos silencios... discretos...

O campos de Dios
/o del Feto/
/Ojival/
/Agua, ahora yaces/
/Gualala.../
Oh Vida
Terminada
Oh Divertida
Canción del Diantre
Terminada

¡¡¡¡¡OH DIVERTIDÍSIMA CANCIÓN DEL DIANTRE!!!!!

La Divertidísima Canción del Diantre
(anexos)

1

El cuerpo tiene un órgano metafórico,
es el lugar de todas las transmutaciones,
es el lugar poético por excelencia, el ano,
en el sentido que es el lugar
donde el niño y la niña
se encuentran todavía, subrayando todavía,
sin el corte, sin la diferencia de los sexos.
El lugar metafórico, el ano,
mierda, niño, regalo, pene,
todo ahí es intercambio.
Incluso una gran mujer,
mujer de Nietzsche,
mujer de Rilke,
casi mujer de Freud:
Lou Andreas Salomé,
habló de la vagina como
eternamente
arrendada al ano.

2

¿De qué color, coliflor, amada mía,
será tu corazón?
Verde, o seguramente lila.
Selecta caña,
si la vista no me engaña.
Tu excremento es un puro viaje

femenino.
Niño, el excremento femenino,
la raya continúa y abarca,
el buque parte
hacia una una
primavera entrada en años.

Te escribo desde el descrédito.
Yo no hice una obra, hice
una experiencia, *experience*.
Al margen, yo te amo como se ama
al rumor heteróclito,
el clítoris todavía todavía
de la página aún no escrita,
manejo de los sinónimos.
¡Lo que es la lengua castellana!
Afirmación que hay, débese, entender
en estos términos:
Lo que es: la lengua castellana.
Y no mi pésima
bragueta.
Nocturno, nocturno, nocturno.

La política llegó, llegó a los ánimos
y entramos como yegua sudada.
Hay que ver lo que son estos campos,
hay que ver el trébol partido
y el municipio de un otario.
Hay que ver la luna, el sol, la aguada
allí donde beben los caballos
bien pero bien de mañana,
y esto ya lo dije en otro lado.

Si pudieras, che, estar conmigo,
si yo pudiera acariciarte el pelo

con la dolorosa trenza del m'hijita,
si pudiera mirar tu mano, decirme:
en otro momento besaré su mano.
Pero sólo me importan los ángeles
y los dialectos del paraíso.

3
La Divertidísima Canción del Diantre,
pertenece a una modernidad alterna
—no, nada de alternativa—, y es una historia.
Si yo supiera pensar —no, nada de escribir—
archivarla en mi memoria
la instancia de su modulación, alterna,
comprendida en una balanza donde el peso
de la vanguardia:
dos puntos más dos puntos
igual no igual es nulo.
Tranquilamente mis errores planean en un plan
bajo, lo siento, de pasar al guión
—ya ocurrió: ese coronel cinematógrafo,
el cine y su Instituto Nacional hasta las heces
que quiso filmar la recuperación momificada
de los cuerpos de un batallón de granaderos
enterrados en los hielos —eternos—
desde la Campaña de los Andes.

Éste es el peso nulo de mi haber:
igual, no igual.
Enseñar, en Vermont,
inconsciente y barroco, ¿mejor?
¡Oh, Jerry!
(Ha introducido
en mi parturienta cama
su pelambre, entre mis piernas entalcadas,

donde yo escribo, y lame, y lame.)
La Argentina es azul, Pringles, y cuando ríe
Jerry acaba, eyacula, Frank Brown. ¿Y?
Mis imágenes, diantre
vuelven a estabilizarse en el cine picante
de una conciencia culpable.
Igual, no igual.
A ver si vamos a creer, a ver,
que hemos progresado tanto como para *no* tener
una conciencia culpable.
¡Oh, Jerry!

¿YO SOY EL HOMBRE?
(cito)

"En Stalingrado
ciudad, no sé qué país
de muy buen grado
buscaban con las manos
en los excrementos HUMANOS
granos de maíz"

En un directo aparte
Directo, perfecto
de la divertida
vertida Canción del Diantre
Otro sí di
¡Un poema! garabatos
y ya empezamos
¡garabatos!
—terminarás mal
en el Hospital!
(Diantre...)—
en el presidio violeta
o dale y dale y dale
te harán la boleta
/Pero el puto no escarmienta/
El terror... Di:
                /es terrorista
y su pasión, violenta/
El terror... ¡Oh, Diantre!
                —él se complace con la vista

va todas las noches al callejón calleja
como un inconciente   —de la vuelta
le gusta mirar a esa mujer
la demente
    Otros le dicen: La Dege (vertida)
Nerada (oh loca: hembra, canción) oh vida
Ella lleva algo en una lata
y no está borracha
también en la mano una cuchara
        (de postre...!)
A la guacha los ojos le lucen
        a la guacha
(Luz hambruna, luz mala), los ojos
Como a rey de la perrada
Como cosa que se estira y estira
no es tira
        y nunca estalla—/
él la mira/
    Sentarse solitaria
en el umbral de la escarcha
y con los remilgos más coquetos
meter la cuchara
    En la lata
    Llena de mierda
HUMANA
y sacar una pizca de bocado, pizpireto
relamiéndose
ya los labios
                    ¡Y al mismo tiempo!
                    como diciéndome
"Yo soy una dama
No me he de tragar esto".
Pero va y se lo traga
    (*él la mira*)
¡y con tanto gusto!

El tiempo/dicen que expira
                    Ella / repite el gesto
coqueto
otra vez coqueto
el fingido remilgo
de esa boca sin respeto
                    Mete la cuchara
                    De postre
                    En la lata
                    Llena de mierda
HUMANA
come y traga
come y traga
acomete con furor (y ya es el alba
                        la helada
                    invernal mañana)
contra fondo de lata
con la clan/clanca cuchara
y come y raspa
y come y raspa
            hasta lo último traga,
            Ya no queda nada
y eso ¿qué tal? que la tala era un tacho
            ¡grande!
            ¡diantre!
más grande que un balde macho...
        ¡Pero es la vida!,
y no queda nada
                    ¡oh divertida!
Y se desconsuela ella y llora turra a mansalva
                    (es la crisis del alba)
¡La pobre empalagada!
Y tiene razón   (yo lo siento)
Con lo que le cuesta /ánimo, chamanes/
Filtrarse en los baños

246

Gestos /de los restaurantes/ desengaños
y el bicho tadeo atrapar, al anguila excremento
O el bagre que no pica
                    cuando a ella, rica
                    bien que le pica
                    el bagre
                    (tiene talento)
Y las peleas a los enloquecidos.
Gritos —Con El de la Caja— a destajo
                                        ¡Carajo!
al fin (—¿a él que le importa?—)
Con el verdugo soretes cuida
                    dueño del restaurante.
Yo no entiendo
                    Oh divertida
(me enamoré en silencio, riendo)
Canción del Diantre
soy la comadreja/absorta
¿Por qué no la deja?
                    tranquila?/con su torta?

Y ya no puede nada
                    ÉL MIRA
En la lata
                    ¡Y ya no queda nada
                    en la lata!
¡Pobre mina
                    pobre mina!
¡Pero es la vida,
                    es la vida!
ÉL MIRA
Ella se ataca
convulsa en convulsiones
convulsa en lágrimas
                    (es la crisis del alba)

canción:
<pre>
        En esta calleja o callejón
        en el umbral de la escarcha
</pre>
canción:
<pre>
        en la mañana, invierno, helada
        como sorete en pala
        como tumba cava
        cava
        y algo se alianza
como sorete/¡triunfal!/en la punta de una
                /lanza
</pre>

Es bella, oh sí,
Es divertida
La Canción del Diantre
hasta donde la conciencia me alcanza

<pre>
        Y la mina
        y la lata
        vacía
        y nos regalamos anillos
</pre>

—¡Casémonos ya querida!
<pre>
        ¡Oh Divertida!
</pre>

—¿Para qué esperar otra mañana
como sorete que se ufana
en la igualmente helada
y lanza
mañana
helada en la punta aguda
y desnuda
de una alianza
como sorete, dicen, pero eres tú,
tú la que sabe,

como sorete en pala?

—Casémonos ya, alma mía,
sirena (es la policía)
no hay tesoro tal
que la mierda nunca acabe:
es la vida
los filos de su sable
seca arena
y no, nena,
¡diantre! no lata rebosante
de mierda
HUMANA
                   ¡considerable!
Oh divertida
          Cuando viene el patrullero
se la llevan al loquero
aunque ella grita y se resiste
porque allá
        chaleco de fuerza
        puchero
        alpiste
        no excremento
Allá tampoco la dejan
En el loquero
En la Casa Amarilla

¡No soy un pajarito! —Esto es una queja
¡no la dejan!
        pero

¿por qué?
¡si maravilla!
esos mohines coquetos
esas morisquetas

antes de llevarse a la boca
la cuchara repleta

Cuando llega el patrullero
            van a la comisaría
y él sale de testigo:
—Sí. (silencio). Sí. (silencio). Sí, comía
      mierda en la vía
                  ¡sí delicia!
                  ¡sí maravilla!
(la toma en sus brazos, la besa, la acaricia)
(la yuta ni siquiera le ofreció una silla)
petardos, pedos, estallidos de júbilo, estrépito
                  esos mohines coquetos
                  esas morisquetas
                  antes de llevarse a la boca
Un beso
                  la cuchara repleta
¿Por qué matar
por qué no dejar
al que vive
en el infierno que escribe
con la pluma de cagar
fuego,
      ya que insiste?

También me casé con Nelly
la que se sorbía los mocos
pero esto fue en Nueva Delhi
si no estoy mintiendo un poco

Hacia donde una vida, hacia se decide
            y se anuda, aunque sea duro

En un proyecto futuro
        ¡imposible! (no "prematuro")
Como al olmeado pedirle: perlas, al SIDE,
        proponerle a la Come
        mierdaitraiga
        los servicios de mi sandio culo
        mis tres soretes diarios
A esa boca llaga
        que ni con mil se empalaga;

                     es ya el horario
(de...decirlo...)
mientras queda tinta en el vaso
de este monigote:
—destinado, ese casorio, al fracaso
aunque lo bendijera un sacerdote
o el mismísimo Hisopo Guasca, el vicario—
¡iluminaciones absurdas!
Yo me quedé en los labios
en los solos labios
con mi ruego: —matrimonio.
Ella, al manicomio.
Estoy desesperado.

La Divertidísima Canción del Diantre
(dos esbozos de Introducción)

1.

Vué
Vuélvese idiota el idiota
y pasa
y no pasa
(anda, nada)
y es lo mesmo
de lo mismo
aquí en la laguna
(y es como un sismo)
pajas
repajas
desierto
Tierra
Adentro
y no tira
el faso negro
y así va
y fracasa
hasta la pá
sión más Gainza

          Cosas son
          de ultranza
          de un macho rengo
          país: ¡a lo que me avengo!
          pero así como me voy
          también me vengo

2.
La divertidísima Canción del diantre

    En la orilla de la laguna,
lejos de los cristianos.
Con la guitarra y a la espera
del pasado
en la orilla del agua.
Apenas los patos.
Es muy temprano
el mate parece de chala,
el pucho negro no tira:
hasta la pasión más Ganza
no anda parece
o desmejora o fracasa.
    En la orilla de la laguna,
con el porrón de ginebra
y lejos.
Silencio, ataúdes, silencio:
es muy temprano.
Pero recuerdo
lejanamente
los dichos de la dicha
el juego cantado
(cantado)
de las palabras:

V

1981

PRINGLES

Entre lo racial y lo pedernal
                              Pringles
Entre lo social y lo pedernal:
'bla, ayer vino una señora... *italiana...*
                                        'liana
Y cada apóstrofe, Silence,
es una mención mén(diga), *a,* a la Culpa.
Metafísicos, hablar con conocimiento de excusa: palique
El ex
        cusado
El per
        donado
es aquel causa (¡ese coso!)
que habla con conocimiento de
                            'glub, Culpa
es decir gu:
            Gulag
Quien confiesa sus pecados (Genet dice) as
Asciende a la banca
r (con) r rrota
Y Dios, idiotas, tan chueco
por habernos enseñado, en seco,
ese canto pue(r)co:
Contii
Higo'stoy
Si Ñor
Porque 'o no peco.

¡En busca, aquí del *menor* sentido!
Los días iban pasando
Fotocopiándose —a máquina— no
no: a, a mano
sí manus
sí critos, y puedo hoy
(utópica mente) tr*azar*lo
azarlo, como se hace con el hijo preferido
o, ¡hum, qué rico!, con el bebé más comestible:
porque hoy —your attention, please—
es 1981 de un jueves
especial, atrevámonos: fe
(pero no de golpe) febrero 5
igual a como empieza
el enigmático 'bla de 5
                   3
                   3
3tegma(t)nn—3—(s)
               /Este poema es
para que nadie pueda hacerse ilusiones
salvo aquellos
capaces de soportar
el bagre, o mejor dicho, el misterio del bagre
que consiste en embarrarse, bagre, que consiste en
embarrarse, bagre,
en aguas hasta hace poco
—pero siempre hasta hace poco—
frecuentadas por ballenas.
nada, en efecto: la ballenhada/

Y qué tonto (estamos hablando de amor,
por supuesto) no recuerda
aquel exemplo escolar
de silogismo tramposo:

"Pez tiene una sílaba
El pez nada
Una sílaba nada."

¡Se embarca! diría yo.
Pero, lo que yo diría
(*vase*) ya lo dije.
                              Una...
verdadera (lástima)
Y otra vez no será
porque el cielo, silence, hoy
                              /es espléndido

La firma era para interrumpir:
esta Disertación prosigue,
con el pecho oprimido,
con la mano turbia y en manojo.

¡La Firma es telón! grita el público
asaz para atrás del Teatro
                    Proletario de Cámara.

¡Firma no es telón! contraataco yo
(¡zas!) sino una breva,
breva de descanso:
fresa del camerino
ritual —¡oh madre! cambio de máscara.

Debo memorizar el papel, porque la letra no importa.
Si no memorizo el papel, el Director
(Teatro Antiguo Régimen)
me amenaza con la lepra:

Avec. Con el leprosario
      ¡dónde allí!
bueno, ¿qué tanto admirarse?
allí van los letrados.
¡Pete ya no verá, jamás,
la luz del día!
(ni las estrellas que convierten a la noche
en una dosis sorpresa
de regalo inesperada).

Y ahora, en este acto final,
sólo debo cruzar el escenario
            y firmar:

¡Firma es telón!
gritan los chongos
de la popular

insisto, y perdón
pido por ellos.
¿Qué se puede esperar
(una sílaba nada)
de quienes ensartan una perla negra
e insisten
y prosiguen
y no retroceden

Pringles, 5 de febrero de 1981

LAS BEATISUDES

Las beatisudes de un alcohol alondra
(porque sus alas son el fiel de mi templanza)
tienen la fuerza de los besos
                    pero esos
que por alguna virtud, vicisitud
trepanan
desde adentro riñones hechos de algas:
alondras y algas
ya se puede advertir la tarea fácil
                    Riñones
nadie queda en salvo, libre, en virtud
bajo palabra.

Despacio los depilados pasos
vencida por la edad, el orín, la espada
una tardía novela (devuelve) la vigilia:
atesora y pavonea en cambio
la poesía sus durmientes pedazos.

Las almohadas se convierten en mordazas
                    El gusto
una saliva de entallados pétalos
con la violencia suma de no agregar nada

          Cresta
para los animales más bravíos:
en mi propia estampida abandonaron la estancia
                    Libres campos

de orégano y carnes negras
porque ya es el día, entre hedores de flores,
hombres carneamos:
pero no comeremos espero,
ni la caníbal luna ganará nuestros sufragios.

        Glandes
ya conocidos como las fisuras hartas
como el cantar ahíto de cantares
como el líquido expelido bajo fijeza,
figura de alzada potranca.

Oh paloma torcaza
disimulada entre margaritas salvajes
Oh disimulada entre margaritas salvajes.
        Ella o Tú
la flor que baja los ojos
avergonzada de su talle
        O pétalos
en el rocín que acamala sus manchas
Parejero o Tobiano
garfio de los petulantes campos
Antiprímula
           que se intoxica de baraja

Correveidile / que está encendida la lámpara

Flor entre los iguales
        tímpano sutil de la barricada.

MARGARITA

(Para María del Carmen Fitzgerald)

¡Otra vez en Cherburgo!
y unidos por el lazo intrínseco.
Hombre y mujer: almas temibles, pero
faltó el hijo.
Quizás por un exceso de puta.
(quiso y no quiso, quiso y no quiso
hasta que con un rasguido final
—¡parece que esto no es el Paraíso!—
no quiso
no quiso.

A este perro yo me lo comería,
pensé, el día que lo vi en la veterinaria,
y lo compré sin vacilaciones.
Parecía un chico
ahí con sus flancos
y mostrando los dientes.
El vendedor le puso un collar de cuero
tachonado
y salimos a la calle:
¿para qué negarlo?
así empezó nuestra novela.
Jerry parecía un niño
un encanto.
Escapó una tarde
la primera vez que quise someterlo a mis manejos:
(y esto se llama bestialismo).
Con los ojos anegados en llanto
—o llovía—
crucé los campos en su busca
con el collar de su huida
en la mano.
Cometí un atentado contra su honor
lo reconozco
tengo una conciencia culpable
y éstas fueron pálidas
las pálidas consecuencias
encontradas y contrarias.
No era la tierra para perseguirlo en auto
no daba el barro.

Inocente como hay pocos
me ayudó en mi cacería
un paisano de a caballo.
Jerry se había refugiado en un matorral
y gruñía
y en púas la pelambre
mostraba los dientes.
—Pero vamos, juro que no se repetirá, vamos a casa.
Me conformaré con mirarte largamente los flancos
(y esto se llama amor).

QUE ESTÉS BASTA
LA ENTREGA ES UN HORROR
EL HORROR A LA ENTREGA
EL MATRIARCADO DE LA POSESIÓN.

El hombre de campo
lo alzó a caballo.
Son las vueltas de la vida
la intemperie que no da para más
el cielo
raso que cobija nuestro talco
o harina imposible de abolir.
Serenos, rocíos
impacientes solos contra el corcho que tapa la botella
porque entonces el genio
no tiene elección.
Doble sentido
alcohólico
que muero porque no bebo.

Pero nada de genio,
Jerry
no seas
nabo.

El divorcio (1981)

Prólogo
No es necesario más

* * *

Fe en el sonajero: fe.

Inverso,
Bajo la sombra de la anécdota histórica
Como fantasma inmundo
Correrá por suerte el agua
De las fundaciones legítimas,
        legítimas...

El descubrimiento de Freud
Es la fuente, el, el
sonajero, la fuente...
De los borbotones
(De agua cristalina) (de)
la que fue quitada
La piedra blanca
        la piedra blanca...

Divorcio, divorcio
¡Imposible!
)*real*(

* * *

266

SOLO
puedo estar con los míos,
que son los otros,
            que son los otros...

(Esta "restitución"
"paranoide"
en el "aforismo",
Porchia,
de la idiotez
"generalizada")

—¡*Hartz*!

* * *

La gran muerte, ¡por Dios!,
¿cómo no desear eso?
(La gran muerte... ¿cómo no desear
eso?...) (En eso,
estamos)

*Cuando nos divorciamos
ni siquiera nos dijimos adiós.
Recuerdo su voz.*

* * *

"Pasarse de listo"

UN SUJETO, que
(por ejemplo) un buen día:
lee.

(?)

No es esto el salmón (les juro)
pescado *en* la parrilla.

"Estar listo"

¿Dispuesto?
¿"Hacerse el vivo"? Pero, cómo?
Con pinches, con
alfileres (SUJETO). Con
mi mujer éramos, no éramos
muy)"compañeros"(

Cualquier humillación con tal
"deque")vuelvas a mi lado(
APAMPLINAR la obra anterior,
apamplinar: y seguir viviendo.
Como el humo
                (somero)
del tabaco
)

        y ayer
fue como hoy, el día
de las más
                intocables estrellas
—lágrimas en los ojos—
el día del día: EL DÍA DEL DÍA, de

posponer el día:
de la belleza

¡QUÉ MALO!,
es ser malo. Pero,
todavía moral, todavía peor (
ES
Estar así (de mal): ¡QUÉ!: —Peor.
PEOR QUE
PORQUE
"...¿por qué?..."

no: NO,...
)
El águila de mi mujer
se perdió en mi amor (
y me abandonó
—ya no me quiere

              más
—Ya no me ama

              más

Ella se llama,
o se llamaba.
Yo me llamo.

Su nombre es tal
pero no por cual,
ni siquiera por mí.

Ni siquiera por el rufián
(moreno) de las monedas inglesas,
tampoco por él,
que trajo de R...
un pequeño revólver

—*Lusía*— plateado,
una joya.

Ayoj
Joay
Yajo
Ajoy

Estúpido/negro

Sobre/blanco

APAMPLINAR.
Pero, caramba:
...si yo no he hecho nada...
)..."realizado"...(
SOLO,
por un momento
fue una)"loca tentación"(

Pasajera,
como lo propiamente celestial
en lo divino

¡y ya empezamos!

FUE
)"corregir pruebas"(

FUE
)"irse"(

Algo así como
)"confesarse"(

270

Ding
Dong

¿En qué andará el editor?

* * *

O libo, olivo
GAG...O...
El televisor al rojo vivo
(*sí, me tiro un lance*)
ME HAGO
el Boby, el divo
(Invertir aquí lo que sea. YAGO)
)¡Pero cómo no iba a divorciarse!(
EL PERCANCE
        convulsivo
de tirarse
        (amargo amago)
AH RESUCITAR, un trance
       Haber
       Dreyer,
el intento de oh vivo
yo me LO HAGO

* * *

Las flores de entrecasa
entresacan su hastío
y lo muestran, *pani*:
lo muestran

Lo sacan
de la casa hacia
el verde
llano,
)yo
que he deseado
la mujer de mi hermano(

Yo que he deseado.

Mi hermano.

* * *

Se empieza en la esquizofrenia
digo yo
y se termina en la femineidad
luego de un breve tránsito
por el amor
digo yo
por lo que yo
sé

¡pero cómo me gustaba su cuerpo!

* * *

¿Qué puede valer un mundo
donde sólo los locos
tenemos algo que decir?

¿Mucho?
¿Seguro?

PAUSA: Algo
que versificar.
Sal, te amo's,
la verificación
el ver y ficar
menos ése

SILENCE, Cage

El silencio es un don de la Virgen
madre de Dios
gracias a Dios
(¿Ya empezamos?)

—¡HARTZ!

* * *

SU CUERPO
será transformado en mujer y
SU MUJER
en cuerpo

(El presente explicaba el pasado,
Ya tan equívoco. Estaba
Perdido: lengua muerta, soldado
De almíbar y haba, tierna haba)

(Carecen de juventud las almas
Desde el nacimiento mismo.
Así el enemigo presunto,
El haz doble, monocorde narcisismo,
Juega sus cartas con calma
Y miente una nada: el vacío conjunto.

Sollozando al Occidente, bala un carnero.
Es la Argentina. Es Pringles
(y aquí todo un homenaje a,
imitación de
César Aira
¡Ese niño!)amado(
y completamente aparte
—por *otra* parte—
de nuestras fornicaciones de pederastas
—Entrarás
igual por un entre
:dicha: rubicunda
:dedos: que no fuman.
Nada de castraciones de corral).
Sospecho este momento de suspenso
durante el cual
el Dios de la Biblia
entra
y medio mamado, mamau,
mira a *sus* argentinos:
hacen cosas con latón,
hacen cosas de cartón,
dicen *la inmensidá*
y se abisman
¿son artesanos?
¿argentinos artesanos?

Y, sollozando al Occidente
bala un carnero.

Naides, aquí, ese dios *Naides*,
Herr Lambor, Aira, Carrera,
hum, mascoteadas.
Aquí todo se come a todo
(ya lo dijo Martín Fierro)
y no pasa una hembra
ni por casualidad,
ni pa remedio.
Todo aquí se homosexualiza rápido
y de mal modo
(¿qué tendrá que ver, digo,
el culo?
Mirar Quevedo)

El gran goce
—la *bad writting*, Arturo Carrera,
¡Hay que ser de Pringles,
con Lacan.
Ha muerto, de paso
y de paso
un muy grande homenaje, señor—
el gran goce:
joder al gringo.
Que Goethe, aquí,
pegue el refalón
del teatro al *tiatro*.
Cambiar las letras, hacer crujir.
Lord Garnett.
Obispo Bishop Garnett.
"Mi melón, que ya tiene flor".

No puedo demorarme / nadie puede.
Cuando Borges sea leído...
Cuando comprendan que otra vez
se trataba de "eso"...
El *truco de* God;et
de Gaulle, Goya gollar
ya con mon Gom es de hacer ná
Aparte (aparte,
no queda nada)
Aparte.

¿En serio ellos quieren saber
sobre Eva Perón?
Too good for them...
una sola actuación tuvo,
no apta para profanos.
La enterramos luego
en una, en una
ave llana,
y el mar
nos tomó ojeriza.
A nadie, *naides,*
expliqueselé, ¿se lee?,
el secreto.
Se nace y se muere, en todo caso,
y en el medio hay
un espacio verde,
el cementerio y el semen
ya están allí...

Los indios no quieren
soltar al doctor Macías
que 1º) se ha *ido...*

enloqueciendo
y 2°) para nada les sirve.
No quieren soltarlo:
así, porque sí...
Morirá inútilmente
loco en el Desierto.
Esos indios, ellos mismos lo dicen,
están orgullosos:
de ver *argentinos*
Mansilla se demora, espera,
al doctor Macías.
Hasta que no puede
esperar más.
Parten...
los caballos...

Pasarán años, muchos,
San Petersburgo vendrá
con Londres y París.
Hasta la casi
pérdida de la razón,
a ese doctor Macías
delirando allá entre salvajes,
Mansilla no lo podrá olvidar.

(Ya nadie me soporta,
yo menos, con mis anécdotas de paisanos,
con si las cosas fueron
en Viena, en Pringles o en el sud-este
este sud
de Necochea
—donde todos, para qué
vamos a engañarnos
son bestialmente dinamarqueses:
pero bestialmente.
¿Pero qué yo la culpa tengo?
Hay que ser de Pringles,
o en Pringles ser vaya efecto,
para comprenderlo a Lacan
bebiéndola como a quien le encanta
la "fuerza de nuestras fundaciones"
la sorpresiva
muerte en nuestras aguadas.
Hay que ser el loco
de mierda de Macías
o Mesías: ¿qué espera usted,
general Mansilla?
Hay que ser *Lácan*.
Hay que ser Borges.
Hay que ser
—pero bestialmente—
de Irlanda.

Aquí,
el agujero no se tapa,
"realícense", muchachos.
Hamlets, espectros,
fusilados, desaparecidos
¿muertos? exiliados,
o soretes en pala.
Hay que ser un gaucho
y un *guacho*
y un hijo de puta también
y también un sabio
... y "cut up"
y "bad writting"
y también mierda y mareas
y espuma de cadáveres
y también cielo
¡y más cielo!
y también los caranchos

EL HOTOTOGISU

(Agotado, anotado / en una escenificación rápida)

Las guerras no son inútiles
porque en ellas se prueba lo que vale.
Pero —lo que vale—
("¡vale!", como España dice)
no, no se prueba:
certidumbre, ninguna parte,
parte alguna —y ningún
aparte.
Cantaba la calandria,
canta la torcaza; la calandria
empresente, también canta.
Hay aquí un Nepal del Sol.
La pena / que vale el grosh de decirlo.
Mi hermana
hunde una estaca,
y otra vez, ella —sí, otra vez—
será quien camine
"sobre la hermosa tierra"
Abandonamos (¿abandonamos?)
Charleville para ir y
enquilombarnos
con la Comuna de París
con el Verlaine borracho
(Borges: "Verlaine, inocente como los pájaros")
el Verlaine borracho matrimonial
                    Una

"intrusa" para sacrificar y ol
(*O.L.*, inicial) olvidar hermano
y ni siquiera un puto
culo para compartir.
Vagabundeos y guerra y mamá
ah, algunas copas
y nada de que "cuando quisimos acordarnos"
porque: precisamente,
jamás quisimos acordarnos
—Gracias
—*De nada*
En la Comuna de París
se destruyó la historia del mundo.

Con

el yeguarizo afán de volverse loco
(inglés y pesadilla) hablaba,
duramente y al tiempo cauteloso
al filo, a los filos
del Herr dóctor
y asimismo del paciente.
NO SÉ
            lo que escribo
            (tampoco escribo un toco)
pero sí que escribo poco.
Y ésta es la duda del adicto
y éste es el potro,
el lecho idiota del borracho
sin mujer
sin siquiera quisiera, siquiera,
dibú
dibujos de pluma para el tacho.
Ésta es la rima del caribú
y el afro prínceps de la primavera.
Esto no es: lo que yo quisiera.
Yo necesito la política
o nada vale la pena:
sacar un quicio
poblar, con nichos,
mi de, *tde*,
delicada, frontera.
¿De qué hablaba el panda
el oso demonium ante el espejo,

eh?
Fábula,
        de un camino desparejo.
A la letra.
A la Cábula. /Ala, intercala./
A la kabul de Samarkanda.
A la "ye" y (a la) ala
        "che"
A la momia de la landa
que encima
            —encima—
osó el demonium
me interpreta.
A la Buena
        Ventura.
A la Unión
        Soviética.
Cualquier cosa en fin: a secas.
A secas:
            ala
A secas:
            letra
Hum rumor, hum,
un rumor de euforia mal habida.
Un ruido, una
                malavida:
ávida del mal,
ahu, ala
a la vida del mal, porque
¿está mal?
¿está en el mal?
¿quién? se coge
—como en un abrazo—
a sí mismo por el brazo
¿y va, ya en vena?

¿y va? ¿y se pica?
No se entiende y no se explica
¿Qué clase es esta (de antena)?
Y no empecemos, clase,
con el marxismo,
porque es en serio que no "da lo mismo".
Encomillo. Insisto:
encomillo.
TENGO
toda la plata de un membrillo
(a secas)
pero me falta un pene, y no pido,
creo, La Meca:
en la pija siempre
me falta un culo
y vi: viceversa
y si: por la condición
sin borlas
inversa
en mi culo, que ya es de lija,
me falta siempre ¿qué?
una fija. Que, es una fija:
que me falta una pija.

Ambienta, el Yo, este estilo.
Es vil: lo que
        lo
locuelo,
lo mantiene en vilo.
—¿Lo cuelo?
—No, no,
        nomás así,
con la artillería huella
del pipí. En la estofa

espiral del perverso
lo huelo, ¡lo huelo!,
en cada verso.
(—"Le falta la Ley, barón."
—"Idiota te lo dije: yo soy mujer"
—"Si usted lo dice, perdón,
        así será, marqués"
—"Me alegro desde ayer
        por lo de hoy por lo..."
—"*Porlo*: porongo".
—"Por lo que viene después"
—"Hum, ¿algún chongo
        habrá en puerta?"
—"Nadie, Eidan, es perfecta
        pero no se trata hoy de mantener
        la argolla "ye" bien abierta,
        ¡guliguli! sino de algo que se inyecta".
—"Y ya se babea,
        ¡qué asco!"
—"Me babeo y me masco,
        che, y a quien me lea:
        ¡maldición eterna!"
—"Séquese la boca por lo menos con un trapo"
—"¿La boca interna?"
—"La única que tiene, la de sapo".
—"Me cago, me cago"
—"Oh, si diera pus, si pudiera
        que se pudriera, usted, pudriera
        y
        irme
        yo entonces
        de aquí
        en un barco"
—"Al lar, ja-ja, mediterráneo"
—"De todo se ríe el ano, el bronce..."
—"¿Me amas?

286

Dilo ya, y a la cama.
Di que me amas:
te lo ordeno"
—"Lo amo, aparte
(off: si sus pasiones, Oxford, no tienen freno,
¿qué puedo
yo,
hacerle,
si estoy acá,
clavado como un céntimo?)"
—"Ja-ja.
ja-ja"
—"¿Debo irme entonces ya
al lecho?"
—"Ja-ja, sí, y desnudo
como el Poder, me chuparás los pechos"
—"¿Me tirará el fideo?"
—"Sí. Primero voy al baño
y allí me inyecto.
Después, es una orden,
me lo dices, haciéndote el indirecto:
"Ejem, querida,
si tú me lo permites
(te lo ruego)
yo te la meto"
—"Pero, fideo,
¿acaso yo te deseo?"
—"Pues, te conviene,
o perderás tu empleo"
—(*Off, aparte: ya salió con eso,*
ahí lo tienen,
de cuerpo entero)
Por favor, favor por,
no perdamos el seso
no quise, Ofen, se lo juro Lord,
Ofen: ofenderlo.

Empecemos:
Estoy que ardo por ti, princesa"
—"¡Mi rey!"
—"Okey, okey".
—"¡Me doy la papa y vengo!"
—(*Off: ¡a mí con ésas:*
a los tumbos vendrá, como un rengo!)
¡Usted es tan linda!
¡Chupa tan bien las guindas!"
—"¡Te tengo, te tengo!"

(*vase*)

—"Se fue. Y yo busco el bien,
"princesa", la torre del pase.
No, y no, la abertura muerta
de un hoyo sin ley y sin sostén,
de un culo vía yerta
a la nada sin fe.
Que la nada de Pascal,
en cambio, me renazca: convierta.
Pascal, porque Pascal..."

(*La voz del otro,*
desde el baño)

—"¿Querés, querido, que me pinte la jeta
y me infle las tetas?"

(*el otro*)

(*off: no tengo un mango*
y encima soportar a este chimango)
—"Sí querida, sabés que me encanta".

(*el otro*)

288

—"Si *una* no es bien puta,
  uno no lo disfruta".

              (el otro)

—"Pascal, Pascal..."

              (el otro
              que hecho una "loca"
              vuelve del baño
              y al
              "Pascal, Pascal"
              le toca
              el bulto
              de *este* tamaño)

—"¿Así te gusta, mi rey?"
—"Okey, okey".

VI

1981

En el Cantón de Uri
(fragmento)

I

Éste es el cuchillo que faltaba.
A la hora de la oración, como hace
        cien o menos años se llamaba en mi país el crepúsculo
el cielo baja a la tierra
y los ángeles,
los ángeles.
Ya no soy el "professeur",
voy a tomarme algunos tragos mentecatos, pero
¿de dónde faltaba el cuchillo?
Abandonen la máscara de esperar
(es sólo una careta)
porque no voy a emitir
—ni dimitir—
una lección suplementaria.
Las cosas: no son fáciles.
Continúen leyendo.
No sé si he nutrido bien
el campo arrullo de las apariciones. Las cosas...
Recibí un telegrama, una citación y un telegrama:
Herr Lambor-Hartz tiene sus arrechuchos
sus dificultades con las Ciencias Médicas
aunque al fin y al cabo sólo pueden reprocharle
algunos manuscritos
algunos éditos polutos:
los tegumentos de un faccioso

* * *

Es el bebé quien administra el cementerio, él es
el funcionario lacre entre vagidos.
Pedirle un favor a él
para un nicho
para una tumba—
lo usual entonces,
lo usual malévolo.

El cortejo viene de las colinas.
Traen sus cerdos dosto, dostoievski avos,
　　　símil Nuevo Testamento
Traen un féretro
el pretexto y dulce de grosellas.
Almíbar, setas.

La contera de mi paraguas desencajona el lodo
en el redil del camino intransitable.

Allá voy...
Aunque todavía no eres ni siquiera un niño
te extraño sin embargo en mis papeles:
tu berrido de frac verde
tu matasellos.

Un anticristo disfrazado de portero rengo
trae chupetes de repuesto para ti
y latas de leche condensada.

Habrase visto...
¡No estoy salvado!
El pani von Hartz al trote y al jadeo:

—Si los episodios se me escapan de las manos
tal será la clase de episodios
que en el reino de Ud. tendrán en cuenta.

Redactar unas ligeras notas, así
empezó la calamidad, el calambre:
¡clanc!

Es un caso de práctica ilegal, bueno,
delito común.

"La pérdida de objeto"
"La falta de objeto"
¡Se les daría una cosa!

Ahora, paneles blancos.
El bebé ejerce su autoridad
    entronizado
    entronizado
Ahora me apabullo entre mis almohadas.
Me sumerjo en un regodeo sueño, ronco...
              ¡Rima y
Psicofármacos!

                 * * *

¡Qué lamentable confusión!
¡Qué aciago mal, pero mal entendido!
¡Cuánto lo siento!
Los prados al atardecer y el mar.
¿Y qué más,
           más que decir más?

En el reino de Ud jamás se pone el sol,
un mediodía de mala muerte.
El editor se encoge de hombros:
—Sí, cuánto lo siento.

Los uds son tercos com, como bolígrafos.
Com, como: *¡en el clavo!*
Repito en efecto la misma técnica, siempre,
                    jamás me canso
Los prados al atardecer (y el mar),
y el mar, y los prados al atardecer.
Y el mar. Aquí queríamos llegar:
suena una campana en el fortín "Luciérnaga".
Es curios, o curioso. Un yo en verso,
apenas ritmado,
hablándole a un ud de palo.
En el fortín "Luciérnaga" —
                    suena una campana.
Que la dicha (¡alegría!)
acompañe al grajal kordinatur khan.
El arte respira a sus anchas.
Un hijo de Freud decía:
"¡Pero si es como hacer muecas!"

¿Relativamente por qué ud es tonto?
Un verdadero misterio: no saber hacer muecas.
Una campana suena en el ...
"Bic, bic, bic" comentaba el grillo,
bola sin manija: "bic, bic, bic",
y el centinela, enjaezado de Hartz, se adormecía
pacotilleando así
—así—
tanto a la línea como a la frontera.

¡Salud, salud!
Y bueno, hasta más ver.
Fue una lástima Herr Huevón duro de mollera
—su turno: pura mala suerte.
A Dios, *citoyen du monde,*

tanto le place inventar pencils com
com opíparos pares nuestros.

"Sin más que hablar"
"Sin más que hablar"
"¿Sin más que hablar?"

La perfección, la perfección.

La ineludible perfección de quien habla.

¡Liberté, Egalité, Fraternité!

* * *

II

Pausa para ir al toilette: ¡Argentina, Argentina, Argentina!
¡Oh Patria Amada!
Mia Moa, ¡siéntete feliz!
Muchacho. Lord Garnett
¡Monsieur Garnett!

Mia Moa, todos jóvenes, haciendo
(¡chispas!) vida de campo,
frescos como pastillas de menta.
Agrega una mitra más y ya somos
... ¡como 850! ...
(Sermones aparte)
Pero si perdiéramos una sola migaja de mistificación...
En ese caso: no.
Mia Moa, ¡siéntete feliz!

¡Pendejo!
¡Lord Garnett!
¡Y Monsieur Garnett!
La barca de muchos remos. El lago.
Sin peces, australiano.
La naturaleza muerta, nada de crujidos,
sólo el fru fru del yo te amo.
Lugones ponderando una frigidez absoluta.
El Comandante Carlos Gardel (presente)
pillando una ronquera y,
el consiguiente resfrío.
Hum. Poco serio (el Comandante Gardel)
Mia Moa, no abras *tanto* la tranquera
y no vayas *tanto* a la aguada:
dicen que hay tigres en la pampa,
animales gauchos y de ley.
Te tentarías con alguna de tus bromitas.
Acordate lo del cordero previamente
atiborrado de estricnina.
No, eso no estuvo nada bien.
¿Por qué esa agonía horrible de dos a la vez?
No, de ninguna manera.
Uno por vez.
Uno por vez.

¿Tendremos que atarte?
¿O lamberte el culo?

Al sembrar
al esquilar
al sacrificar a los animales
cooperativos:
Lord y Monsieur Garnett.

Mia Moa Moa Mia
Otro día.

Otro día, haciendo visera con la mano,
avizoraste y dijiste:
"Ahí viene el caballo del señor cura."
El capataz después te tundió a rebencazos,
porque *sabías* que venía el yobaca solo,
sin el cura, pero te gustó crear la confusión.
Al *cadavre* del cura lo encontramos en el pajonal,
transido a puñaladas por dos matreros:
Uroliano y Ascanio, del tiempo de Rosas.
Todo para robarle
su sombrilla,
sombrilla de seda.
Un capricho extraordinario
de dos ebrios
                    —*consuetudinarios*

(La vida con su aire de pastel
con sus cremas
y hojaldres
y fresas
y agonías)

Uroliano y Ascanio no murieron como hombres,
como maricas sino
"Que les iba a doler", lloriqueaban,
cuando les cortaran (se los cortaron)
las piernas y los brazos
y tiraron el resto con vida al campo
para que poco a poco
lo comieran
los caranchos.

Mia Moa es seguro
que oliste alguna desgracia
pero no pudiste contenerte: aflautado,
"Ahí viene el caballo del señor cura."
Y todos nos preparamos
para recibir la hostia y la bendición
y quedamos
¿cómo quedamos?
¡pagando!
no en metálico
tan boludos...
Al capataz se le iban los ojos de las órbitas,
después, cuando te ladiaba a rebencazos
¡también!
con el pedo que tenía
ese día.

Monsieur Garnett pidió una copa de Oporto
y tuvo que acostarse.
Lord Garnett se hizo traer el caballo
y desculó no sé cuántas leguas
de una sola sentada
esa tarde.
Volvió, desensilló,
se sentó bajo el alero.
Quedó con la mirada fija
en la tierra pelada.
Jorgelina le llevó dos pollos con curry
y su damajuana de escocés.
Casi apoplejía.

Mia Moa
Moa Mia
¡siéntete feliz!
pero también sé más comprensivo

300

con nosotros
los humanos.
Todos te queremos
eres...
eres nuestro dios-peoncito
¡y es tan lindo tener un dios-peoncito!
Lord Garnett
Monsieur Garnett
pusieron treinta días en el cepo
al capataz.
"No debió osar", dijeron,
"levantarle la mano".

        Perdimos
        la hostia y la bendición
        si ahora
        te perdiéramos a vos
        qué sería
        de nuestras vidas...

* * *

Entre el zen y la lotería
primero publicar, después escribir,
mi hermano y yo penduleábamos,
estábamos con los pies en un charco
pataliando el agua, estábamos
medio al pedo, tate y tate:
estábamos medio en pedo.

Mia Moa Moa Mia
¡siéntete feliz!
¡cómo te culebrea el cuerpo, rey del dengue!
¿Y ahora qué querés con el televisor?

¿Apechugarla como un cornudo?
¿O nueva burla tenemos?
¡Lord Garnett!
¡Monsieur Garnett!
¡Miren lo que está haciendo, tate y tate,
el dios-peoncito, este orate!

—A nosotros nos parece... ¡encomiable!
¡está escribiendo!

¡Qué va a escribir!
Copia los guiones, los graba.
¿Encomiable?
Es una leche de mala madre.

Como se nos acabó la caña
nos fuimos a la botica
a la luz del día
Mia Moa Moa Mia
degollamos al engominado
y nos achacamos un montón de alcohol
90 grados.

Si nos hubieran dejado
trabajar sobre las tablas
estos perdularios crímenes
no habrían ocurrido.
¡Exigimos cómplices,
no lombrices!

Por lo del boticario
Monsieur Garnett
Lord Garnett
nos raparon el cráneo

nos internaron
en un convento

ahora cada uno tiene
su escudilla de latón
su rosario de escarnio
su celda de meditación

las cosas son como son

San Francisco resucitando a un ratón

* * *

III

"—a más de qué?"

No encuentro para nada la indignidad de esta pregunta.
Me parece tan, pero tan exacta.

A más de qué, el contraste del verde con el verde.
Y no se trata —amos, esclavos—
de diferentes tonalidades de verde.
Yo no soy la esperanza de los siglos venideros
(me parece).
Vine y me fui y, ahora,
vuelvo otra vez:
al mismo lugar
a la misma técnica.
El endovicioso médico en su —
                    "substancia" —

Podría seguir pero tengo miedo,
trato (¡Argentina, Argentina, Argentina!)
de ser continente.
Por la noche, en la celda de la cárcel suiza,
la noche se explaya en verbos.
No escucharlos: ¿a más de qué?
oídos sordos para todo lo que se explaye.
El enorme Atlántico—
tate—
estreñido
amaestrado por luciérnagas.

ODALISCA (para Renée Cuellar)

Y la memoria, ungüento inútil
Y la memoria, engüento inútil
Y es así —así— como te recuerdo
(Juana Blanco) paréntesis
Paréntesis desatado
Dioses hechos de viento implícito
Mujeres que no me tocan
Porque no se tocan
Dioses hechos de viento púdico
El ánimo
El numen
La vista gorda (policía)
¿Seréis la cereza?
(El Ejército mal alumbra)
La silla seréis el maderamen
Hecho de madera de ciruelo
La paranoia se sienta en blanco
Puse
Pusimos
Pus
Jamás pues
La letra enorme y de imprenta
Justo ahora no está en venta

       RENÉE
       RENÉE

Renée Cuellar

Juana Blanco
parto en fin infinito
Cómo hacer a esta mujer
Cómo y pero cómo
Cómo desligar
Paréntesis
La culpa de la deuda
Y cuando el cuerpo se convierte en
En un cielo abrumador
Desligarlo cómo de la deidad
Diciéndolo
Salud
Diciéndolo
Pagando el son con un cuadro
Pero algo habrá de rechiflarse
Seguro
Ya sea la línea o el color
El dolor (paréntesis) vir
Dir olir
Y y
Y sí
El mismo contra las mieses
En un hielo de tímpano callado

Too
Good
For
Them

Y en un viejo rincón
Del rincón del qué hacer
Lenin cagaba ostras
Porque para él las perlas
Las perlas eran habas

Sepamos y entendamos
El amor es un toque de piedra

—Entró
Como yegua
Sudada

La paranoia fue de rosa a la ribera

La Nelly Noia (Juana Blanco)
Paréntesis Renée
Renée Cuellar
Samurai dijo ser y que lo era hería
una incisión práctica en el vientre
(Ombligo eterno como un atardecer en el campo)
Las ranas hacen trampa
Hacen (paréntesis)
Cuellar es el síntoma de un arroz
Que viene a la garganta justo
Justo cuando se ladra (perro)
Sin collar

El perro negro y enorme la mordió en los muslos

Sin callar

Esas piernas tuyas Renée
Renée Cuellar
Una vez pude digamos
Pude acariciarlas
Así como una noche
Te pareció lícito
Absolutamente lícito
Darme un beso

Hugo Pratt dijo
En Roma
"Gran artista Renée
Renée Cuellar
Y gran persona"
Cómo ahora estampar yo
En los labios de Hugo Pratt
El beso mismo que en mis labios
Sin pues puso Renée
Renée Cuellar
Aquella noche
Aquella vez verde y tardía
Collar y perlas y ladridos
No más muerte interminable
Para renacer hay que estar muerto

La paranoia fue de Cristo a la pascua oligofrénica
                    (va de cristo ala
                    pascua
                    no tan frénica)

Y lo que no hay que pervertir es el beso
(Nunca lo entienden)
Qué importa la mácula en los labios
Si son lo que son
Que un rostro tenga corazón

Y el alma en Buenos Aires dijo
Renée
Renée
Renée

El Instituto de Rehabilitación
(fragmento)

primera rufianada: *Objekt*

"Lo peor es quedarse en casa, para arreglar la casa, sin
un koan que sustraiga alguna brizna, mínima, casi
banal, de ese arreglo. Ejemplo: la esponja que se
lentifica en aparecer, en manifiesta rebeldía contra la
vajilla grasienta, los platos sucios y los restos de comi-
da. Que nutrieron, fundamentaron en su momento, la
pulsión oral y el proceso vital de ingerir, digerir,
excrementar y —pongamos por caso— hasta expulsar,
en su debido lugar (inodoro, así como trono) los ex-
crementos. Falta la esponja, la mano izquierda falta, y
toda la semiología médica que daría (de ocurrir) cuen-
ta de los síntomas. ¿Y por qué no salir entonces al...
exterior... ya que se ha perdido "adentro" la esponja...
interior... Fuera del hogar, ella, la esponja, hace la
calle lumpen, poetiza el amor venal. Si falta, por qué
no levantarse y salir, salir de levante. Con claridad,
exponga: el deseo equino de trotar las calles. La es-
ponja perdida está en la comisura plegada (por el ciga-
rrillo) de la boca de una mujer giro, en descubierto, de
una mujer yir, anta. El límite recuperable de la espon-
ja, pero que, ya que falta, todo lo puede, menos: hacer
falta."

Curiosidad: Qué curioso. Para escribir su "Diario", el
jerarca tarambana (y cojo) del III Reich, J. Goebbels,
se hizo fabricar, especialmente, 500.000 hojas de un

papel mezclado con substancias de origen vítreo, que ninguna pluma ni punzón a mano podían horadar, y que hasta el fuego, incluso, respetaba (hasta cierto punto, claro). Ideología pura, obviamente. Ideología, es decir: del irreductible *Objekt*, sólo la tintura mejor para su mejor —y más rápida— amputación de la palabra plena. Difícil esto de entender. Es muy difícil. Porque la burguesía todavía le da cuerda al "lector". El dedo en el culo, el culo en la silla y... Rudolf Hess *puso el grito en el cielo* cuando se enteró de la infame, infame aporía número quinientos. QUINIENTOS MIL. Digamos que

—denuncio a los nuevos traidores: filósofos
(tenían que ser filósofos)

Un pimpollo antifascista,
¡eso es el estado fascista!
Cuando el pimpollo se abre
y triunfa —el fascismo siempre triunfa—
retorna el goce. Lo reprimido
no retorna. Retorna (en cambio)
el goce de la libertad: perdida,
o acaso el mayor riesgo humano
no es
—¿no es?—
la pérdida pos, la posibilidad de perder
intensivamente
el goce del asesinato —Impune
Y ahora, Bien,
sólo el estado puede aliarse con nos
sólo el estado
(por su solo existir, meramente)
matar y matarte puede,
matar, e impunemente.

Estos razonamientos son sencillos.
Falta la plegaria, ora rima
(pero, la encontraremos)
para que sea universal su estima.
Asilo, partitura de soles amarillos.
Asilo, para terminar con cualquiera que le tema.
—Ya Lugones era frío como la escarcha de un rastrillo.

///Cada tantas páginas,
la sangría, sangría de un poema///

Fumar ahora, tranquilo un cigarrillo. Encender el fósforo, darle
—lumbre al tabaco y al papel que lo envuelve. Tienden, las ma-
yúsculas, a regimentar, a arengar una uniformidad *combatiente*

(La social-democracia dada (contradadá) dada la traición.
A partir de una identificación *masiva*, moderna, con el estado
moderno.)

PIENSO CONSECUENTEMENTE EN
EL SOCIALISMO CIENTÍFICO POR-
QUE SUS (POSIBLES) CONSECUEN-
CIAS ME TIENEN SIN CUIDADO:
MÁS ALLÁ, SON *EL MÁS ALLÁ* —EL
MÁS ALLÁ DEL PRINCIPIO DEL
PLACER. Ezra Pound, citemos SU: "*CON-
DENSARE*". SU "ABC" (IDEOGRÁFI-
CO) DE LA LECTURA. PENTAGRA-
MA DE LO REAL, CONSTRUIDO
POR LA CONVERGENCIA DE SIG-
NOS RIVALES. LITERALMENTE: EN
GUERRA, UNA ECONOMÍA DE GUE-
RRA. EN (Y POR) LA GUERRA-

Basta. Llamaremos aquí *filósofo* a toda persona sin profesión definida, ni siquiera delator de lujo. Esto es "pop", que se entienda, instituto de rehabilitación del objeto (*objekt*), el cual, en este único caso, es sujeto, su, Objekt, una órbita, una obrita si se quiere pamplinoide; y ella se quiere pamplinoide.

Recuerdo por ejemplo, como si fuera hoy, el día en que dejarse la barba se *impuso* como moda. A mí me trajo crasos problemas. Como soy put, PUT-TO, me gusta disfrazarme de Maja; y con la barba: con la barba, *nada que ver*, o demasiado que ver. Hasta destruirse, literalmente, crujía el efecto. Pero además los chongos (yo *soy* mujer, detesto a los homosexuales, habría que serrucharles el miembro): la barba, a los homos no les hubiera importado. Igual me hubieran igual seguido, y así de seguido, rompiendo el culo. Pero hubiera perdido los otros, a los hombres de buena ley, que me asaltaban la bombacha y el corpiño en busca de(su)misión, de mi: sumisión de niña —etéreo genio de la hembra; por el hombre siempre su hambre: comilona. (JUNTOS— *tenemos todo el tiempo del mundo.) Recuerdo*: el día en que alguien dijo que el marxismo era totalitario.

La filosofía es gris si no te movés hacia la fontana de la pulsión. *No es lo mismo*. No es lo mismo hacerle una caída de ojos a un pedazo de hombre en el subte —un... pestañeo... erótico...— que apoyarle, con fe (en el sacramento) la raya del pimpollo, glúteo, en el redoble bulto del bulto. *La filosofía tiene demasiado tiempo.* Más allá de lo humano escribe, en sus notas, que todo apuro es marca (de la castración).

—En Oriente hay cultivos, anfetamínicos, de sol.

—Y el psicoanálisis vale lo que una migaja de bendito sea el pan, enarbolada, erigida contra fanegas y fanegas, toneladas inmundas de craso cereal en bruto. Una migaja *ex*. El arte abstracto trabaja (no trabaja) no para una *lectura*, sino para un objeto: *Objekt*, la "mirada". Quise decir, cuando lo dije, éstos son:

—Los tegumentos de un faccioso. Pero lo dije

para... ¡médicos!; yo, "yo estoy loco", así enuncio la paradoja de Epiménides: "yo miento" (única salida: cfr. *metalenguaje*).
Recuerdo: perfectamente, quiénes abjuraron del marxismo, porque querían que se "realizara".

La presión del instante sobre un instante (virgen) tiene peso, fuerza de sello: imprime. La presión de ese instante, impresiona. Esa fuerza —impresiona. Y bien. Ya, ya. Tiempo, lo que es tiempo, *había*, sin embargo: hubo. Hubo tiempo —*y bien*. Una fuerza: para definirla (en "español"). Una fuerza de matasellos. *Se está de humor.* La precipitación de los hechos, por su parte: por su parte —en forma de herraduras. *Ya pasó.*

Endomingado como el ciruelo de la perfección. Igual al té. Símil atención. Atención —cuidado: atención (símil) atención. Era, *ya*, distinto. Pasó: distinto, pasó.

Ya pasó.

Un set es un set.

Una luz es un punto muerto: un cadáver (luminoso)

O no es *es*, por lo menos, y menos es Es. ¿Caritativamente eses como intento, liger(o), de evitar la carica*tura*? ¿La hez ese del rengo (cojo puto) nazi de Goebbels gol hay?
En la gran litera*tura*, lágrimas de los héroes. Nosotros, los pequeños: nosotros, los pequeños, "timamos" el té. Igual a té. A— la ceremonia. En— la ceremonia. Como el ciruelo de la perfección.
tura

Cada tantas páginas, la sangría, sangría de un poema: a partir de una identificación absoluta, moderna, con el estado moderno, a partir

un pimpollo antifascista, eso es, ¡eso es!, el estado fascista

Los vicios, ¿decirlo? ¿así?, tienen...

hum

textura.

Me niego totalmente a escribir en mi lengua.

Recuerdo: perfectamente, a todos los que le tienen pánico a la Unión Soviética.

Y suena el timbre, cuando estoy a medio afeitar —y suena el timbre, el del portero eléctrico —y yo atiendo: es Rufelio, mi marid(o) de aquellos días (tiempos). Sube y yo le abro. Estoy en enagua, de anticuada cintura. Es decir: estoy con una toalla —arrollada a la cintura. A medio afeitar. Con la cara enjabonada, por más que la moda y que la barba, a medio afeitar. Rufelio *me* farfulla (lo que es hablar, él no habla). Yo transcribo

lo que Rufelio

dice

o farfulla

Rufelio: —Necesito Tagui La Mosca, plata: para comprarme un automático, un reloj ¡y todo! con calendario

(y se dirige hacia el cajón donde guardo el dinero —saca (no "quita") la suma: exacta y adecuada)

314

(y se dirige luego hacia la puerta, hacia el "vase")

Yo medito, rápido (¡en estos casos hay que pensar rápido!). Y lo tomo a Rufelio, dulcemente se entiende, del brazo.

Rufelio: ¿Qué, qué? ¿que eh?

Y yo le digo: —*Tú me entiendes...*

Rufelio: Ah ah, ah sí

Para mí fue fácil. Me quité la anticuada, la enagua, y le ofrecí las nalgas: echada boca abajo sobre el lecho, con vaselina honda en el ano estrecho. Rufelio, en cambio, ¡se tuvo! ¡él! que bajar los pantalones (y los calzoncillos) hasta las rodillas. Se arrojó sobre mí y me garchó sin trampas. Yo mordí la almohada, enjabonada.
todo..juntos
..............tenemos...........todo(o) el
tiempo.....................del mundo(o)...........

}xx

CUANDO. Cuando Rufelio se fue, me quedé pensando. Y esto es todo: el moco *en sí* (el *para sí* reservado a lo que falta.) "Me diría: su dificultad *es* su audiencia."

To misconstrue this Simbolic order is to condemn the discovery to oblivion, and experience to ruin.

_____
_____
_____

RUIN

tercera rufianada: yo, el Yo
croar en paz el resentimiento, con calma.
Mi jeta cobra un aire chupete, de, pantano.
pronto, todas las plantas habrán muerto.
El lago es azul. El césped, verde:
tranquilo (el lago es tranquilo).
Los granjeros surcos se afanan con afán.
Los militares enterraron cadáveres ahí, cadáveres:
de revolucionarios /previamente torturados / y luego

[masacrados.

Me cago en Polonia, en las huelgas polacas, en la libertad
polaca: ojalá haya invasión y física (liquidación) justicia históri-
ca, el largo plazo, la eternidad, ¡ya! —que la URSS impida la
emergencia del infierno, del desorden débil de los que no son ni
jamás serán fuertes.

"...la más sombría organización..."

La T.V. (¡estúpido!) te ve.
Aquí, al consultorio, ya no viene nadie:
desde que me expulsaron de la "École",
así, expulsándome. Puñeta, ahora,
puñetaahora, en vez de chongos.
Sin un mango, el arroz con leche ya no *se* quiere casar.
Pasarla así, a culo muerto.
Retener una tumba, desflorada, /en la tumba del orto /Pija,
poronga. Erecciones de la .... Un beso en la boca, profunda, y
enseguida, entregar la grupa /blanda y curva
Pero la vida son cosas de la vida.
Es la leche y la mierda y un barrito / el día en regla de la
menstruación
Me haré escritor, como quien
—¿como quién?—

como quien zapallo
se vuelve mundo
Las enfermedades de las mamas
pueden ser curables.
En cuanto a "ellos", los que cosen tinos,
se trata de su palabra
—CONTRA MI *CUERPO.*

—por los revolucionarios, que hacen la revolución y no importa
que los hombres la *pasen* mal: porque la pasan, están en al. Es
preciso quedarse: esto es un quedo.
—por Freud, por el corte radical del Ics.
—sean imposibles, puedan lo real
—por Mirta Dermisache, única escritora (petit *a*) de nuestro
tiempo

MARX Y ENGELS Y LENIN
                Y
TROTSKY
            Y
STALIN
          Y
MAO
        Y
ROSA LUXEMBURGO
                  Y
HO-CHI-MIN
              Y
FIDEL CASTRO Y che GUEVARA

y toda la práctica insurreccional
y todas
las luchas revolucionarias
contra

LA FAMILIA
LA PROPIEDAD
EL ESTADO

segunda rufianada: el pizarrón

tip tip tip:

LA MUJER (ES PSICÓLOGA).
Y LA LUCHA POR LA SUPREMACÍA
EN LAS ESCUELAS
PSICOANALÍTICAS.
¡PSICOLOGÍA Y MUERTE!

—los tests, satoris de la envidia al pene
—epifanías del "como si":
—in(tentar) tentar a cualquier simulacro de falo, a ver si el falo
cae (en el lazo) y se tienta
La psicóloga dice:
—Minguy, ese niñito esquizofrénico (*seguramente, un párvulo neurótico obsesivo en un "pico" de angustia*), yo creo que Minguy, "como si", está carenciado de afecto. En la estructura ¡el padre ausente! —*"como si", así: así lo dice ella*—: El padre ausente. Tiene dos empleos y "como si", encima, durante los fines de semana hace changas como peón de albañil, "como si".

Y demos gracias al Altísimo (*decimos nosotros*) de que un nefando lapsus no lo convierta en peón de *albañal*. Tarde. La catástrofe ya ocurrió: la psicóloga *es* el albañal.

Masotta ha muerto
Lacan ha muerto
flores en las tumbas / como en el camisón materno
tip tip

318

NO HAY GARANTES

ser marica es una delicia
toda la ternura
del pezón tierno
dice la desdichada y mala
conciencia de la vulva
ni la incestuosa
protuberancia del niño

La homosexualidad o nada. Sólo la homosexualidad es contra:
lo único. Sólo la hom es agnóstica.

terior / el mito: para el gendarme y el psico

tip
tip tip

—Si necesita un espejo, ahí lo tiene
—El lápiz labial, junto al receptor automático del perfume de
las flores
—Y si bien NO SOMOS VETERINARIOS el bisturí para
emascularse está a la derecha, al alcance de su mano derecha.
—Es preferible el horror del doble contra el intento (actual) de
obligar a la literatura a conformar el lugar de una "psique"
—un pez que aprendió a decir "chau"
—una tortuga especialista
        en el coitus a tergo
—el unicornio, líder de la expropiación
—soy marxista

—y tanta, tanta belleza

(la histérica triunfa por su boca de fresa)

y TIP

Me haré escritor
Es decir
Me meteré la lengua en el culo

                                    cuarta rufianada: un poema

La luna, Luna, emprende un camino
que nos encuentra humanos como despojos.
Ésta es la condición de un signo
que para no morir rodea su cuerpo
con el blasón fílmico de envolverse
con un estar calma (en el ajo)
con una ristra de cartuchos
(se dice así) de dinamita, la que estalla.
El placer ahora de encender un cigarrillo.
De todos modos el río, el río
nos lleva hacia el que canta
el horror con exclamaciones tales,
tan precisas como "¡el horror, el horror!"
tan precisas
como las neurosis actuales
        —y esta vez será él
        —y esta vez será él
quien recoja nuestros despojos,
explotados por la explosión,
hinchados por el agua.
Claro que todo esto es sólo
ideología literaria. Fra,
de fracasamos. Comemos un arroz amarillo
(al que llamamos, en broma, el Ritz Otto)
y ahora, en el mejor momento,
el de la pitada letal,
lumbre y brasa a la mecha,

recordamos que hicimos el intento
de acercarnos a la OLP.
Y fuimos aceptados,
y se nos encomendó una misión.
Bella como un seno (de mí mismo)
debe ser Palestina. Bella, Winicott, la madre
que dona su seno, precioso,
a una parte de sí misma
...es la risa, es la palabra cortada por la risa...
Es el Freud-humor: el toque magistral del superyó.
Es para reírse, nuestros "pedazos"
flotarán durante algún tiempo en el me río.
Antes de hundirse:
en las aguas del río.
¡Nuestros miembros! Miembros de la OLP,
nuestra risa, que debe atravesar, antes,
el me río: antes de ahogarse
en las aguas del río.

Que si ruegan por nosotros, que lo hagan
(por favor) con palabras equívocas.
Antes, cuando yo escribía, yo mismo
hubiera encontrado la antífrasis.
Ahora no escribo.
Me dedico a los explosivos
y tenso el arco.
Así es de sencillo en esta joya.
En este engarce.
En esta guerra pura
como un diamante.
Y yo me he vuelto un hombre,
con los años.
Ahora, ya no soy capital muerto, y ahora
la literatura ya no me embarga:

pero con el signo de otro sino
igual he quebrado.

———

Entre el zen y la lotería
y el texto
tenía el tener
que llegar a esto
Entre el zen y el psicoanálisis
tenía el tener
que llegar a esto
a este adicto
—un culo paciente
y drogadicto / para siempre

Tenía que tener
el privilegio de lo real
el excremento medioeval
el Espíritu Santo
—vamos, no es para tanto,

lo es

tenía
que saber de ángeles
tenía que
pulsera de una esclava /tenía que
Pretty Jane
care vava
marchitarme en mi fe

322

—tenía que

—y quienes nunca tener
supieron Religión
no pueden entender
el éxtasis
la Gracia
el perdón
—y el terror, el terror
Dios
           Dios
está ahí
un muro
una roca
y toda la eternidad
nos toca

un boga boga
por la droga
en la estela
del carmín y la canela
tenía que
Pretty Jane
tenía que

sexta rufianada: final

Sabiamente es que se insiste, sabia, sencillamente, en construir sobre la arena, en predicar sabiamente en el desierto y en rendir cuentas
—sabiamente, ahorrar tiempo—
sencillamente antes de deber.
Quienes quieran el poder, seguramente lo tendrán (y así, por el estilo), los fanáticos.
Los fanáticos de la razón
     comprobarán
Haberla tenido siempre: sabiamente
Ellos nunca se equivocan ni vocarán
Lámparas encendidas
Y ríos de poca fe
Y los contornos
Cuando el caballo agacha su cabeza
El pasto se pone altivo.
Quiero escribir sabia, sencillamente, mi reintegro al mundo regido por la ley el significante de la ley, el falo, quiero abandonar mi terror de máscara
Hueca

Dios mío
Perfecta
Sabiamente sencillo como el oro de la palabra mácula, éste es el nuevo pastel
Una prueba más
Más sabia y más sencilla —si hasta el más tonto de los perros sabe que la causa siempre la gana el Tribunal

Soy una bella dama
Soy la esperada
No tengo
nada que esperar
    entre el pánico y el pezón
Rayas, alabanzas, cánticos,
    incienso, rayas
Rayas
Rayas
    "Yo también dejé mis rayas
    En las cuentas del pulpero"
Y sin largar,
Abel ya había "ganado" (pastor o buen pastor)

    —la locura no paga, pega
    y sus golpes
    y sus joyas

    —la locura no paga, pega
    y sus golpes
    y sus joyas
(éste es el Río de la Plata)
    minaretes de otro costal

—¡cómo me han gustado algunos hombres!
—¡cuánto deleite entre sus brazos!
—¡con qué orgulloso candor
(y tímidamente al mismo tiempo)
satisfice con mi lengua
y con mis labios húmedos
entreabiertos
sus inquisidores besos de lengua:
—soy un paranoico
¡pero claro que soy un paranoico!
—soy un homosexual pasivo lleno de fe

y hasta el viento me trae embarazos
hasta el viento me trae el me trae
como para persistir en la misma senda
claro en mi cuerpo de mujer
—una poetisa
pero en corpiño y bombacha
—literatura no: regalos
—gozo, me tiemblan las ancas
—mi vulva pide retorno
¡qué importa descubrir el juego!
mi vulva pide que vuelva
                Ya
                Ojalá
que el pene
que la verga
                Vuelva otra vez
y salga
y vuelva a entrar
                que entre y salga
                que salga y entre
—como soy mujer, tengo un latido de más
una madre joven canta en mi corazón
la frescura de la mañana
y mi insomnio no cabe en un ovario
                pero
                ("Dios mío, lo horrible")
                Me casé con *mi* mujer

Ahora
estilo y tacón
Letras y cruces...

            (no, no tengo ganas de escribir, lo único que pido es
el divorcio)

SE PIENSAN TANTAS COSAS
AL CHUPAR LA PIJA
ES UNA BARBARIDAD (pizarrón)
Y CUANDO AL FIN
SE OBTIENE EL PREMIO
(recuadro) EL CHORRO DE SEMEN
QUE ENTIBIA Y CALMA
A LA LENGUA

      (entonces sí "tomar la pluma"
      y confiar, hay que tener confianza)

)Hasta el marido más autoritario nos permitirá... llevar... invertir = Ravell... la porosa libretita de un Diario Íntimo. La primera vez que me cogieron, o cojieron —siempre está bien— no lo disfruté. Escuchen: yo esperaba una brutalidad que me derritiera como manteca, la hermosa manteca derretida, dulzura de la carne; no, lo que encontré fue un cierto hieratismo, hecho como de apuro. La segunda vez, ah, necesitaría un libro entero para contar el conteo, el cielo de ese éxtasis especial. Escribiré un libro entero: busco a mi señor y no me importará ser la última de su harén. Harém.(

Los carikatos

(-*Se impone la palabra* ¡IMBÉCILES!)
1900, 60 y ...
El tegatro y su dogle
Así, únicamente así, podía leer)yo(
con gue, todo con gue, el libro de Artaud,
desde un núcleo: aglutinado/
en una época / Carrera
¿Artug?
¿Ogald?   /Lamborghini
en una época Kley
Kleiniana / Pequeñas cosas.
Un salmón, nomás, y a la parrilla
El Preámbulo)Nos(
La Biblia
Pero, ¿estaremos ahora en una época post?
La Constitución Nacional es o no es letra muerta.
Y lo mismo la Iglesia. Y lo mismo
el par
Partido Comunista
¡Unión, Unión Soviética!
Se les *impone* la palabra:
a los imbéciles.
Cuidado. Prometen (y cumplen) la muerte.
Treinta millones de espectros...

1

Como la actriz de una herida
que tarda en cerrarse: la sencillez
tardía del avestruz, con un ojo fuera de la arena,
chocantemente abierto:
tal, en nosotros,
el trabajo del discurso.

2

—¡*Dame la garcha Domingo Ferreyra*!
Dame la garcha que yo te daré
Una frazada laqueada de mierda
Y un potrillito
¡De Santa Fe!

2 (bis)

—¡Soy puto, soy puto y soy puto!—
gritó un travesti desde un pedestal.
Y en eso, como Dios es justo,
pasó un guardia.
—¡*Soy puto, soy puto y soy puto*!
    le gritó el mico
       ahora a *él* y desde el mismo
       pedestal.

—Dios mío... —el de azul
se mesó los cabellos,
respondió con precaución—:
Dios mío, un
fracasado soy y no puedo
ninguna...
brindarle...
solución...

Y yo trabajando solo, encerrado en mi laboratorio...

Parezco el acaramelado Hartz
cuando alguien se le acerca por atrás
y le tira
del pico de la bufanda

parezco la venda
que calla como una llaga: caco.

3

CON MAYÚSCULAS, me rindo
y pinto sin ceremonias
en mi cuarto de hotel

4

LERTIMER   POÑOVSKY
BLANCA PUÑETA   LÓPEZ MELLY

Estreme,
            ¡Conmoción, quién?
supo
darse su lugar? Anillo, ni ellos.

330

Estando preso, un vigilante
para cancherearme me dijo
—*Un día de éstos*
te voy a hacer comer un sorete
a ver qué te parece...

—*¡Avise!*

5

Avile
Avine
Ahuire
Avice:

EL INFINITO DE LA AUSTERIDAD
así como los sueños:
años —fracasos— de estudios...
(Es la paloma del sesgo-sin).

6

EL COMPLEJO DE edipo SE REVELÓ
EL 15 DE OCTUBRE DE 1897

(hoy, 22 de septiembre de 1981, a las 18,
copetín con los Mannonis)

"La Narración de la Historia"

Como me siento muerto de cansancio,
pero mentalmente fresco,
después de haber colmado la medida
(por una vez) de trabajo y de ingresos
—descanso
reflexiono
pienso: Cristo,
no se puede invocar a Cristo
sin que Judas, ahorcado,
arrebate las campanas con su lengua.

Esto sí que suena.
La castaña de mujer, desenhuesa
el alma encarnada:
y el tiempo no ha pasado
si se piensa
(si no se piensa)
en los pocos juegos de garbanzos que bastaron
para que el viejo homosexual
símil o cadencia
—¡vaya la irónica
la caída del anciano!—
al fin se postule como bardo.

Pero en el barro.
Pero pensando.
En razas exquisitas
y en el lugar teru

teru,
allí:
donde se esconden los huevos.

El grito fue frecuente
—en forma permanente—
en el pasado.
Hoy nuestra peluca se destiñe en,
en humildes nidos,
nidos humildes
y el cielo parpadea como una esposa
(cuando) besándonos la mano
se, en fin, entera (*sigue más abajo*)

Reír es el último sello.

Pidiéndonos la bendición
y, por sus hijos,
clamando.

Lectura, está prohibida, no: no
puedes acercarte a ella y no puedes
leer acerca de ningún, ningún texto,
y menos: leer un texto de cerca.
Estás escribiendo. Y este libro de Putos
es una prueba (que estás escribiendo)
El imaginario, el poner en juego *hasta*,
hasta los recuerdos (iba a escribir
lo que ahora y no recuerdo: pero recordar
es como hacer unos huevos
sin pelar la tortilla sin plantar las papas)
Podría contar, ya que en la página estamos,
el relevamiento simple y anecdótico
—un principio de entenderse culastrón—
del mundo de los levantes contra
natura: aunque hay mucha policía
que me impide ser lo único
que puedo ser: el ser, reputo,
de una mujer. Pero, lo sospecho desde la anécdota:
en la anécdota, nos quedaremos en la anécdota.
En exemplos, teológicos y marcas
del Doctor Angélico. En decir (es)
          —y preguntas:
¿Porque qué? ¿Es ser puto?
Lo contrario de un homosexual,
para empezar bien. Y empezar bien
(¿será esto
un texto?)

Es agarrar la borda y tirar
: no son hermanos—
a los homosexuales del espejo de mano.
A los putos no nos gustan, primero,
los hombres. Por,
por una cuestión de rigor lógico
adoptamos en el coito la posición pasiva,
entendamos: no queremos ser mujeres.
Hombres, sino, con la tela-araña

Los putos lo esperamos todo de Dios
Somos creyentes
Hijos de María
Comunistas aunque cuando venga el comunismo
¡malos! nos encierren
en esos terribles
campos de concentración
Donde te vigilan y
¡ni por casualidad!
podés emperifollarte
tranquila...
No sé, ponerte de vez en cuando
        aunque más no sea
una enagua de cintura
un corpiño
o darte, ah,
        eso sí que ¡hum! es muy mono
        un toque de rouge
        o depilarte a conciencia
        la parte tierna del pezón

La Niña de la Frontera

Luciérnaga curiosa,
emitido así, una noche larga, alba,
este poema: sexo claro y palabra
        oscura, oscura
        ganas de que me monten
estoy harto
estoy cansada de no saber desplegarme
de velar en la puerta sencilla de la belleza
        estoy harto y cansada
        ardo, no me pregunto
qué espero
sé(d) (con la garganta seca tengo una ardilla en la muela de)
        gozo con la retórica
        miembro de los hombres
cuando me lo meten /sin más pero con todo / en el loco
anáfora, deixis en fantasma
soy una bella mujer
visto mis mejores galas
        soy una hermosa mujer
reclino mis nalgas maduras
frutas, en las manos de mi señor,
fútil, lenta
futi... lento
        soy "toda" un harén
        una pastilla de menta
una, uf, ¡rima!
una
putita pintarrajeada y naif

                    ¡oh! ¿naifa?
                    mi
excesivo carmín
y la oleada (paladeadla)
de semen caliente en mi boca
quiero   ¡oh! ¡sí! ¡sí!
anoche la policía me condenó
porque aseguran que soy puto
                    sexo claro
                    palabra oscura
me acaricio los senos
fumo un cigarrillo
                    adoro a mi chongo
                    y a los textos de Freud
señor, ¿es éste el camino que conduce a mi hotel?
                    hotel
                    ¡hotel Luciérnaga!

La más feliz

Soy la más feliz
la más gloriosa de las maricas
Soy puto y me conseguí
(y nos casamos ante Dios)
un marido con falo ¡con falo!
Con un falo todo
todo recubierto
de suaves plumitas blancas
Él me quiere y yo lo adoro
Él me trata dulcemente
y yo como a mi dueño
y lo amo
Ingenuidad
yo soy un poco ingenua
pero él lo es más y es gentil
y bueno como el pan
¡Con decirle!
él mismo se encarga
de lubricarme con vaselina la entrada de la cola
de esa cola que a mí me gusta
llamar "mi concha"
Suavidad de cisne
su bella poronga mi amor
lisura de ganso, sogan (oh, me salió un chiste...)
El cosquilleo de las plumitas
ese fru fru en mi vagina de encargo
es mi cielo
querido

es mi (perdón me ruborizo)
Por fin el oro y los querubes
haber llegado
por fin al Paraíso

(¡mala! para darles envidia
cada vez que me lo hace voy y se lo cuento
a mis locas/putos amigos
"¡Anoche también me lo hizo!")

Y basta
En cuanto escribo un ratito
ya me pongo lánguida
mimosa
me acuerdo
me dan ganitas...
¡papi! ¡papi!
Ah, pero antes de terminar
les chimento
detalles
detallecitos de él
gestos
amor querido
Que...
hasta el borde me ponen
hasta las perlas esas
que por las mejillas ruedan
y lágrimas
lágrimas las llaman

Me conmuevo
cuando no me humillan
soy delicadita
a pesar de que comprendo y todo...

¿Saben?
el chongo siempre
se hace cebar mate por su trola
él tirado en la cama
ella sentada en un banquito
Pero al hombre no le gusta
nada pero nada
que la maría tome de la misma bombilla
porque bueno
Se comprende...
a nosotras nos encanta chupar la pija
y entonces...
Ellos piensan que nosotras
con la misma boca que...
Bueno...
eso siempre la ofende un poquito a una
que lo ceba con todo el cariño
un poquito y medio
y entre mohines
nos quedamos mohinas...
Tenemos que tomar mate solas
o con algún otro puto
caído de visita
o con algún pobre tarado
que no pesca que una
tira el fideo de rodillas
hasta en los ñobas...
y bueno ¡adivinen!
el *mío*
el de las plumas en la garcha maravillosa
¡me convida! ¡ah, no me tiene asco!
¡amor, amor, amor mío!
¡te adoro, te adoro! Vos
Sos Vos minfusión. Missin
Alepha. Y no digo Theodoro.

La bombilla de hoja, cigarra ácida, delata el lacre
aro
más el sabor de tu propia
membrilla morada, esa musa en vena

Y lo que ya se siente en el espanto
ridículo ("por viejo") igual quererte
—no quiero hablar de amor, no es para tanto—
mañana será igual "...puedo... ¿verte...?",

para hablar (mentira) de los encantos
pasados y marchitos: mala muerte,
velos, ajados velos: mala suerte,
en la "...piedad..." y lo requiere el canto.

Dejé "...algo..." mi trabajo literario
pues había llegado a un punto "...cierto..."
Cierto punto, pero es mejor dejarlo

así. Cuando, en su estilo más precario,
la verdad no predica en el desierto
alguien escucha (y uno quiere matarlo).

Me estaba volviendo	DIME	que lime
loco poco a poco.	SOLO	el ol lo
Rimo y yo me entiendo	CARI	y ya aquí
—"Choé-Choé. Moco."	ÑOCO	te toco

1)

La locura consiste en conocer (con trolo) el origen del discurso, y en preferir, a toda luz, *intumable* contra *inmutable*. Preferir..., pero, tal preferencia, desde el punto de vista de la legitimidad es una operación, del deseo difícil. Invocada la poesía, tampoco la dificultad desaparece; por el contrario, o por lo contrario: llega.

La pregunta, "¿prosa o verso?", por ejemplo, que indignaba a una amiga mía, muy querid, porque se refería al zumbo libro que ella había escrito y en el que depositaba la esperanza —nada menos: elan helo— de ser leída: en este caso, incluso, la dificultad llega a rozar, a escocer en el hueco del no, no escoger: a conmutar la cópula (a decir: "¡Basta!") por cualquier otro vástago raquítico de los ideales, inmutables por esencia, respecto al buen bien, en popa, de la literatura. Supuestamente: supuestamente compartidos. Yo:

Estoy? muy enfermo y me hago el vivo?, léase. No me encuentro en mi estado normal; no, no me encuentro: últimamente he pasado las de San Quintín. Léase que toda postura *crápula* frente a la Teoría tiende a encastillarse en la vanguardia, a intentar transformar a ésta, adrede, con artería, en estadio: despojándola primero así y después *así* tanto de su estructura de núcleo irreductible como de sus efectos, anejos, de constelación. Concentrar un refugio último, una píldora destinada a los más tontos para, al fin, descalificar a los fraternos (¿por no decir cofrades o cófrades?), a los que han convertido a Jensen en su modelo a ese pobre...; a la *Gradiva* en *prueba* escrita: ¿quedará la nota? Yo:

Invito (no estoy borracho). Invito desde esta —artería, líneas arribas, del chiste malo— a confiar plenamente en mi impotencia genérica para el relato, confesada: *descolumnalmente* e *intumable*; ése soy. A toda costa: —No puedo. A toda costa, estadio separado y transferido en lugar de corte: —Como ése, como ése— inscribía mi hermano mayor. Ready made, paranoia abuelo de pájaro —"gracias"— bui, buitres fecundados por el viento, buido. La novela rana del dolmen croata; también, un fascismo de encargo para (el hedor) disimular, con infantil rubor —"porque toda rima ofende"—, la puramente neurótica indisciplina de los esfínteres. Yo:

a falta de senos
a falta de úter y pagína
la femineidad entonces como pinchazo
como droga
en el mejor y en el peor
en el más completo

(ESTILO)

Madre Hogarth

YO:

Siento el Destino en mis caderas blandas insinuadas —sobre insinuadas— sobre almohadas, caderas que se remontan a un orificio, caronas, altares, y siento (yo el Destino) en mi roja boca de fresa.

("¡Cupido, oh, Cupido!") La carne está cantada.

2)

Escribí un eficiente cuento, que gustó, titulado *Sonia (o el final)*. Me desentiendo de él. Quiero hablar. Publicar o, no *escribir*. Quiero: *publicar*. Lo deseo con todas las jinetas que hacia allí me empujan: ¡ah, ese *allí*! ¡Ah! Pero los inteligentes, los hombres sabios —los anales, trac, retentivos, es decir— me oponen una muralla inexpugnable: ahítos o hartos, es lo mismo (da) de mi charlatanería y de mi mala fe de homosexual contrariado, quieren mi texto ("texto"), quieren *Sonia (o el final)* y no este par de ojos procedentes de mis íntimos cuadernos: estas palabras que sin ironía me renueven el corazón, perdido y feliz en la entrega al peor postor, al primero (—Que pase.), al más, al más ocasional: ¿todo dicho *Almas Muertas* y Gogol? Yo:

Primero, publicar; después, escribir.

(Yo) no adivino el parpadeo. Sólo caigo en la cuenta.

—Como heces, como heces— se abalanza, el hermano menor: su *a*, como en un cas. que aparentemen. contradi., no logra separarse de sus SS. Si la justicia se cumpliera y el mayor fuera leído, el error menor quedaría en paz con su Dios exhausto. Hum, fascismo de encargo, militarización estricta, uniforme, de la agonía. Una capa de grasa cuarteada —y gélidas. Gélidas perlas en lugar de lágrimas.

(—"Un *Lamborghini* sobra, aunque legítimo, desde el punto de vista de la legibilidad"—)

Y así de seguido. La inferioridad no es lenta ni segura. Permite, eso sí, esta dicha: hacer muecas. Que el sentido...

3)

BLUE EYES
¿Hay gallinas? No, no hay gallinas.
Pero los álamos, los álamos
se mueven con el viento:
las copas de los álamos (para ser verás)
Habrá que esperar un día, dos días,
tal vez un año: entero.
El delirante no ha muerto:
tal vez un lustro
—entero. Pero:
¿qué es lo que no se nota?
quizás —como dice una novela policial, Al—
la ternura del pétalo y la dureza de la roca.
Felices los escritores. Los que tuvieron

la entereza, el coraje, el olvídame
de trabajar en Hollywood.

¿Por qué habrá palabras que exigen
un cuerpo a cambio?
¡qué desdicha!
Los gallinas acceden:
—a ese intercambio.
En fin (en fen). Lo real se parece
a la fuga
a la huida de la inspiración:
cuando se la tiene entre los dedos, garfios.
Pero el tamal de la vida no es un jamás.
Pero no me olvides
Pero sí
Pero (blue eyes)
El agua ya hierve en su comezón.

4)

   Trabajar en Hollywood, porque, ¿por qué habrá palabras
que exigen un cuerpo a cambio?, porque, ¿por qué se escriben
—silbando en la noche de la azucarera de loza— lugares co-
munes como éste? "¡Como éste, como éste!". Abramos el cora-
zón. Si en unas cuantas ruecas el hilo se rompe, qué puede
pasar, qué no puede pasar (sin preguntas) en una mueca sola.
Fija como una opresión virgen —y entera, y sólida. Lo mío no
termina. Lo mío o mi lomito: ¡a esto hemos llegado! Una pa-
loma torcaz, esta tarde...
   Sólo en Pringles se respira el aire, vendaval de la historia.
   Mi mano se ve en estas frases.
   Y así he venido a infligir la herida: yo valgo más que ellas.
Más plagado (estoy) de selvas.

346

Como mirar el agua parado en una esquina. Ni incluso la
solución ni incluso el problema. Es, sin embargo, el arrozal
diurno. El lado malo del éxtasis.
Como mirar el agua
parado en una esquina
ni la solución incluso ni el problema.
Las solapas levantadas. El frío, frío:
una esquina. Es, sin embargo,
el arrozal diurno.
El lado malo del éxtasis.
¡Calabazas!

4): 4 bis   (*para Renée Cuellar*)

Cuando se ha estado entre las manos...
absolutas de una gran mujer...
esas que mueven el ser (al ser) a ser
                    —*¿ya empezamos?*—
el ser a enterarse
igual que el viento
de su naturaleza de burócrata...
Al papeleo o papel indigno
(por lo "demorado" y "afín")
del artista: ¡si yo supiera!
Para Juana Blanco
/Para/
Renée Cuellar.

Y en fin yo quería
escribir un buen poema

Cuando se ha estado entre las manos
de una gran mujer...
para... siempre se pierde la paciencia,

para siempre se la pierde a ella: fundamental,
y ya no se atienden, esperan,
    —de escuchar—
otros rumores salvo
aquellos que activen la guerra incluido, incluso,
un fascismo de encargo: el trauma, iluso.
Bella
Renée Cuellar
Ya no, llano
Salvo
Aquellos: que hagan de *tu* conmiseración
        la gloria de mi pena:
Alabada sea. Y que destile: los humores de su celo.
En fin
Yo quería
Escribir un poema

Pero así están las cosas
en su elemento de plata no
comparación odiosa, mayor:
así están en el dibujo decorado
en el fondo de los platos,
así en Roma
que se levantó en un día.
En la mili (*tarización.*) Estricta.
Uniforme. Rigurosa. De la agonía.

Yo quería escribir, tiempo al tiempo.
Andaba soplando la punta encendida, del tabaco,
hacer botellas, gil.

King, dice mi encendedor.
Cuando duraba el pacto y la amistad, y yo
ya había nacido (después de Rank,
pero desde luego)

Hitler ordenaba a sus expertos
borrar el cigarrillo de las fotos:
de Stalin, Martillo del Martelo,
su aliado y fumador,
su aliado fumador aunque esto fuera
más aburrido que chupar un clavo,
y tan luego.

Cuando Perón dijo: "Estamos—
¡y en guerra!"—
(por última vez, lo juro, la dedicatoria:
para Renée Cuellar)
yo era un jovenzuelo
con el pezón crecido de su ano,
ya, e impregnado:
por el alquitrán
la brea
el gusto
a nicotina de las asambleas.
Obreros aquellos...
sin filtro...
Recuerdo...

viví la gran Historia,
La most
      Masta
de los Glavier
los primeros
cigarrillos
provistos
de corpiño:
    fil
        tro:
"Es como chupar
una concha

con bombilla, Revis"
dijo—

Las casas tenían fondo
un poco verde siempre
y los ladrillos eran, al cabo
de lápiz labial.

Segunda parte, así

Es la seda de tu piel
Que me estremece
Es será
La solución final cuando lo diga
Tus labios
Esta boca es mía

—No se salva.

Ahora tendremos ocasión de vomitar
aferrados a la cerca:
imitar
al jaguar a falta de pecas.
El Castor y el Inconsciente y
la Vía
Regia
(Aludo demasiado pero tengo, Gogol,
una buena razón:
la impotencia).

Quisiera verte ya mismo y darte un beso
...Lo infiltrado a último momento...
Bajo el nombre del sexo y del amor
está aquella vez de voces
está aquella vez de voces sin su fuente de agua clara,

fente como diría un niño
para quien la u es caca por lo ubicua
—mierda para mí, que no lo logro:
conquistar (no al niño pederasta sino)—
conquistar mi untuosa libertad:
judía, con mi fracaso.
¡Qué cama!
Me olvido y parezco.
¿Sandalia o chancleta?
Chapas de zinc, cartón corrugado
sostenidas por el perfume vil de la axila,
              de mujer, *femenina,*
que prefirió replegarse definitivamente para sostener
en lugar de cebarse en mi boca de sebas
de calcuta por un nabo y —a un millón— el tallarín
                          ...y vil

quiere decir aquí
porque sí
el milagro
la belleza
el mil
la noche
las nubes
que pasan como uvas
el marfil
el alfil
Eva y
Isabel
y la
aguja de oro en la avena reina
la rueca hilo pueril

¡parto de la base!
es decir: del béisbol
que no vale: un ochavo

desordenado como manteca
habiendo
y el padre hecho jirones por una simple verga.

Y bueno,
soy zueco,
entre la sandalia y la chancleta.
Entre las tetas, Martín Fierro
(¿tenía tetas?)

En cuanto a la imbécil de Renée...

Carecemos a ultranza de pecado original,
hasta una rata se avispa.
Hasta el más basura de los novelistas
(sabe)
que nuestras bromas no empardan:
tercia el maderamen de la opacidad
y —si el agüero no me engaña—
y —si así se dice—
el monocultivo praxis:
                              uni y celular.

Nuestros hijos carne
son de nuestros horóscopos,
y el porvenir
el porvenir
cierra sus puertas frente a ellos
como un mata(fuegos)
contextura de melón.

La vida, la vida,
¡cuánto miedo hay en las galeras del corrector,
cuantas flores —azhares—
si yo supiera!

En cuanto a la imbécil de Renée...
Dormir en corpiño, sin filtro, y despertar
amarrocando café.
Despertar al revés,
con el Universo a salvo,
sin ángeles ni orín
y reteniendo
por vía anal
hasta el asomo más leve pueril
de una carita infantil
revolucionaria
"hacer la caca"...
...*A no engañarse por el correr del agua...*

Me empaco en el fracaso
y que siga así el discurrir de la pavada.
El arte puede (yo) lo último,
degradarse hasta lo ulterior
¡hasta!
el... "beneficio" psíquico....

5)
    El pasado fantasma de lo escrito, incorporarse: el
incorporarse
        lánguido
        a la caravana

        cófrades
        pero escribir
        como quien sepulta a sus cofrades

6)

¡La re-teoría es retórica! Pif... ¿O la red teórica es retórica? Animal ígneo. Animaligno.

7)

LO QUE SE DESMONTA
SE MONTA

Y soy un clásico. Y voy a hablar de cosas viejas. Boya hablar de

LA CASTRACIÓN

esas "nadas chiquitas (pelotudeces, pelotudeces) introducidas por el psicoanálisis en el paquete filosófico, en el gran ¡ejem! de la filosofía. Tara, rata. *El dinero no es un objeto separable*, ¿por qué, eh, por qué? La palabra que falta puede (pud) pasar a significar la castración. Pero. Lo que pasa es que jamás, por su carácter de abstracción de la abstracción (dinero = trabajo), el dinero puede soportar el sentido de "cuerpo", o parte del cuerpo separable del cuerpo. El dinero, a lo sumo, puede trasferir lo real, lo real-engañifa, simulacro, y proponerse como portagrama de la falta desde la situación límite de la carencia. Porque, el sujeto se *escalona*. Muerte y castración: lo real y su corte *princeps* no se manifiestan así: como así. El narcisismo

PUNTO DE IMPACTO

EL "ESPAÑOL" ES
UNA GUALÉN

VII

1982

ACEITE DE COLZA

Jeta morada, culo verde.
¿Cómo dice el corazón,
esto dicho en Val, Valverde?
¡Ostias! Estamos en España:
España, la imbécil.
Ahora, sólo poemas divertidos, ahora:
sólo el ridículo
—después de la terrorífica
pérdida de la lengua.
España:
España, la imbécil.

¿ostras?
¿vosotras? (¿vos, ostras?)
En catalunya Trancat en lugar de Cerrado:
Closed, please, Closed y
d'nt cry for me Argentina (?)
(debe haber algo peor —todavía—
que ser un canalla
y, encima, boludo)
inteligente: poco

El océano Atlántico es una inmensidad irreversible

No harán jamás un mundo
estos pueblitos
que para colmo se creen
ensimismados y místicos.

—Freud go home —dicen (here)
—Marx go home —la siguen
—"Y basta del modelo soviético,
que está perimido"— el oportunista (dice)
Carrillo. Es para reírse
—a dos Carrillos.
Y les gusta ser anarquistas
porque les gusta ser antiguos.

España es una mentira, no un mito.
España es vil, como toda desgracia.

¿Y yo qué pienso?
¿Y yo
qué es lo que aquí
yo hago?
Argentina, Argentina...
La mala fe calla
para que el Otro se re-vuelque (haya).
¿Qué puede saber España de la Muerte
si Muerte confunde
con muertos muchos
y con chulerías cadavéricas?
Que Dios los confunda a todos.
Silence
Silencio / Enhoramala / ¡vaya! /

¿Trancat?
¡Mierda!

Los que hablamos con pérdida del cuerpo,
los que hablamos con pérdida del cuerpo...

(¿como abrazado a un rencor?)

¿o es que se apareció la Madre?
(en la noche ballena)
trancat mierda.
Bad writting una vez más, o:
nuevamente.

¿pero habrá algo peor
que no bancársela?
Todavía no hemos *dicho* nada.
La artería, sin embargo,
de una palabra:
                    "estanco"
La hartura. El espasmo.

Cárcel de la Lectura. Espasmo.
Y aquí estamos (de a pie)
con los bárbaros.
Cárcel de la Escritura. Espasmo
                        España.
"Es como un montón de estrellas
todo lo que te queremos..." (?)

Quisiera estar en mi tierra (Irlanda)
Y si al fin y al cabo
Y si al fin y al cabo
¿el país vasco?

Aparta de mí este cáliz, España.

El dolor en franca forma
tiembla a lo espada.
El dolor en forma franca
a lo espada:
              Spade,
un detective privado sabría

qué hacer con el puto
"hombre y su circunstancia":
Cinco pesetas es un duro:
pero no son duros
meramente
son malos
: una brutalidad enteca —y desolada.

Pero son soviéticas
las armas para Nicaragua:
a los filos de mi sable
el óxido de las palabras

componer y componer
montar
montar(se)
tiria soledad del tiro
que no da en el blanco

De los sueños.
De la mitad del mundo.
De Viena invadida por los nazis
y de Buenos Aires:
Buenos Aires.
España aquí. Es aquí:
la nostalgia del significante.

OVLamborghini
Barcelona, 13 de enero. 1982

La delicadeza lírica.
La Paz. La profundidad del alma.
¿Pero qué profundidad sería ésta
sin la belleza (estúpida, sentimental)?
La condena de la belleza
es siempre
(es siempre)
ser sentimental: como el arte,
un golpe bajo.
—Teníamos esas virtudes, sólo ineptas:
en las yemas de los dedos
estaban el juicio
y los signos:
la mujer que se maquilla
y el hombre que se emperra.
La Proclama:
por un arte/sano.
La Pancarta:
los títeres
sufren más.

Un callejón: Iwo-Jima

(para Mario Levin)

Estaba...
Estoy mirando las imágenes de la televisión,
esto es lo que importa:
hablando (pero sólo es una manera de hablar)
en medio de la muchedumbre,
el discurso se oscurece, empaña,
como un pétalo arrancado al falo
—y en la soledad se pudre.
Hablar —paf: nada que decir
vi a quien decírselo.
Permanece la moral de los trabajos peligrosos.
Por un momento (privilegio
intersistémico) el gesto de decir de contar
con la mano que se alza (decidir)
en el tic de las decisiones.
Ésta, la verdad,
sería la rosa que *no* engalana.
Y habría que separarla
—a esa rosa—,
(contra la rima) de la luciérnaga curiosa.
No: no hará nido en tu pelo.
Y si ya se sabe demasiado...

"Vayámonos, linda, linda chiquiposta,
a mirar en el callejón Iwo-Jima
(New York) cómo una negra de la vida
se identifica con una rata
—distrae al gato a punto de atraparla

—con un roce de su bolso
golpea la vidriera:
el gato se distrae,
y la rata escapa"

La maravilla del siglo es el falo
¿qué es el falo?
      —acaso,
una guerra fría
coronada por la derrota
de uno y de todos
(pero el falo *sí* engalana)

la rata en Berlín
la zen-rat (rata)
y una mirada superflua sobre el muro
(qué es — ya aprenderemos
qué es, por Dios,
lo superfluo de una mirada)
El Golem de Pekín, excluido
cualquier —o cualquiera— (cualquier)
"salvando las distancias".
El éxtasis Masculino/Femenino del *me cago*:
por la mañana o por la noche
—indiferente:
como un conducto andrógino
por el cual la (¡no!)
la serpiente se desenrosca.

—Terminala, idiota, con la droga
—Empezá a morirte en el plano
de una mirada superflua.

Al fin lo sabremos:
que sobramos.

Que Las—
        Obras (la/s/Obras)
como las pecas pesan tanto hasta la culpa —y el pecado—
(Una vida dedicada a la trifulca
con el pezón de mi mujer de ágata)

Y hubo una vez
cuando los treinta dineros tintineantes,
decidieron el instante, el
—éxtasis, paroxístico de la alegría.
(No sé: —escribir).
Y luego un luego: estrangulado.
Que fue la Historia.
Eva se pinta
—y mira de soslayo.
Podríamos,

podríamos continuar / las: no así /
hasta Chinatown, hasta, contra el asta,
de un resto fálico fílmico
o cinematográfico,
esdrújulas las dos
(a un traidor sólo
el acento puede traicionarlo)
esdrújulas: las dos
—las dos: como el látigo.

Sopla la ternura del beso en cama

Las dos cabezas sobre la almohada

La cabellera y la piedra
hecha carne

Es inútil: ¡qué gran poeta

fue, fue José Hernández!

Desde el Desierto, al bardo

Al arte que sigue (no decir: "insiste")
como yum, yum yum,
entre la lengua siempre
y el paladar
y también un poco
del diente que acá (mala)

Más allá jamás —debe
ahí quedarse
en una eternidad de umbral
—contra la comida
—contra el alimento
—Yum: ahí sentado, en armas,
contra todo lo que nutrirse
quiere como consciencia.

"Viene uno como dormido
cuando vuelve del Desierto"
Dos: dos versos.

OVLamborghini
(Barcelona, 29 de enero de 1982)

Estoy en paz con el ardite
de mis pasiones arcaicas, con el elemento
—circular y arcaico—
del verde tam-tam de gozar: el goce.
Es esto el goce:
cuesta un sinfín de urdemalas,
obstante, con las manos distendidas,
en normal-pose
        (contra
la pornografía: estoy,
si así se dice, *harto*)
con las manos —sin empuñarlas—
dentro, tranco a tranco,
de los bolsillos del perramus.
Uso por uso,
uso:
        —una bufanda a cuadros.

Al fin
Al cabo

EL MATETE

¡Qué desaforada estúpida tremebunda costumbre nacional
el mate! ¿Qué será lo que no nos entra en la cabeza? Aunque hay
un hermosísimo poema sobre el tema ("mate"). Es un poema.
Ezequiel Martínez Estrada escribió ese poema.

Lo que pasa de mano en mano, será, arrastra también los
corazones.

La cuestión es las tardes enteras.

Marcel Proust con la calabaza (incrustaciones viejas, de
plata) repantigado y remaniéndose: en el patio embaldosado. Ya
enfermo y confinado, miraba el mate que le hiciera llegar el
general Mansilla, devotamente:

lo miraba como a una curiosidad exótica
(*ya no volveré a vivir*)
lo miraba hasta las lágrimas.
Llorar es zonzo: reprimir las lágrimas
equivale a perder la única muesca (sin *ese*)
que permitiría... Permitiría, tal vez,
la posibilidad de una re-construcción
//—"rigurosamente teórica"—//
del único Absoluto que existe:
la absoluta (y bombilla)
felicidad de la vida

Por supuesto: el mate es cosa de gringos,
pero... ¡así y todo!
Al fin y al cabo, también,
sin esperanza plantar peras,
es cosa de gringos.

El argentino (orgullo trémulo) (sin embargo)
se reanida, se murmulla y rechupa
en el núcleo dulce de esas pulpas.

Oh cuestiones nacionales.
Extranjero también el nazismus
pero nadie puede negar la verdad
—"*El trabajo libera*"—
inscripta en el portal de Treblinka.

Marcel Proust está muriéndose, agoniza.
Lugones está suicidándose, agoniza.
Macedonio está hablando de Eva Perón.
"*Era como Juana de Arco*", dice.
Macedonio resucita, ya. Y ya!
está cebándose el mate —*su* mate,
en *su* pensión del Once
Todo todo a un renglón del Paraíso.

Oh cuestiones nacionales
(todavía es Perón quien nos mantiene vivos)
somos *casi* alemanes,
para colmo de males:
cuando declaramos la guerra
es solo solo
solamente para perderla:
para fortalecer a Inglaterra,
como los alemanes.
¿Se tratará de una mano bien por mal?
¿Pero qué habrá en un tema, en un "mate"
/teniente general?
Regresé de Europa. Tomaban mate. Yo tardío quise morirme.
    (Y no hay manera de zafar: los estúpidos nos convierten, a
todos, en escritores comprometidos
        —en matreros perdidos

—en criminales verdes
de la pulsión oral).

Freud agonizando en su mandíbula,
resucitando interminable
en su análisis de las masas,
y un Perón que salva
con solo sonreír de vez en vez
      en cuando
(¿pero cuándo, mi alma, cuándo?)
Habrá que inclinarse nuevamente
sobre la yerba de ayer.

El matete

¡Qué desaforada y estúpida, y tremebunda, la costumbre nacional del mate! ¿Qué será lo que no nos entra en la cabeza? Aunque hay un hermosísimo poema sobre el tema ("mate"): *es* un poema. Ezequiel Martínez Estrada escribió ese poema.

Lo que pasa de mano en mano —será por eso— tal vez arrastra, también, a los corazones.

Las tardes enteras son la cuestión del fondo.

Marcel Proust con el mate en la mano (uno con las armas de la banda uruguaya), sentado en una silla de tacuara en el patio de mayólicas. Enfermo ya y ya confinado contemplaba el mate: el mismo que le obsequiara el general Mansilla (con ironía, pero devotamente).

Despidiéndose, Proust miraba el chisme como a una curiosidad exótica (*"ya no volveré a vivir"*). Lo miraba hasta las lágrimas (*"porque tampoco volveré a morir"*).

Llorar es zonzo (llantina), pero reprimir las lágrimas equivale a perder la única mueca —en este panel de títeres— que permitiría... permitiría, tal vez, una reconstrucción a lo Verónica Castro:

/"rigurosamente"/

/"teórica"/

del solo absoluto posible: la absoluta (y bombilla) felicidad de la vida. Estar solo.

El mate es cosa de gringos, por supuesto, pero... ¡así y todo! Al fin y al cabo y también, sin esperanzas plantar peras es cosa de bárbaros, de infieles. Y el argentino (orgullo trémulo) (sin embargo), se reanida y murmulla, se rechupa, en el núcleo dulce de esas pulpas.

Oh cuestiones nacionales. Extranjero también el "nazis-mus", pero nadie puede negar la verdad —*El trabajo libera*— inscripta en el portal de Treblinka. Nuremberg se cuidó bien de mantener el cartel. Tampoco que otra hubiera sido la vida y la muer (¿la "muerte"?) de esos hombres gaseados, confinados:

—*Con el mate en la mano.*

Marcel Proust está muriéndose, agoniza. Lugones está sui-cidándose, agoniza. Macedonio está hablando de Eva Perón: "*Era como Juana de Arco*", dice. Macedonio resucita, ya. Y ya! cebándose el mate: *su* mate, en *su* pensión oncena. Todo todo a un renglón del Paraíso.

Regresé de Europa, vi: *tomaban y tomaban mate.* Yo tardío quise morirme. (Y no hay manera de zafar. Los estúpidos del estilo nacional nos convierten a todos —el cerebro: lavativa— en escritores comprometidos. En materos perdidos, en crimina-les verdes de la pulsión oral. *Freud.*)

Freud agonizando en su quijada absorbida, resucitando —interminable— en su análisis de las masas. Y Perón con la vida. Es un decir:

—Habrá que inclinarse nuevamente, quizá, sobre la *Crítica* 5ª de la yerba de ayer. En las terrazas de las palomas y los logotetas. Bajo la férula de la madre frígida y pava. Es un decir:

—Porque en este planeta, Aryentin, el sol ya no, llano

PRO PATRIA
(sí, hermetismo de logia)

Para Liliana Ponce
y sus pequeñuelos (Tomasito y Noemí)

Ahora resulta que a la endomingada tarde hay que agregarle la terraza endomingada. Cuestiones de trabajo, de árboles que sobrepasan a los apóstoles, incluso a los pájaros: por ser malo me dejaste en la beatitud, un pozo cántaro del que no se sale. Las estrellas como único paisaje, el agua eterna.

Ginebra, 1982. ¿Dónde paran los argentinos paran? ¡En el mundo, y sin parangón!

Ahora resulta, antes no resultaba, y mañana (o esta misma noche) tampoco resultará.

Isabel Perón abre el ataúd de Raymond Roussel — todos tendremos que morir, algún día — allí se acoge y desde ahí brinda. Sonríe, no musita que está mustia: no, para nada. Levanta su dedalito de plata, sonríe, y brinda — sonriente.

Los pequeños burgueses hablan en jerga popular, hasta cuando se refieren a "cuestiones teóricas" (comillas) lenguaje pequeñoburgués). ¿Cómo enseñarles que la historia (fantasma de humor negro) — cava túneles, erige bunkers, vaca (yendo gente) sol, sol, layando, los proyectos de vida coherentes, las existenciales *positions*, el...? ¿Y por qué enseñarles? Es ridículo. Lo conté en otros libros. Yo conocí a un pequeñoburgués: Hartz.

En el nuevo orden social, al esquizofrénico se le hará marcar el sapo. Seamos felices con el budín inglés parece ser la última orden de los dulces nazis. ¡Mi alma! Mi viento, mi cantón chino (Suiza mordiendo), mis nor nord Malvinas. Todo, todo... Todo está para el agujero donde la impotencia más trasta se estremece y fragor (produce). Si yo no supiera escribir les bajaría los dientes a bofetadas.

Vestida de semblanza, de recuerdo casi pro tibio, va la tarde a la ribera. En el mar se busca una seña "significativa" y lo único que se encuentra, siempre, es un botero (con cara de Hartz). Son fascinantes las confidencias de un botero del Tigre, aunque Kipling no cope la parada. Lo único fascinante es la muerte. Lo demás sólo importa por ser su palio. Como decir lo que habría que tachar. Decir, por ejemplo: verde es la esmeralda del esmero. Porque con un mero ser basta para reintroducir la muerte fascinante. Los remos parten la cara. El mar lleno de óxido y herrumbre, como si tejido estuviera por rotas cadenas. La bandera azul y blanca cubre (recubre) la chafalona carroña. ✗✗

Osvaldo Lamborghini, 1982

Me voy a hacer un viaje

Todos contentos (y yo también)

Hola, ¿qué tal?
Qué tal, qué tal.
Aquí, en Buenos Aires,
qué tal, qué tal.
Tequila, absenta, ginebra, whisky
y —por desgracia— alguna vez
terriblemente: dosis idiotas de vino y cerveza.
También pastillas de codeína,
caricatura de la coca (para evitar la rima).
Ésta es una botella de arrepentido éxtasis,
pero que aleja a las mujeres (salvo —
a Juana Blanco, que es el espectro
de *toda* juventud: que fue locura —
en *mi* juventud). Qué tal, qué tal.
¿Cómo la están pasando?
Ya lo sé: tratan de escribir poesía
y apenas si el Ah no les permite
deponer las pobres Kenningar
de alguna teoría: perdidos
andan en un Edén de agricultores
reformadamente agrarios
y respetuosos, respetuosos,
hasta de la parcela de Sierpe Satán.

Éste es mi mal aliento,
mi perra castidad Agua,
San Marcos, señor de los charcos,
Agua insaciable a orillas de un lago,

374

quieta, como el pulso luego
de la cuarta copa.

Viene el sueño derrapante
con un cigarrillo encendido en la boca.
Las apariciones de Dios son más lentas:
Él llega cuando las sábanas ya están quemadas,
unas flores negras (sin destino)
¡y cuando!
Cuando el propio empleado del hotel
se encarga de envalijar el equipaje
y para siempre
reclama la cuenta.
Las cosas son más sencillas de lo que parece
porque lo que perece parece:
la verdad es que encalla. ✕ ✕ ✕
Esto se llama navegar en la arena.

Estamos en Constitución, no lejos de los trenes.
¿Tomar un tren hacia la vigía
casa paterna (hay bar en el tren),
o prescindiendo del *omni* coger,
a la española, un bus?
Buscar mejor en todos los bolsillos
el último rebusque,
La mano viene así
el muñón viene así:
queda para un día de encierro
en otro hotel
y para otro par de botellas:
el alcohol puro de la intachable farmacia.
Agua, agua imitativa y sangre
que insiste en acorazarse en las venas.
¡Vamos, corazón mío,
o hígado, cargado de reproches!

Guitarra, guitarra, guitarrra,
éstas son las seis cuerdas
del dinero para ahorcarse.

Aquí me pongo a cantar,
sin chistar.
Nunca me publicarán en Seix Barral.
Lo único que sé es el Martín Fierro.
Les pido en este momento, los santos, la ayuda,
les pido en este momento
un rincón en la Casa del Teatro.
¿Acaso no he sido actor
hipócrita consumado
y plagiario de los grandes
para volverme tortuosamente más pequeño?
Buenos Aires, Buenos Aires
fueron las últimas palabras
(Buenos Aires, Buenos Aires)
de José Hernández
en su inmunda chacra del Bajo Belgrano.
No parar la mano.
El arte es un golpe (Buenos Aires)
bajo la garganta como una orquesta
típica, ...
la garganta profesional de un degollador aficionado
.... de resuello.

Los bares ya están abiertos.
Aunque parezca mentira yo he ido al colegio
y he leído mucho, incluso boca arriba,
vaginalmente, es decir como Dios manda.
Ahora sólo me interesa Gardel
y la Argentina transvanguardia
Pero acá lo decimos mejor.

Decimos: anavanguardia.
Claro, lo terrible sería
tener que soportar
que se atrevan a imitarnos.

Las copas me van brotando
ese ¿qué hacés?
Caer en un restaurant,
y ni siquiera haber comido.
Son vidas, son los tornasoles
de una mente en blanco.
Cristal, no mires.
Cristal...

— Cristal, cristal, cristal —

Cristal:
baila el sol sobre los vestidos transparentes
de las minas que pasan:
cimbrean el talle y ninguna
quiere ser menos que las putas.
Yo he conocido mujeres
con fama bien obtenida.
Es soportable
—insoportable—
Juana Blanco
Buenos Aires.

La perfección que me estremece
al pensar en mi Juez.
Mi moral es futura:
está aro (y también huele mal)
está pendiente
de una ojera por nacer.

Las lágrimas son un resto
de las últimas poblaciones.
La cruz de la Cara,
el Desierto tierra,
Tierra Adentro.

—y pensar que todo esto
era más difícil escribirlo en prosa.
Por eso está escrito así: en verso. Pero no, ¿por qué mentir todo
el tiempo? Si está escrito en prosa. ¿Podemos seguir ahora? Pode-
mos conformarnos con este haber dicho que está en verso cuando
está en prosa o en prosa cuando está en verso.
Porque los árboles se mueven,
cambian de lugar
cuando Uno tiene
los ojos fijos en la muralla
(canalla)
del inexistente ventanal: cristal.
Vamos y gira,
girasol: yuta, Sol tira.
Vamos, corazón, que la ciudad...
Bueno. Paciencia, mala suerte:
ya me olvidé
La quiero porque la quiero...
Cualquier cosa

O Poesía:
En el palacio del Amor Perdido hay lana podrida y osamentas, no
de ovejas (tampoco de tadeos). Hay que ser un gil para no verlo.
Un gil para que Dios —consienta— en desampararte. Otra vez
perdí el encendedor. Por suerte había unos cirujas —alrededor—
de un fueguito calentón. Me acerqué y les pedí una brasa: nada
más, se entiende, que para prender el pito. Me la negaron y se
rieron. Uno, hasta me convidó a pelear: sacó una púa de la faja.
Otro, el maría-mary de la banda (nada que ver con el jazz) me

mostró sus nalgas cluecas, escaroladas de verrugas. Rápido me
rajé, convicto. Confeso. Hay que ser un negado para pedir

—fuego en una tierra de charcos—

A no sorprenderse:
lo primero que se enseña
en la Escuela de Pintura
es el abecedario: a escribir las letras
en imprenta y en cursiva
boca abajo y boca arriba.
En la de Música en cambio
anda todo el mundo
dale que dale a las pinceladas.
Me estoy divirtiendo
colo con colo.
Éste es mi repollo,
parásito.
A mí sólo me traiciona mi madre
que en morirse tarda tanto.
Es medio terrible...

   (entra) *Juana Blanco*:
       —Yo no soy... translúcida...
       muñequito mío, como decís vos.
       Es el efecto gong, son
       las botellas ingeridas,
       "el fastidio de la vida de hotel".
       Eso que te envanece:
       citar el prologuito del Martín Fierro.
       Seguramente nunca leíste más que el prologuito del Martín Fierro.
       Eso que te envanece.
       La droga.
       La droga, Blanco,
       Banco de tiempo a toda hora

siempre abierto.
Tampoco soy la "herida",
como también decís vos.
Yo soy la inmortalidad.
Pero la inmortalidad de la Kastra-shión
Hay lugares para hablar de eso
... "madame Yvonne"...

Canturreó. O turreó, sencillamente.
Canturreó y se fue.
Se fue a combinar su transa con el conserje
que la dejaba gratis en su cuchitril
y encima le daba unos pesos
porque ella le permitía
como era culta también
y había leído a Quevedo:
hincársele en el medio.

Infinito me despreciaba el conserje.
—Vos debés ser trolo —me decía
cuando yo iba a visitarla,
(entendámonos, trolo quiere decir,
digámoslo, puto en fin,
que le gusta "lo otro").
Pero a mí qué me importaba.
¡Qué me importa!
Gardel y los gauchescos están muertos
y ya nada me evoca,
salvo mi propia saliva,
salvo mi boca.
Tiembla de quietud el Lambor
y sus últimas esperanzas
sucumben en Europa.
Un Sebregondi toraba
barato (es al revés pero igual)

se arropa
y también ábrese de piernas
en el umbral.

            —PERO HOY
                —...,

volviendo al principio del relato,
al punto donde me pareció que empezaba...
¡a la farmacia!
¡primero a la farmacia!
Al bata blanca:
—Deme dos botellas de alcohol—.
Las guardo en la maleta y camino.
Vamos a ver.
Por aquí cerca tiene que haber
(barato: un hotel).
Un chorro de agua se me escapa por la nariz:
lo necesito, y rápido.

En la letrina de un café
abrí la botella de puro alcohol.
Hice cuenco con la mano
para retener poco, un poco,
del agua del grifo.
Me llené la boca con ese poco,
engolletié los labios
—esos rosas, que ya no besan—
en la botella de alcohol. Y tomé,
tomé un trago.
Y tres veces más
repetí la operación

—tenía que recuperar *el estado*
porque yo siempre fui un estadista

un hombre de gobierno, claro.
Me he pasado ahora al otro bando
porque está la Casa del Teatro como retiro
el estado
(que no soy yo)
para que me admitieran en un tel—

Había sol, demasiado sol.
Verdaderamente una desgracia
para los que pensamos,
como Santos Vega,
que la vida está de más.
Y sin embargo, maleta o condón de seda,
irreal, esta belleza irreal
nos obliga. A decir.

✝ A decir: Dios, perdóname.

Perdóname por haber jineteado
un zaino oscuro.
☙ Por haber perdido el tiempo,
cuando bien a mano tenía,
en el bargueño,
todo el incienso.

"Estamos en guerra"
"Ya hemos triunfado"
"Son los obreros,
ocuparon La Bernalesa"
Por un mirar que ruega
perder la quietud.
Eva Perón, el bálsamo,
está embalsamada.
Los ex Malvinas mutilados, en el Hospital Argerich,

vomitan condecoraciones
desde sus bocas de fresa.

Brasil esquina, Brasil ochava
Bernardo de Irigoyen.
Campaña para des-ratizar
En un cartel hueso y calavera exhibían,
recargados los negros y amarillos,
a un O. Lamborghini (¿o Lamborghini?)
mezcla inmunda de roedor y tadeo.
Seguí arrastrando la maleta.
era lo mejor.
Lo mejor era la vileza,
el bacinado manicomio
—un yelmo, al fin—
un Goya especialista, picanero.
Lo mejor el patrullero, la loca del rubí.
La cárcel tiene sus encantos:
no hay nada, ni aun la nada adán,
que no los tenga.
Eso es lo que se llama
    "pérdida"
y en su propia llama arde.
Arde en su propia llama.

Y BUENO, PERDER LA GUERRA

(para Alberto Casal y Mabel Goldemberg)

Todo eso no tiene fondo,
se ha desfondado todo eso:
cacofónica, ni siquiera queda: la silla,
desde la cual se ejercía severa vigilancia
para que los varones de la casa no pasaran
al gineceo de las mucamas.
Después escribí una heroína mucama
¿y de qué
ibas a escribir, caramelo?
¿Por qué? Pude escribir el cielo
que está siempre
como la droga y empapelado.
No hay otro pelpa, caramelo, no hay
otro raviol que los años.
Chupetón, no hay experiencia con (de la muerte).
Sólo hay jugar con trampa
— y el deseo

Jeringa colmo, jeringa colmada
— en Barcelona un almacén es un "colmao" (?) —
Occidente entero repuja
veredictos de sartén para los que fallan
("soy gaucho y entiendanló...").
Hierve el aceite.
La sangre hace beat, una burbuja en Tánger,
la ampolla todo lo sub (lima, elimina)
y nadie se ríe de la caída de Troya.

Osvaldo Lamborghini (diciembre, 1982)

384

Aquí se

Aquí se degüella
por la única razón de que el colchón es de plumas,
y la razón precisa, necesita,
esta preciosa carga
mal llamada embebe:
embebe cimiento.

Se degüella, aportando
la trémula liviandad de la justicia.
Es la ley, ¿y para qué hablar más
en una lengua femenina y bífida
—en torno
—al trono?

Otra cosa es el altar,
porque es alto y de mármol.
Parece una botella con un barco adentro,
¿pero entonces? Entonces, en fin:
habrá un nuevo desembarco.

Toro gimiente de rodillas genuflexas
contra el colchón empujado al rojo vivo,
emplumado toro,
carne para matarifes lomo
y para alfeñiques escribas.

VIII

1983-1985

Te mataron a tu hombre
y ahora estás en tu pieza
con el mate y la ginebra
con el alma partida
y el retrato de Eva
con el cadáver balsamao
en tu fútil entrecejo.

Qué le vas a hacer hermana
esto es una novela
sólo un poco digamos
la mitad de un barajo
le importan las grelas

Tenés toda la noche
para leer el libro
y la vida que sigue
y en la vida no hay
ni heroísmo   X
ni coraje   X
ni desafío   X

a veces
sólo hay destino

Sólo hay un gatito
pero que es de porcelana
y las balas

y la picana
y las rejas y los yugas
y la ruleta rusa
a la que juega con el preso
el turrito oficial

—la verdad—

ni para bien
—la verdad—
ni para mal

Rosa rosita
te enamoraste
te dieron por el culo
y enseguida enviudaste.

Pero. Cui. Dado. Da. Mita
yo soy tu peor
amorhatado cantor
        sin disimulo.
Fijate cómo escribo
en que tenor
no creas: me avibo.

Hum nudo en la garganta

EL NO VERSE EN VERSO

(5/7/83)

La incomparable intimidad del orgullo
Confirma a Hegel y anticipa
una audacia mayor: la del marxismo,
que incansable trabaja por un solo objetivo:
el fracaso.
     Pero de qué clase de fracaso se trata
     Hegel introduce lo real
     en lo real de la muerte
y es así que arranca de cuajo
     Un fruto
     Una riesgosa partida y su apuesta
     El todo o nada limitado a un punto
     A la disputa por un negro amanecer
y gana
     Gana un corte, el hachazo imperial, absoluto
de un principio de razón, que es la muerte,
y también gana el derecho
     Tan moderno
de mostrar a la muerte desnuda
adornada sólo por una perla
esa joya que tal vez no merricemos
     El punible comienzo de la Historia

     Un paso más sin embargo
     Y ése lo dieron los marxistas
     Que asediaron las murallas
y por fin nos impidieron
abandonar el temblor

Aterrado de la Historia
así como el amor al corazón y a la distancia
de la catástrofe imposible de evitar.

Hoy ya está prohibido
vivir como en el mito reversible
la aberración de la muerte interminable

Le mostré estas líneas a mi culta prometida
    Y obtuve la pera madura de un resultado sin tacha
con tu más que es mi cruz
me quedé solo en mi cuarto empedernido
    Desligado ya de todo compromiso
    las ventanas estaban abiertas
    Me gustó mirar el río
hace tiempo dejé de preguntarme
por qué mi pensamiento o el impulso
que luego se convierte en pensamiento
    Debe abolir a una mujer y escribirse

Desasosiego de repetir el mismo comienzo
maquillado de muerte y de historia
y también la infantil alegría
de fortalecer cada vez más mi propósito
el de cansarme y aterrarme y sonreír
cuando en mis manos queda el triunfo firme
    El siempre lo mismo
la incomparable intimidad del orgullo

LA: íntima perla de Lugones
era grande: logró escribir concha, no vagina.
El íntimo cuchillo en la garganta del vencido

El amor los dejará para unos labios
sabios en la ida y vuelta e ignorantes

bah del hormigueo del tiempo a pesar suyo
    Y sin embargo
    Ahora que el tajo ya está hecho
    Y la Historia constituida
    Me gustó mirar el río

"Hegel" no, tampoco los "marxistas"
y con la "Historia" ocurrió lo mismo:
nombres que aparecen en estas líneas
sólo para decir: estoy CANSADO,
hasta aquí llegó, por hora, lo que de mi virtud merecía
Hablo en serio
Pero lo imperdonable fue nombrar el río.

Que lo imposible sea la prosa,
Que lo imposible sea contar
Al Autor su miestirosa historia
Que lo Quelo (*eras la dueña*
del queco La Lula) (*recitado*).
Que hoy al despertar —
Octubre 26, Barcelona mil
novecientos ochenta y cuatro—
              —pero Lascivia
o Sevicia o como se dice (...*diga?*)
"no no no, mi cielo, no no no
no es traidor quien *avishia*"
Claro que "vayamos por partes"
Ahora que todo lo hace
—*di*/vidirse: lloran los humanistas pos, histéricos pues
Delación, Traición, Sucubeo,
          Meneo
      Culpable de Caderas (es un pañuelo el Arte)
Arte con esfínter de ganso para el Amo
      en fin: Suavidad Lechuza
      mal agüero y peor aliento[1]
      del Streep Tipo Lodón que sabe
          hice hace loso
              —yo ve
      /sin condensata de Joe y el monarca

[1] ¿entonces no tiene solución?
¡no debe tenerla!

del rayo olímpico/
debuté no en La Lula sino
pues tal vez estaba escrito — el Destino celoso
en la Trompa del Oso
Yo mismo se lo
juro o acuerdo, compañero, receta
de la cantidad "abyecta"
Me embarraron Com Lod-do el miembro aun austero
La verdad me debutaron
Había un candil asqueroceno y ningún espejo
en aquel tendal de íntimos catreros
con paredes japonesas de arpillera
/entre el hípico y el caño paraguayo: pared L O.T. *La* ranquel
—por Cruz que yo no dije *D. Mela*

aparte: com la Ud siniestro

y juro te apar que husaremos los menos
a parir recuadros: Jefe de Taller no haga lo de siempre
el Cara de Culo partido (*bueno no era*
baya idea parece)
¡que se siente! o ¡párese!
pero sin teteo de muslada
mi amanito inquieta ni empeluca
emplumada
Nino Minito
Uñas de nácar amarillas
Calcáreas — Una
suerte de empedernido rouge
Caprichoso como hembra mal y peor
molicia viciada en gozar y otras
pie-dras
fru
fru preci-osas
más boludesa que puta polaca enmajada

cuadrada y suma
además crédula encima
de sá o sabanas percudidas
mulo olor o veja
de adversos aperos
en peer calada
en rueca o tropilla aunque (o pero)
ya se dijo enmajada
vendida para Las Casas
Casfixias (hada chocla, enbata eterna[2]
y pérdidas
oh cortada vida
en sórdida letrina arañada
por los cuatro costados
insectos quizás o ya
de lirias
rosas lilas la hora media
de seda "otra ahorcada che carajo en el biorsi"
"batila bien, chacón, enterate logi de goma.[3]
C "di" *C* ser
(de. y)
vicio: —*Ile tomando el peso*
aquí la labia es sagrada: otrabesala
vía si mostrás chanta la hilacha
o Ala Gayola (Coleto: avis rara
la dicha por un ladiya
dormitólogo de oídas
¿por qué mañana me lo quitas
mariquita?

[2] fraile de la calle Rincón en Buenos Aires que el guacho viento de la pampa desarma y hay Hromen crujientes cucarachas
[3] el *mata/sellos*, la *marca en el orillo* o fuego de un imbécil es la alusiva despectiva al Sexo de los Ángeles, ciudad importante ¿hombre o mujer, Los Ángeles?

14/oct./84
(1)
Cada día se reyena más
TOD. Es hermoso
El Aras de
"Lo Harás": agitar
en círculos, en haz
primero el poso
con S hermoso
caballo de menta

(2)
"Nueve décimas partes pueden
enseñarse en las escuelas,
pero la décima..."

"El poseía ese diezmo inhaprensible"

(3)
(...por las mentas...)
sólo conocido —
o vueltas oídas —
de oído:
es casi, Cielo,
posible.
     Au, au

dible
Por un pelo
alguien sabe
        o/y
        ble
que existe
es, cabe,
corre
¡*Viniste*!
(...*a que te*..."forre"...)

nov. 20. 1984
SAGA, EDAD DE E. H. BRIO

Llevo a la vez / unos diez / armados cuadernos como éste.
Vagones fiacas, perezosos / detenidos, por no decir internos: /
un tren de guerra / como si encontrado, habido hubiese / a mi
manera el estilo vaca / de mirar los fulgores y el fragor que cada
/ tanto pasan: / estrofas más bien de estopa laxa / sin trofeos,
resonancias / del tenor (guisa desdoblada) / que no alcanza /
eficacia. Eficacia / a redomarse por un lado en ranura / (ni
encanada) para recibir el ahorro cándido del / centavo por cen-
tavo, miniatura / de banco en quiebra: hay que romperlo a
martillazos / y tampoco como lo indica... / (escribir así es un
infierno...) ¿me explico? / no termina en afilada punta, apta / ésa
alcanza / para entrar en la carne / fluirla en sangre / compadre
de compases, genitor / de El Marne
      Y moraleja al pie / confesión es decir de una derrota: / al
pie se ve hay otra / pata tiesa de la sota: / el semen no es...
      ...perdón, semen, no sólo es eso / epifanía de los idiotas / Y
acabo en pocas líneas / esta nota / ficha de mi frigidez. / Hiede
la estatua (odio fetente) / aunque no se quiera / ni mienta harto-
apolínea / El alcoholismo va por dentro / sin brío ni visiones
porque / el ebrio está alcanzado / en el maullido centro de su
Eco / —¡OLÉ! —
      —¡EH, BAIO! —
verborrea un silencio en el apretado / enrejado labio de su man-
dato /lacayo, ¡cállela! o la calle / empedrada
            (—deformes
            —reflejos
            —huye hasta el gato)
por la rodada

sin voz sin luz sin talle / mujer en alud / perdida y estrujada:
trucada en cada / pergamino de industria graduado / altamente
ahora rodado barranca abajo / true

             —¡no, badajo!
         —y tampoco y menos oh
         —qué campaneo azul sufre, mue
            —ve encima además pasma la emplumada mano
    —ahorcada en el azogue de mesa
          “tí en blá
          tí en blá
          chajá
          chajá
          ¿llamas?
          ¡jamás!”
tableteo constante /pánico sin tema / pam papá, pan papá /
¡M...! ni true / garganta de sapo ri-fi-fí / —“Escribirás ¡pero ya!
un enorme”(...) /
                  NI
(—“¡Firma!”—) sí peco en mala fe / mino:
       Hebe Brio.
     —no me rechiflo, repito
   NI beauty (Libertad/Seguí: parada
        del colectivo 39(*)
asterisco que indica traquetear
las ases del sin asiento que remueve hasta
la Arcadia sin blasfemar
de las obstinaciones bascas:
       Rock ’n Thin
       Ala Marcada
   Hay una señal, creo, a lo zumo
   un calibre de treinta y ocho más uno
Glassificada Linnea
en la qasilla Blinka
       Avía

muerta
un reloj dicen de madera
(pero aunque no soy ducho
        yo lo dudo
            mucho)
pintado a la misma hora
para reírse parece de los sucios
mugientes que venían en los trenes:
raro, digo, perfectamente al ñudo,
aunque no quiero echar panes
          y menos, penes
(*ocurre*: cae mi cigarrillo y la copa es quien chupa)
        siempre, medio boludos
fueron los alemanes con sus chistes
cortados por II JAMASI
el III orgón de Reich
        además
de regalar al estado una ciencia en ristre
fue su gusto puntado por los campos
serenados por el sol femenino
vivaqueados por el motín o tino
        en pues timo
        de odines
    jovencísimos so capa
(de)   ("ya vendrán campos mejores")
      "discutámoslo más de cerca"
(It- -less): a ellos les darán harapos y orines
  leer   hasta en la sopa
      a nosotros unarios
(ESTÁ MAL: cómo un ario*s*?
      ¡no con cuerda!
      so'decir, quy,
         unosarios
con cordantes y a la mierda

                                                  un juego
                                              EXTREMO
                        Apartaos los que leéis en serio, os lo ruego

            Un yanki por supuesto
        de origen y apellido
        v e r a n i o
        va y muere en **su**-cesto
        útero materno como un *Moses* invertido
        (rescatado el de la ley, perdido el otro, el muy otario)
        pero aun más lejano, más este:
        va y muere en el "play" al dente
        para el tan profano, nuestro, madero otrora celeste:
        la **russe roulette** en un garito
                                        sito
            (*Palermo, mis veces seas maldito*)
        en S
        Otro called **war** de tinglada ciudad en exceso
                            Extremo peste
                                Oriente
            ¡oy! no ¡ay! vía de regreso
        (exquisito manjar de nuestro laico cetro
        positivo, trans lúcido, tras parente
                        Laborotario sin espectros:
                            A L   DENTE)
            Expressamente Oriente

                                              EXTREMO
                                            un juego
                            y soy de fiar: el sentido viene — *luego*

Es verdad lo que se dice
fracasa la hoja manuscrita.
No es real: como una pasita
Pierde sus dientes, *Berenice*.

Chistosa, se arruga a ojos vista,
Abuelo de pájaro. Locura, incesto,
"La destrucción fue mi Beatrice"
Ama y rima. Hasta su propio resto

Codicia como objeto de conquista
Para su gula y su lujuria, ¡infelice!
Triste parodia del "Tú eres esto"
Que no se supo
O no se pudo
Escuchar,
Igual la derrota no despista

y menos la mueca que te cupo
la de "sí, mulo" esa pose de entregar:
"¿Ven? ¡me juego la vida al ludo!"
parlamento falaz y masoquista

Oh Fal Asia,
Garabato del Petiso Orejudo.
Nunca sabe la hora de marchar:
como si esperara la razzia

pegada se queda con engrudo.

DICHOS, XIX (mayo 1984, Barcelona)

LOS DICHOS preferibles-sin

      alas dichas
el dicho   todo dicho
contra la dicha (tan)
          Ella
así llamada tan (dicha)
por los poetas que el M(i)ed(o)usa
exalta
      abandera hasta / la Esa
matriz del Limbo///.

AQUÍ NO / es posible
en estas precisamente
      letras
desmadradas
reír de DUINO / con ventaja eso,
ni de la llave
maestra del ángel // *sexo*

Si la noche ya no viene a saludarnos
querida mía, ni el Sol de John Donne
curado se asoma a relatarnos
la alegría rabiosa que propone

al Tadey que define con palabras
el enigma de antiguas posiciones
antes de ser zajado como cabra
en los nuevos *Jo-Pitales* (Prisiones

antaño les llamaba la canalla
en una jerga azul aunque macabra).
Culpable es nuestra pálida ventana

que al reflejo abandonó sin batalla.
Ni miramos ni nos miran: estalla
una juerga, una jerga, mi Sultana.

Ibas, ibas tonto por
    la lengua y basta
        que tanta
Confesión cansa: ras
    a oscuras por la lengua
    que se mueve con los ritmos
De la
    sangrienta Luna
    ¿un alfanje, un islam?
Mentira, mentira: hoy
    basura y árabe
    son
    sinónimos
Son, son
    sonajero
    debe (bebé)
Par odia de
    nuestra infamia

"Por un error en la grafía"
de Judá León fracasó el golem,
pero ano quejarse (aunque amolen)
de este presente, dicen, no deseado,
griego, parido por aquel pasado.
Homo y sexual ya es la ortografía:
el Orto es donde naufraga Oriente
Orto en jerga erudita es Occidente,
nosotros, es decir este presente,
y ojo pequeño
(ojete)
que a filólogos desafía
encono sur,
la derruida y ahora barata
costa: río: de la plata.
Caballeros reticentes,
que escucháis este informe sin azar,
de mohines basta:
"Tout le reste" fue pornografía
y ella es adorable como la pasta.

Es difícil escribir ahora lo que no se reprimió a su tiempo; de todas maneras es difícil, quizá por otras razones. Lo sé: es suficiente, ya es *causa*. Ahora los efectos se han cebado en mi cuerpo. Que es dócil ("lido-sé") y obediente. *Se ciñe* SéSí. Como paréntesis — (éstos son paréntesis): intrincados

    o así:

)(

        curvas

        que se atraen; las dos esperan que la otra se dé vuelta

*

Hace siglos que no se "levantan" los paréntesis. Ya no serán levantados

)(: (así) SEDE

        SEAN

        CESE

        DUCEN

*

Yo no tenía ninguna importancia, pero *necesitaron* creerme importante.

    Juego

    Pero estoy perdido: completamente.

*

HACE SIGLOS QUE NO SE
levantan los paréntesis.
Ya no (monosílabos)
    serán levantados.

          Aquí se inicia
con maligno dulzor
avizor
de en las tejas Pacos
Homenaje a
(ojalá)
    RUEN PASACO
Hijo de la asfixia
Que militó (sí era militar
¿y? ¡ah...ah!)
contra "El Führor de Mandar"
del tuétano de la justicia
flatos indigesto de la Haba Lanza,
tañido de tristeza, tomo "La Codicia".
Así, copas que van brotando
llenas de micos de otro bando;
mono tan azul en huelga como en labranza...
...
... retinto tintino
         y no
escribo, machaco
ah, ah, ah, ah... anís
      macaco
en la tarde gris

I
Juguetones de la graciosa preguerra
    Cuando la tarde sin clima
Sollozando al occidente: aquí,

la *a* larga. En el extremo. Occidental. España.
¡Pero será posible! Vallejo,
hace tiempo. Aparta
a
ah
mi
D MI
este cáliz. Tiemblo con el libro
        que sierro
        lacro
que cae de una pieza
en un acto: solo,
ya fallido. Y ningún misterio.
Es un sencillo — no: ningún misterio
puedo, o podrido
hasta notar el título,
podrido: es un YOUNMEBN
de ésos después del almuerzo

      BAR
          CONDAL
          CIUDAD La Sobre mesa

ANAGRAMA
        Radiofonía
        Televisión
        Jacques
        Lacan
        O. Masotta
        Traducción
        Notas

Y casi seguro también la contratapa:
hum, no sueña eso así (aquí),
es música que no patalea

ni se azurda
como es costumbre en esta
Catita mediterránea
que enrojece
—uno, de vergüenza—
notablemente
tranquila
aburrida y:
y lenta:
hace pito
catalán claro
claro nada
con falo.
Tiene mucho
poder, el de la esposa:
"Mira que me hago puta,
eh, mira que me planto
—aman lo verde todo y lo sano—
en el umbral y me entrego ¡no!
pajilleo, des-lecho, al primer desconocido"
Cata Uña quiere que le hagan el gusto
pero su gusto es
                    de lata.
Come, engorda. Corre tea
a a a a a a a a a C rata protegida
por su real fascismo.
En fin. Qué gentiles son estos catalanes.
Epístola contra gentiles.
URGENTE

España,
a parta   ...d mí este cáliz
CATAL
U
SURaña

es demasiado
Bostaba (después del almuerzo)
con Orwell
in
du
bo
by

II

"Me voy para las casas", decían (...para las casas...)
no hace mucho los hombres de campo.
Campo, tal vez siguen diciéndolo:
habría que ir ¡ái!
y comprobarlo.
Igual y sin vivir
        Ygual sin vivir
absorto en mi reto
rica oclusión mejor que
        en fin: ex.

              Inversa, inverso
por más o por no
lo mismo difícil lo veo:
¡ay! ir y comprobarlo munido
de todo lo necesario para el viaje.
Por más que abandone el alvéolo
donde creo que a x T
una rezuma de mi más pésame
sentido: el sentido pésame. "Me
voy para las casas", abandonar el hueco
—barra / como palenque de estaño.
        ¿1984? Oh sí, sed
        vosotros. Yo no puedo y también lo sé
        que no puedo pasar de la décima

mona copa: es la edad. Es
la abrazada lengua
por el cambio criminal sed de trago.
¿Qué? Que traicioné
      Haga, che
la cabeza en la península
Toca piel
      infiel,
la Academia me otorga
un dinero lastimoso.
      Infiel al escocés
me encharco y ahíto el estómago con esto:
que ni siquiera debería "ver"
no ya beber u
          u
     olerlo.
     Porque enceguece
este aceitoso reptil
    GÜISQUI
      üi   ui

    nausbre vaje
amarillo que G
si bien asq
uea todo llanto
—más si nostálgico, je je,
mariconazo termínela con esa
jerez meada ¡je! Condesa
Keja d. g. (dañada porrona)—
      IGUAL
tiene algo de G
permítaseme siquiera
intentar ahí un subrayado sutil
tenue un tilde, oh,
un mínimo acento: G

hum brazo parte del hombro hacia
el Gsto de quien quiere retorcerse
    las propias entrañas
lo cual es un posible guesto
como ve
sarse los propios
    labios:
    Soi Baal
    Laab Ios
Hemos progresado de la copa 19
advierto a la octogésima
cuesta "Lo Que"
implica ser un esquí
barroso. La verdad alpargata vieja (—"Vamos, beba"—
"—¿Paga usted?—" "—Yo, la academia...
o el recocido *¿qué se yo?* Todo es, pasa.
Tranquilo. Fíjese: es, pasa..."
    "—Comprendo temblando. Claro:
es, pasa. Me parece haber encontrado
un hermano cabra entre tanto bo, lobo
quise decir: boy al doble
UVE C
tú mimo: Cal
pedían los sepulcros hícela
dieron. En todo tiene razón,
amigo: *es usted un tiazo*. Contemplo
me hube largo balar
        ¡Bee!
sin ser Joyce ver
        sin ser
      inválido ni balido
      del rey
Y quiso sin ruido darme una mano no de cal
pero que se deslizara suave

tejido barniz
de palabra por palabra. Es, pasa

*

Ahora, el juego solitario.
No todo es tan igual
ni siquiera parecido
(a Perez ido...)
en esta nostalgia bestial
de los tantos dobles idos.
¡Oh fantasma trinitario
despreciado por el tonto
—*no quise escribir "otario"*—
que en el vértigo de su pronto
te creía solo...
¡*sólo*! una astucia.
Si yo hubiera tenido esa minucia
en el Hotel *Edén*, en el *Gran Manolo*,
noches ateridas de raconto.
La pura ginebra en mi boca sucia,
la cama sin mucama
o sea: mucama inmerecida
cuando ya no hay quien te lama
ni el que se cree papa
pobre tipo ahora en su pijama
hospitalario pero sin solapas...
            (cuando lo dejan se asoma a la ventana
calla por terror, no por amnesia
necios doctores del Senda Santa
lo tomaron por aspirante a jefe de la Iglesia
cuando él, y eso le encanta,
sin despreciar al Papa,
proclamó una humilde mañana
su condición de planta:

—Cómeme especie humana—
había gritado. Ahora no grita.
Enmudece. No hay tu tía.
Al enfermero le da guita
para que no lo llame "Loco Eucaristía")

El título es un poema
Debidamente excluye
                    la rima
y la escansión por acento.
La prosa del mundo
(el título es un poema)
condensada en verso blanco

                Helen
        Cendedor perdí, con Flema,
        (Y Paradoja) en el estanco
        —¡Y todos los Valery me repelen!

1) Qué linda es esta hermosa
   ((...hoja)): sucia por
haberse perdido
bailado
entre carbónicos.
Pero no te me ibas a escapar
   ((porputa)): al contrario, es por eso
que te he buscado. Por el mal
   ((...-paso))

2) (que algo se arrime
   al verso, a
   sonante)

El 20 de abril de 1889
nace Hitler a las seis de la tarde,
a las seis treinta (no es un alarde:
a muchos todavía conmueve
el dato exacto de tales nacimientos)
ve la luz en la posada "Gasthol zum Pommer".
Y todo está tranquilo, por el momento.
No berrea casi, y apenas se mueve:
El que sería, con la huida del tiempo cobarde,
amo de Europa y Sumo Reich Canzillommer
Es sólo un cuerpecito leve
sólo arponeado por un pensamiento,
el de su madre, que entre mirar o ver
a su pequeño gusano que huele a methol
prefiere delirar contra la simiente
verdadera de su esposo decadente.
Su nombre de soltera es Clara Pölzl
veintitrés años más joven que el feo
e impresentable siervo de Correos:
Hitler, Alois que le ensombrece el sol
pero impide que hable la gente
y la sopapea si luce el escote.
¿Comprenderá el bilioso anciano
que ahora todo va a ser diferente
que en cuanto Adolf tenga bigote
vivir con el culo a cuatro manos
es la carta que le espera, sin sello ni pegotes?

No demos por ahora un paso al frente,
No adelantemos futuros.

El universo está demasiado lleno
como un teatro de sketches impuros,
literalmente de bote en bote.
Este niño despejará un poco el terreno:
Adolf el blanquecino, igual a un huevo duro

El rock no tiene la culpa de nada
    porque el fascismo es irresponsable
Quién va a discutirle a un SS,
        (...joven, ¿me discutiría usted a mí,
        cómo no sumarse a mis encantos?)
O bien
Ése ése está en en el poder
y blande su pistola
y glande
o lo ha perdido

A fuerza de desear algo
—gol— se consigue. Vacío
en red. Entre (salgo)
tres palos. Ganarlo
único: lo malo.

    La
        no vela
(her)Mi o mi o mi o
el papelón sin firma
peor: crucificado. Oh
jeringa osa
el crujir crío de la loza
           más lava de bruja
donde en ruso Mrs Lowry se diría Firman
y con una en pajar hada, aguja
no: ella se ha ido — reforma el sueño; Irma

Nos exaltemos no nos
        exaltemos engrillado por calma
(desdén) en la mañana ya
        ya ya ya
ya vaya
bonito idioma!
el alma
Y si así no fuera
Y si la calidad de la estampida
esos dos que le robaron por la cara

(28-3-85)
La frase alargada por esa sabiduría del que no peca hasta la hora
del
del: desayuno
horror libro en mano

-85/*como tres*
temporadas pasaron
amares, y
los oceanismos
la literatura los sigue intentando

una mujer mama otra
así en paz casi como en un punto
donde hasta un poco
de "mayéutico teólogo"
vendría a enredarlo todo

por lo que sólo vale un real
                    lo mal
construido hace la carrera de la imagen
la calle:
            hablemos
            por lo
            menos

Y era esto

Yo quise que la vida
fuera otra cosa
no la mal habida
historia de un... zorzal...
un reputo y una rosa.
Ahora ya nada espero
            ¡Camarero!

—"¡Tabernero
      que idiotizas
            con tu brebaje de fuego..."
—Sí señor *¿qué le pongo?*

            UP   (ji ji ji: un porongo   E
Lap sus   ART   grueso como una longaniza)
      visuaaless

—A mí, un "Speed Balada"
y a este que se contorsiona
como puta movediza
            en el bailongo,
el océano de aguadas
que le faltan al Congo

—Hablaba alto
con zancos

Con calma hay que delinquir
Cultivando el arte de quedarse en casa.
Contra todo bien por venir,
De la cama al salto
Vaporoso, y el humear entero de un estanco:
Es tan cobarde la luz escasa
D.S. cigarro *Moby ata via* do de blanco
Como la mueca de no escribir

Idioteces.
El año tras el año pasa
Rellenado de meses
Que despejan toda duda
Aquí no se trata de bohemia:
Una ibérica estupidez apremia
(Con filósofos todavía de caverna)
Denominada ahora post moderna.
Quisiera que mi cadáver fuera el de Cernuda.

El deber tengo (en suerte)
de escribir alguna cosa
por día. Padecía... Este olor a mula...
"¡Qué lindo es esto!", precipitadamente
Hartz comentaba, "hacerme dar por el culo
sin sacarme las medias". Cavaba su fosa
así. Así. Precipitada mente,
conciencia adicta al musgo
mientras agitaba sus papeles en polvorosa
y como si fuera puto
                (precipitadamente)
        huía de Hamburgo.
Hoy el *Podría* está de luto.

El discurso se arti-cula. O no se
arti-cula,
        Joseph
(—y ahora: ¡la mula!)

¡Con qué alevosía de risa de loca
entrada en carnes ofrecidas
un -a bi coca
los rollizos dedos de los pies estimula,
cuando puede, con lamidas
Hartz no precisamente estrella de cine
pensándolo: si hasta los talones rosados a gula
a sabor, Cele, enloquecen en los calcetines
        (salir a los gritos) ¡Doctor Heredia!

426

de Marruecos, pronto. Prego. Traiga el soplete
soy cerezo
tengo que sudar las medias
inconmovibles, mientras me estrilan el ojete
sin la excusa. Escalofrío... *sucumbí por un beso...*

—Doctor Heredia, éste se queda grueso
—No, morirá antes. Lo conozco al tipete

Dickens no es médico. Igual receta
a los próximos suicidas
que se arrepientan de esa

dicha, deseada o supuesta meta
que ya mismo (si aún están con vida)
en ayunas beban cerveza

blanca o negra... si las cosas así están...
Pero no pueden dejarse en carpeta
ni en broma, ni "por su vida"
acompañar la bebida
con un trozo (cualquiera) de pan.

"Una imagen harás de la querida
Hija de Anoh
harás un asno llano
con arcilla del arroyo.
Pero luego no te sentarás, perdida
la fe, la moral, en un poyo
y menos en una cabeza de vaca.
Hasta el fondo, digo Yo,
la Voz, te empala esta estaca
aguda. Que le raje
si del burro (que eres tú) te olvidas...
perro, avaro, y no le das el forraje
como si no tuviera importancia eso
dado (¡*ponte a jugar y verás!*)

su ser ídolo falaz.
¿O acaso en tu mente de paje,
orgulloso estás de tu carne y de tu hueso?
Ya te veo, creo que soy
voy
a reventarte

Hoy
seguro no termina a los besos
esta invocación (desgano)
que quiero enseñarte
contra la ofídica
muy querida Hija de Anoh.
Como su nombre lo indica
pero si el culo no mirarás tú
de la botella,
libarás con cerveza
al animal estrella.
La más pura,
la que Su Alteza
Zhortduga
la Emperatriz mea
aunque la culpa es toda tuya.
Y así la masthú
de Anoh padre amado
quedará contenta, Hijo (de puta).
A nado
campesino de mierda,
lerda
conciencia de quien nada
inmuta
reflotarás de la sal, Hada
mala que ataca tu mal ganado
y por lo tanto recluta
soldadas

piezas (oro, plata) de nuestro erario.
Que del pan me olvidé o te olvidaste, apuesto...
¡todos los años!... y que no entiendas hazmerreír agrario
(¿a que la reforma es tu declive?)
el Gran Resto:
Tú vives
por *mi* impuesto.

Atardece. Atarde ese
...puedo Yo jugar con las palabras.
Tú, sólo con las cabras
pero cuidado, loco, con sus heces.
Mira que vigilo
desde mi alto Puesto
y que no quiero ver ni un hilo
de tu esperma que ofreces
siempre en vilo:
ni un solo simulo
de tu grano
en el culo
de esos prestos
animales contranatura.
Emblemas son de Anoh
Hija de. En fin, amada con ternura."

1985. Estudio

No es difícil el encuentro
con el genio de Sarmiento
celo odia porque miente
pero no es cierto:
miente verdades parciales
las de su época
la sociología, ahora mala pécora
pero entonces en las capitales
de la ciencia
nacía sin infancia: de entrada
en la Edad del Pavo
en lalatencia
y era difícil saberlo, en el desierto
que aquel
saber
era el camelo de fingir
el temor al Desierto
tampoco lo sabían ellos
Y aquí entramos en un punto
en una llaga casi del conocer
donde se infecta el estúpido
que de paso no se priva
reacciona para atrás
reaccionariamente
esto se llama *familionar*
que "ellos" se aprovecharan de no saberlo
al imbécil le sirve

doblemente
de moral y de argumento.

    Hay tantos tiempos
como músicas en desconcierto
fue tremendo: a los federales les pasó eso
se conocían entre ellos
y apuesto que bastante a sí mismos
Facundo, Rosas, Bustos, López
Urquiza y los Viacaba
no se creían históricos
eran inteligentes, justos, honestos
sabían, de qué hablaban
eso fue lo tremendo
"civilización y barbarie" es idiota
en el plano de una credulidad seria
ósea, idiota
(—hay una hermosa alusión de Oscar Masotta
hecha en Barcelona
donde además de morir ejerció su magisterio
habla ya un poco harto
irónico, de los que
leen a Freud *en serio*
Delosque: esto es un Aparto
nada mal está en el quinqué
con el Despalla y la Mona

YO ME REFIERO

(no soy el Regente / de Taller / pues /
lo importante, y potente / en este fiero /
y perdulario / Psicopathos de enfermero /
con bajo Fondo Social, *que no es* /
la Comedia del arte Literario. / Y así
como el Vestuario / incluye en su catálogo /
el hábito Desnudo / oh una Lucerna bajo el lago /
al vuelo solo aludo / inocente /
(pero ya *sabe*) /pluma con fecha infechable /
¿QUE sentencia el cuerpo del ave? /
sin acento, como quien
y a nada /en otra Estela / —igual va a Bruselas— /
-"Para" escribe en la portada / "Paul Verlaine" /

((Mea lago —ya lo ven— en mi mal gusto— P.C. a mi peluca de
pocas pelas — y a miasma / objeto, que se derrumba con mi
busto —

Hoy la cosa, con todo desunido,
(Antojo de caracol por aldaba)
Más o menos caía por este lado:
Pensando estaba el perdido,
Pensando estaba el perdido...
Y ya sabía el resultado:
Pensando estaba,
¿Para qué hacerse el fruncido?
Por más que volcara el dado
Con uña de mala taba.
Pensando estaba.
Y cuando no pensaba,
Repugnante y serio mentía
Con esa boca eterna Deten Sally Baba,
Con una sordera profunda:
"No pienso, escribo", se decía,
"hasta que el diablo me hunda"

29-4-85

LALO

cura es gregaria: dos al menos; cómo y con quién alguien se
vuelve loco: loco, el que no puede quejarse de no haber recibido
ayuda: —Sin duda, éste es un día espantoso. Me asquea el lejano
suspiro de los que ya no amo; pero igual no tienen por qué
suspirar a otro.

    "Pensando estaba el perdido...
    Pensando estaba el perdido...

Y ya sabía el resultado
Para qué hacerse el fruncido:
por más que volcara el dado
Pensando estaba
Y cuando no pensaba
Repugnante y serio, mentía
con su boca
Con una mueca profunda:
"No pienso; escribo" *se decía.*
"hasta que el diablo me hunda"

En la Europa limbo
destemplando
por el terror neutral
        suizo
        ubicuo
    de su banca:
    Aquino (por el santo)
    y no
en alusión a la verdad
del *aquí no*: no
fue Tomás de
universal uno estéril
sin si miente
Oh cómo se lo entiende
con el as de su manga:
el derecho itinerante de la duda
sin hábitos
picoteada hoy en Padua
mañana en Salamanca

Con la muerte abrimos esta historia
una condena total a la memoria
Ya se escaparon los lebreles
prohibidos en todos los hoteles
Gastados seres en su noria
creyeron viajar sobre la tierra
y fue cierto porque erraron
En la consola dispersaron
ese cuerpo eso que aterra

Esto sí que es tragarse la bala.
Con brutal desempeño
malditas visitas
Llegaron los contras, desquiciaron la aldea completa. Eran
hondureños, gente extraña aunque no miskita
Tampoco Islam: en una palabra de Alá.
Había unos tres anglos de Belice.
El aguardiente caña de los sueños
les salía por las ojeras, con una margarita.
Un montón de mierda el huracán desata
Nos salvamos por un pelo. Como dice
Fierro "con el hilo en una pata"
Entre muerto que cae y cigarro que no pita
desde un cerro mirábamos ese mal sueño.
El estudiante incomprensible decía "vualá"
Todo lo que vivía infelice
—hasta una preciosura de mulata
mataron ellos al grito de Holá, Holá
(telefoneaban a la CIA: querían más guita)
lo que se abrasaba
                    hembrazos
también ¡mala suerte! lo que andaba
enredado a lazar
¿sabe? la vida ¿sabe? parecía un disputo
no venía, acudía Ortega ni el último minuto
ni pizca de caballería. Nada que enlazar.
A mi mujer la violaron la
encularon. Estaba lindísima, se la robé a un trigueño

438

con dados —no la voy de noble— mariquitas
*Llegaron los contras, desquiciaron la aldea completa. Eran
hondureños, gente extraña aunque no miskita*

"Comí", digo,
Como Gombro. Sin testigos
Llovía y llovía. Había...
Melancolía.
               Igual
          partí al parque
                    y
otra vez comí
(es mi mal)
un chirlo más de charque
               Ya es tarde
               alarde:
          mañana sí
          hoy no.
Más llovía
Más melancolía
Pasa tío Aparicio,
un engorro
Sesoqueó
en un algarrobo
sin ser chorro
          SIN SER
          a la pregunta por él,
          desdén en el morro
          hay que decir-
sin irse, invertir:
          SoyNó
          Soñó, Song

440

nó el Viente Sir Katoo Yohno
    el gonh:
¡pero qué bien, mierda, a comer!

No molesten al grave
O los hundo.
Que hasta la última guitarra
Disimule su jarabe.
El abuso de la bizarra
Ginebra llave:
Rotundo,
Algo la frente le dieron
Pero nada asombra
Ni el sexo de una luz
A Don Segundo
Sombra
Que continuamente sabe
y sabe, hasta lo más profundo,
Bajo la parra
Protectora

CONTIGÓN

En el prostíbulo de niños
no reinaba, no, (no!)
sinceridad en los corazones
ni mucho ni tampoco pizca de cariño
                            —pese
a la organización tan encomiable.
La verdad no se decía,
nunca, no, nadie: ni aun
el ocasional sometido a patógenas
dosis masivas
de la pija, la legría de la vida.

        Y así era aburrido.
En medio de la
                penetración o de la dulce
feroz fellatio (salvo
el golpe loco de la pelvis
inmensamente percibida
por la boquita — pupila)

No soy inválido.
Digamos, aquejado.
Ha quejado
En esta cama ya no queda espacio.
Se fue llenando de libros,
papeles manuscritos
    dibujos
      fotografías

Digamos: no queda espacio para otro
No queda (espacio)
para otro

Dice que quiere llorar como una bestia
       y no irse nunca más de esta pieza
Es un hotel con cielos rasos. Con cielos rasos
       cuarteados que tiran
                             a espejos
       cuando se derrite el maquillaje.
Le digo que tenga miedo: alas
al asistente social en especial como una bestia
tendrá que hacerle creer que cree
en él. En el horrendo D.
izquierdas traidor de clase media
sin monóculo: con barba, lentes y pipa
que te lleva al suicidio. Al suicidio
—este balcón, este séptimo piso—
porque te hace desear al policía.

¿La comisaría "sencilla" "de menudo candor"?
Si las citas familiares me pueden esperar
si tan urgentes, quién soy, quizás
un mal dicho. Y se rompe el clima.
Hay rascacielos antiguos
hundidos en Retiro. Y se rompe el clima.

Sueño

Previo. De vuelta. Es anterior al cruce de esquinas:
   ¿habrán encontrado la puerta tornada?
La pregunta impide otras co-hartadas
   hacia la pista: que se es tira
   en un silencio relamido-con sales-en la tina
Arderán los jergones como bruma
   o neblina
   de nómade pobre, turco, acorralada
   por befa contra el tesoro Mocgtezuma.
Mucho rehén mentira
   (¡es el medido paso de los fados!)
   algún llavero será tomado
   a cuchillo. Claro. Son vana espuma

29 de junio. 1985
Barcelona

446

En el cielo raso de las penetradas
Juana Blanco, en lenta cámara,
se vio, pulpa hermosa de la clavada.

Que ese gil la amara
o no
o... da, da, da,
(¿novio o vio?)
dicho con elegancia
tenía su importancia
pero re'latí
              vis hada.
Hondo llegaba la vara
              encarnada
              Noemí no en mí
de esa arrogancia
honda. Injusticia diferente
de sexos proclamada
fiera, mas distinta a la del Sol
              papa natas,
al interruptor oriente.
Ahí en el bol
en las latas
¿queda? queda cerveza callada
—silencio, viciosa, puta enfrente

Hermosa y ordenada
es la vida catalana;
la familia
con la madre bien dotada
y el padre,
de prosa pía espartana

quien aquí se exilia
es un perro: que no ladre
Las mujeres son almohadas
sin varita
por culpa de España
que todo lo asfixia

Aparecen los diaguitas
a cobrar justo ahora
la ignorancia los atora
(¡jornaleros san turrones!)
envalentona. Canalladita
que dicen hasta en sones
ya el nombre los mora:
¿veinticuatro horas?
¡venga la guita!
El sol se pone

Las que Urdes pueden ser buenas o malas,
y el otro el órdago de otro tanto
En Madrid nadie se asombra de nada. Menos,
vestida de noche encontrarse unas chavalas
(guiñando las cachas, los cantos)
en pleno día, erectos los pezones de los senos.[4]
Seguro, viene de tragarse la bala,
—cuyo calibre al fin envicia—
Todavía bajo un manto
de estrellas y caricias.
Yo también amanezco. La pericia
de no cerrar los ojos rojos (roto tanto)
conozco, y el llamado: ¡bengalas!
a no apagarse os lo ruego a la
implume guisa de juego; en la
culta esperanza de vestirse
como una bestia para el encanto
muladar: quedarse, irse,
de una Noche Única:

[4] El travesti (eucarístico: se elevó hacia la Hostia
son rizos de una mística del falo
el que bien causó un pedazo por la ostra
identifica a su Otra
espió sin identificarse.
La carne acolgajada
seguía
culpable de su ....
y de su congoja.

Ven, gala. Y si la belleza me salva de Lepanto
ni de la emboscada de El Tío, púnicas
bazas por no
saber a tiempo parar la mano,
por lo menos, con su previsible *túnica*
de amianto
lívidos entraremos en el horno:
buena se la hicimos a nuestros hermanos...

Basta. Ya han abierto el estanco
Mejor me compro mis *Habanos*
sin apuro...
            (¿qué? ¡Pero cómo van a ser *puros*
si yo los fumo!)
y ni por ésas, ni por Larra el sumo
co-autor del Libro del Subsuelo. Tan co-
arquitecto del Museo para Schillerianos
que (no *tanque*). Que me olvidé, lo juro
para rimar. Así de sencillo.
Pero el color de la nieve era el amarillo
y, perdón, derretido.
Estaba por decir algo contra el humo...
Iba a prohibirme con el rigor de Utrillo
respecto a las invasiones en Etil & Co.
todo mentar reblandecido
(—ah, amarillo "derretido": por el Fango...)

A los que les va bien en la vida
algo les va muy mal, horrible.
Más bien quisieran. Son suicidas.
Administran la ideología, lo sensible,
Tienen ánimos, poder y dinero
para tramar el desastre,
pues si el bien les va no pueden, chapuceros
traer el mal: eso es indecible.
Siglos de arrastre
reponen este sofisma.
No hay matarife que lo castre.

Una pérdida de tiempo es el cielo;
  el Infierno también.
Cosas del abuelo
comisario, y del retén
y de ta
ten
contén.
Simulas la locura, ese déjà-vu

"El Hitler enamorado", inspector de Castalia,
con sombrero y con sandalias.
Pero no fue posible: le sucedía a veces...
¡terminó peleándose con Hermann Hesse!

Titulares

PARALÍTICO
HOMOSEXUAL
y prostituto

Tipógrafo, oficio ingrato,
obligado por convenio laboral
a rendir tributo
al escriba canalla, raquítico:
día por día y a cada rato.

Con sólo tres palabras
si completan una lista
vale hacer un título,
o payasada gorda.
Pero en éste hay una cabra
cuarta, que se raja del capítulo.
Cabra descuidista,
motor fuera de borda
represiva en su guiñada escandalosa

Paralítico, homosexual y prostituto
El cuarto elemento
el que habla desde la fosa

La mujer y el hombre. La Summa
   Teológica, no: falta el Agua
   fiestas: el niño. Que a mí me parece
   Odia a Virgilio.
Efectos de plegaria, se desensarta
   el mártir del asador.
   Ya es actor,
   se mece
   en nuestra placenta canalla. Otro Basilio
   casi basilisco: el alabado Becket, el Que Pasta,
   quiere ser asesinado en la catedral
   o sea en el techo estatal.
Conserva.
Este Becket, ojo, es aquel Becket
   —no es religioso, peor
   no es católico.
De allá es
   de aquí no
   este súbdito irlandés
   que leyó lo que no debía
   y ahora debe porque es capaz
Casi. Casi.
Todo a Santo Tomás.

30 abril, 1985. Fin de la 2ª guerra mundial

Nada puede hacerse
sin una
juventud equivocada,
nada: ni la mínima patada
de patear la cuna
y basta del "está por verse":
ser joven es ya
cobardemente saberse
Cristo. Cristo
de la gamada
siempreverde.
Recitando su guión mixto,
Incapaces del mal
el Pedagogo y el Social-
Asistente, le piden que recuerde...
¿qué?... si como ellos
tan preventivo
tan listo
hace tiempo que muerde
menos confundido que lascivo
ese culín ario Pan
Plino Archivo: el destello
eterno ya del flash que el Otro Sultán
gatilla mientras excita
su "bulto bello"
que es el Bien,

un fácil Cupido: a la cita
puntual llega como quien
absorbe que lo roben
viejos tetones sin corpiño
que le pagan con la almita
del joven.
Cupido... es niño,
en el callejón del ambiente los arrugados
lo timan (tarde comprende):
le han pagado
con algo entre el polen
o el armiño,
vaya a saber, depende.
Pero resulta que ya es un tarado
completo hasta la gorra
militar que usa y USA
dice amenaza de la porra:
es un gratuito inspirado por las musas
y sólo mirarlo ofende
la paciencia.
Absorto
en el aborto
(pero descreído ya de la ciencia).
A su modo
materno ya lo sabe todo
y fríamente mira el Orto
de su deseo: lo peor.
Un juez NATO. Y además objetor
de conciencia.

Tas loca Marcela
bajo la garúa
Tas loca negra
como la hebra
negra
del tabaco que se cuela
de frío y de lluvia
Acabala
con ese hueso que se te cala
Venite a Francia
rajá de Barcelona
aquí te velan con
cal
no cala
tanto besaron la lona
(son textiles
estos giles)
que ya se tragan la bala
sin sentir
lano
no sienten nada
salvo la pasión de lata
de latar
es lo suyo
Marcela usted
morocha rubia che

—...Charlás, charlás, divagás
te pagué ya
                yo no sé
ya no sé cuántas copas...
—Y si Charles me llamo
                ¿qué querés?
—Saber
                por lo menos
cómo murió El Cloaca Iván
—¿Podría tomarme otro vérmún francés?
—¿Pero sabés?
—¿Si sé? ¡Camarero!
—Mirá, culito de mazapán,
si resulta que todo era...
—Eso mismo diré cuando me muera:
                to do do eh ¿eh? era
—...que todo era para currarme...
—Andá a la mierda—
                —¡ah!
                gracias camarero
        tu suerte no es lerda:
no conocés mi y dioma
        no tenés que soportarlo
        a este gil de goma
—¿Pero no te das cuenta?
Lloro. Lágrimas como de marlo...
—¡Al grano! ¿También a vos la petaca
        esa que no huele a menta

te desfondó el amigo Cloaca?
—¡Te voy a matar hijo de puta!
—¿Pero por qué?... *hermana*...
no es cosa, la vida disoluta
               de uno
                  que uno
            tenga que confe...
—Mañana...
       no bien
—Empezamos mal...
—...se me aclaren las ideas...
buscaré un padre colonial
—Ah, un papirulo,
       mejor entonces vaselina
       la "cola" te va a hacer
                arder
                     el culo...
—Está bien. Llamá al camarero.

(**at**lántica)
    más aislado de la cárcel

El progreso espiritual asegurado
    amén y que así sea
    que para siempre se terminen
las auroras
las mañanas

Que las piernas de las mujeres se llenen de várices
    que el misterio de la erección
    que el Espíritu Santo
    (enemigo de Cupido
—ese pobre "Di Algo"—)
    y agente real o verdadero de la cópula callada
siempre triunfante
o sierpe
—el Espíritu Santo
    tentador en el roble del confesionario
    o en la simple calle que da vuelta
    en busca de un juego que podríamos llamar
    mentira (que llamamos)
    el arroz ario de las (calla) caderas eslabonadas

La Psicosis
El Espíritu Santo
El Falo robado
Y el proxeneta nostálgico
    arltiano

Que también fue
        antes de encontrar la recta vía del asco
        un respetable profesor de matemáticas

Y dice ahora el tema
que aparentemente cambia

        había en el prostíbulo
        salón de baile
        orquesta típica (tres sencillas guitarras)
        y humo (con olor a parrillada)

En la pieza de la preferida
de la que hacía más latas
        quedaba todavía una pila de hojas
        cubierta de logaritmos colegiales
        sucios de polvo y de carmín
        de carmín (como tohallas)

De maquillaje
Eran los exámenes
sin corregir
olvidados allí hacía
        ¡tantos años...!
y despreciados
        tanto (pero tanto)
como la muerte altiva aparta a los cadáveres

que se terminen las falsas
por Dios
        ...auroras...
        que las mañanas
        sólo abran
        los párpados sólo para el fracaso
        —sí—

Y redundante
el Falo robado
La Torre sin
(malditos sean)
las nidadas de los malditos pájaros
    —sí—
Sin
Contra el amor (sí) contra el amor
    el óxido de la reja y la muralla
La cópula ciega a sabiendas
    en que ambos
Los dos amantes
soberanamente (sabiamente) castrados
(soberbiamente están castrados) y (a sabiendas) lo saben
    —en fin—
Si
El Espíritu Santo

La Paranoia al fin
La calma
El centinela que pasa
(no es más) como un toldo de estrellas
el canto perforado
y Abraham
que con Lady Macbeth se casa

Berna y Ballester
Barcelona 23
España

    —pero hay un ninguno y Problema—
¿cómo me llamo?
La pista hay que buscarla
en los yermos
en los llanos del Atlántico

Prólogo

Carla Afreccio:

—¡**B**e, Bida
y tráeme lo que yo deceo
una tamaña Apolord gía, que mida
(estoy triste... borracha... temblorosa... me meo
...¿qué sé?...
...es el alcohol... mentira: siempre apesto
...jamás estreñida...
...orina chorreo...
...¡pero!...la mirada se me congela en el polo opuesto...
...todos muy valientes con mi Taras Bulba...
...¡mírenlos a estos soretes!... el horror de sus caras divulga
que yo les imploré... Mamann von Ette...
no sé
boca abajo, humillados los ojos contra el suelo,
que me
enterraran un porrón como un cielo
en mi proletario, fraterno OGT...
...sólo ¡ah! Gogol por delantera
y ése no era
el trato
para una turra como yo
de campeonato)
Que Mida...
Perdón: hoy, época, yegua quien en la métrica se concentra
Y, turbada bis a vuela contra Dios
se reveló para condenarse un rato:
Aunque ni siquiera a mí me entra
digamos, en fin, en la cavesa

"Yo nací para puta de contienda
con un ojete, para el que entienda
elocuente aunque se lea
d D D d D D d D DD
de derecha a izquierda
o al revés de
(¡paciencia!) La calentura me quema la azotea:
no soporto se me agarrote la mierda
ni siquiera a la hora del té,
(con masas pero sin pueblo que redima mi cerda)
pero no me baño de asiento
lucho de parada incluso y sin ungüento
en lo más culo
deponerle pechos al viento
del invierno (cuando la nieve es lerda)
para tragarme el muslo de carne de mulo
por el túnel ciego pero no cuenta el cuento
de forme, informe
halo, artista pésimo, malo como pobre (hombre)
güeno y mocho filo sofoide: —¿Sabe Saba
to lolo Ernesto?
Mi cloaca no se recula en el verso para esto
cuando no desbarraba ni en la barra lava
bol canica de Lowry hasta el borde
llena de un agujero sin nombre
en idioma de sastre
lengua peor (muerta): mi herida que honda va
por la calle marinera ron arrastra

de chinelas encalladas:
Paseo de La Marea! Con los brazos hechos sopas
vi a vergas
ah! venidas bien para cargarme por la popa
tu Voz de carne vacuna
contra la jerga
enlatada, clandestina como la cinta "Sólo hay Una..."
¡cabezona! como la tuya para mi grupa de galopa
encadenada al por no de negarle tu bravura
a mi glútea vencida. ¿Qué censura
la posterga?

Julio, 1985

Basta de mar relamido.
y de playas que exploran
Estos fracasos pueden voltear
En cambio inocentes la bola imploran
no quieren llorar
lo podrido
pero allí se demoran
Un poco descosido
Al mar: —¡Hola!

Esa tarde éramos tres
con el enigma:
una sola pija.
Pero no quiero apresurarme.
Es mi propósito
un versificar tranquilo
aunque alguna rima inevitable
venga a retorcer el espíritu
de *estas-ya*
cortadas líneas
con su aire ya
de artefactas
(frías)
"car-ca-ja-das"

Suertudo Eluard que perdió su Fala
Aplaudida por su puesto en Cataluña
Se me pedirá *seny* que no gruña,
Pero advierto que no es tan mala
mi intención
Deliberadamente omito
La fácil alusión
          al pito
catalán, cachondeo y recuerdo de infancia,
y también signo de boyat o intolerancia
contra el rival medio tontito
Que siempre se despista
Suertudo Dalí que perdió su Gala
Aunque tarde y lejos de Francia,
él que se decía "Franquista".
Acabo de leerlo en una revista
Y comparto ese hedor de calas.

Tengo los talones como papel de lija
de tanto trotar la calle.
Pero en cuanto a chupar la pija
O hacerme segar el valle,
Apuesten por mí: soy una fija.

30/8/85

Hay que peer catarse

En agua observación
        da
la aguda,
contra riada.
Escalofrío de remojón,
Historiografía. Historiografía
Arcillosa de partido
        "¡Ésta es lamía!"
Desde algún oscuro rincón
partió (el chillido),
la torva felación
ahora dilatada
en actas

La camarada
de cuya lengua lactas
maldito soplón,

La rima tiene asperezas
Como marquesa traqueteada en coche.
Se parece al dicho que reza:
"A Troche y Moche".

La grasa fría te saluda,
el aceitoso excremento te saluda.

_____

Resulta excesivo Felipe González
para los invertebrados españoles.
A estos canallas les gustan los males,
En eso no tienen bemoles,
Al poso del Amor
Al amado.
Entre la magía y la magia de ser soles
y el fragor
De sacrificados animales
Se enviciaron con los alemanes:
Ponerles el culo con sumo agrado.
La verdad es que son todos catalanes,
Es decir, ardillitas, esquiroles:
no sirven ni para dormir de costado.

Monotonía y más
Monotonía
La tuya, lamía
Dime dónde vas
(No me lo digas
Fetente higa),
Prosa cortada, malchiste, escritura,
Alineados y paralelos tachos de basura,
¡Dime!
Ya lo sé: no me exime.
Descorcho una botella de ginebra dura.
Remachado como un clavo.
Pero yo no vine
Al fin y al cabo
A triunfar en el cine.

Un vector, frascos
de formol y zapatos verdes
ved a las mujeres fracasar
en ese bidet forrado
tirolescamente
de volados violetas o verdes
              los fármacos
en el botiquín abierto
(cara la pared la luna del espejo)
esperan tras
su vidrio
otra vez el vidrio de sus frascos
verdes o violetas
y esas pastillas sí
de muchos colores son
aparentan bien el infinito ah
ah
      parean
el nada que la pena valga
con la masticable rotunda nalga
al(gebra)
y gin(ebra)
ved a las
mujeres fracasar
entre frascos
a pesar de la tasa calcañar
y las tiras evitas
verdes

que aglutinan sus pies
de relamer
carne y hueso
plenitud
donde la uña de color se empotra
sin peros pese
a que el orgasmo bacalao
grite yeguas.

Opongan (el culo en remojo)

Primero fue mi odio a la Argentina.
Después, ya viento en popa,
Como un intoxicado de gomina,
Me cargué también a Europa,
Y sus fascistas con sandalias,
(Menos a Francia e Italia
Que todo, todo lo iluminan)

Como la nacarada uña
De una actriz delatora y emputecida
Tapa su roña Cataluña
Y la usa
Para chivatear a su gran excusa
De por vida

Presten (con interés) atención a esta nota,
No la échenla al olvido:
para escribir, dado lo perdido,
Hay que tener encéfalo
("en sé falo,
idiota")
y ya verás cómo te mido
y te rebano el palo
al servicio de la berga mota.
Mota de suciedad, negra,
inesperado —miento— chillido
en el buen estilo que siempre, justo, es el Malo
para la asunción del Otro que se alegra.
Nada terrible: es lo debido
En la noche,
"No, che"
¿Y entonces qué?
                —¡Amame!
En fin, que éste es el broche;
Claro que mamé,
Mamé

Prólogo lejos de Bremen

Estos malos poemas vienen
De la inspiración clásica y santa:
escupirles a los otros el asado
pero no borrar el arabesco del semen
cuando fuera de su urna canta.
Colaboran las malas artes que no temen
sedientas de un exterior ilimitado
convertir la rima en decorado.
Claro que esta insidia es una guerra;
un tratado
de paz eterna
firmado por la loba y por la perra,
mejor dicho.
Ya aliviado
sexualmente, mi despedida es dulce, es tierna:
ahora están abiertos los nichos.

Padua, 12/4/86

Sediento
estepa cansadora
Apretada, por una siembra enhiesta
(Locura de la Tora):
Tupidos mas no verdes millones
De esos sauces llamados llorones:
Vierten agua seca y que apesta
Sal yesca hasta arder la ropa
Las mal
Intencionadas, sus cobayas copas.
Sal
De esta tierra letal
Y fetal
O fatal
Demasiado parecida a lo igual
Como las Heras y las ceras.
El primero, prócer argentino,
                general
Las segundas, —sin insulto
Al silente hombre culto—
producto lustral
nada singular,
si me dejo esta vez de esquivar,
sustancia de uso universal.
Falkner, calle de Mar del Plata.
Falkner
(3651). Mi familia, una lata
Benedith y Lamas

que se remata
con la casa y sus ex camas
(de pez sin mar y sin pecera)
chirriantes o beatas.
Se caminaba por la acera
Al descuido pateando una lata
que nadie conserva,
y no es poco (con todas las reservas),
Fuera de Bagdad la nada, rastrera
Espera del ser, mentira duradera
Así pateada, cuero contra hojalata.
Misterio que la industria enerva.
esconde ayudada por Minerva
Pero miento. Para vender lo enlata.

Poldecó esautó licenció,
frase hueca o sintagma pervertido
En mi cabeza bailó
Mientras viajaba en tranvía
(*Frisco, Estados Unidos*)
Ida y vuelta día tras día.
La primera duda me asaltó
y me mordí las uñas,
pues cometí la vesania
temeraria de haber vivido
un tiempo en Cataluña.
Seguro que de ahí provenía
el maldito, cacharro ruido.

Poldecó esautó licenció
Litros de "güisqui" (hispánico...)
no bastaron ni mi Yo
Fuerte para salir del pánico.
Poldecó esautó licenció
En sus exactas redes
(exagero) me atrapó.
Satánico
En el cuarto de hotel
sólo se anotaba en las paredes.
La ridícula Lulú Matrell
me ha hechizado, se vengó,
fue mi navaja de ocamp
pensé, por reírme con ustedes
de su Pleitagueitsam.

Los charlatanes pedían un nuevo gauchesco
Digno del Arte postmoderno,
Estilizado
Y por qué no decirlo, refinado
No volver sería lo mejor, ni siquiera a vernos
La boca
Se hace a un lado.
Aquí yo se los ofrezco
Interesadamente, claro, por lo que a mí me toca.
Es fuerte, de ley.
Jarry no estilizaba a nado
Ni a nada
Cuando escribía el Ubu Rey
A patadas.

Barcelona
1985

Rimar tristemente
porque no hay otro modo
Es el codo
con codo
al ritmo del batiente.
El Bate, bah, error, no horror.
El batidor
tortuoso:
como no hay quien lo mate
se enfrenta a la jauría.
Insidiosamente
a sí mismo se denuncia
loco de alegría
Asimismo no renuncia:
prefiere morir ya
entre dientes.

—Una mañana fría...

—La sartén por el mango...

—Los huevos, cojones ardientes
pero por fin tajados (¡qué manía!)
en la lengua del Lupango.

Buey, que no ara
mas se ase uno:
en humo
(ahí para)
en vapor de sacrificio.
O: que no are, es un vicio
de piedra monumental. Convidar
o no convidar, escupir
la presa del sumo
Altar,
el ara...
¿Ara? Ahora reír
       ¿qué? ¿adónde? Sin hogar
La Bestia, el símbolo, se recluye.
Emblema (tiza) sus taras.
Tótem, desvelado huye
sin escarmiento.
Preso en el cofre (*de río*) de su mote,
navega en la arena de cierto
lujo: la mala vida inocencia del vilote.
Rosas dijo el insulto, mas Sarmiento
cretense en su partícula final
fue el experto
pirriado por las arterias, o arterías, fluvial,
Sobrenombraba. Aterrado y sin tema
salvo el a-podo. La mentira
Abi, habida cuenta,
que aquí con tanto dengue se quema.
Hoguera lívida que fluye
hasta morir en un ridículo animal
trucado, el va por, su poco felino gatear:
El Buey. Relame, avestruz
que no escapará del tribunal
pero tal vez sí del juzgar
de su cruz.

Tus plumas: test, tus
plumas cobardes arrojadas
hasta la náusea arqueadas
sin un blanco incontables bastas ballestas
cuando ya es imposible parar
la rama que avanzan.
Han
sido profetiz(h)adas
como Ivan
(¡duda aun entre *bosque* o *floresta*!,
me parece, creo, no soy serio)
tanto el de las noches iguales a esta
congelación del fino
intelectual que no escribe y tampoco apesta.
Diurno engendra en la visita al monasterio
a farra, viento en popa para el clero,
a su sombra,
(sus) embelesadas, pero
ambas incautas con su destino,
inocentes, un poco
taradas en busca del Fe Menino
Hombre
espasmo pánico del va por... doble barroco
a la vista el hace sinos
el autor snob que se
leyó a sí mismo como loco
y tampoco:
era eso. Locura nada ve.
Sino,
prefiere, se ciega,
recurre incluso, en cursiva, a la fe
si es el asesino
definitivo del Mal
el que llega,
demasiado prójimo se acerca

y es, *era* el déspota: peregrino,
o sea, tan grotesco como real
  o sea iletrado. Esa tuerca
de jardín en el rosal
que, la verdad (desdicha, si no
se le asombra,
terca)
nunca dijo nada de la noche y el vino.
Es él, también, un rosal astuto
la arrima...
Aquí no. Exima
El Hetor héroe letor la rima
y hasta la fresa, la grima,
ria. Helecho maculado...
¿ya empezamos? (con traición al estatuto).
Mejor dicho: violado
sin guitarra
ni la garra
apoyada, a cuerda, del laúd diminuto
y ya pasado
que en su anciano reflejo mima.
Bueno, ya he pasado.
Resultó éste un fatum disoluto.

    (...sin tanta marca
    ni febril, devoradora mica
    de relámpago oh rayo relumbrado
    de Absoluto
    oh prestigioso Abismo:
      —también el *Uno* se fabrica
    en oscuro diálogo con la parca
    su fascimo
    propio. El encartado
    y no me refiero
    a el

grosero
encanto de Gardel
cuya voz yo quisiera, *quiero.*
Encartado. Entre rejas.
Arrabal amargo (chau
Amargura, dijo Arlt),
Barrio, bajo gorrión de la queja.
Como aquí es obligado el saludart
aquí: el mayo
continuo, el que no ceja,
aquí siempre da chau
al que sea. Consejo para rayos:
saluda a los pares,
sí, a los iguales cobayos
y si es
o no alud
di sí, *náci* no, nací
sí: nada comprometido, *alú*
sivo (sin cortes:
no me imites a mí)
"sí, naciones"
sería el lema
perfecto. Las zalemas
de *sus* razones)

* * *

Buey, que no ara
mas se ase uno
en humo
para
en el vapor del sacrificio
O que no are
Es un vicio

de piedra: no convidar
escupir
al sumo
Altar.
El ara
¿Adónde?
Sin hogar
se recluye
El Buey Relame es avestruz de juzgar

* * *

Nos encontrábamos los domingos
por la tarde, y lo hacíamos
el sexo cuento del tío
que todo lo surca
en el cuartito vacío
en la cama turca
—...en el lecho, en el jergón...—
de la mucama:
a rayas, un buen colchón
(era su día franco). No
habíamos aún
            —sido
            —ingresados
            —en el a
silo de ancianos.
No era todavía nuestra hora de Lozano.
En diferentes, claro
asilos de ancianos: lo mismo,
(no, 98, no hay tiempo: ensimismado, ensimismo, en sí mismo)
ya no nos veíamos.
Eso: el llano en. El ya no llamas.
Muy vieja la mucama,

sigue, viene de visita
los domingos.
Es ella la que me desliza
el coñac en botella
de gaseosa (una cola)
y la tinta negra
y este bloc de papel
cuadriculado:
         No es en blanco

* * *

También nos citábamos en la calle
durante la semana.
Una hermosa ventana
no lleva a los parques.
Es un gusto decir
         en parques
         embarques
            Buques
de humo azul o gris al partir
zarpan de Buenos Aires, que...
¡Mala pasada! nombrarte...
...herida... A lusitanos recordarles el tajo.
Helada. Imprevista te metiste en el cuadro.
El arte.
Es. Es un.
Es un golpe...
hum...
bajo.

* * *

Nos encontrábamos los domingos
por la tarde —y lo hacíamos
en el cuartito vacío
(al vacío, como al río
místico *hasta* el sexo lo surca)
en la niebla viuda, blanca,
de la mucama,
en su cama
turca.
        No habíamos
        aún *sido*
        ingresados en el a
silo de ancianos.
Asilo, ha sido, ah,
algo: creo, sin gesto avaro,
no me aferré
tanto, ni siquiera cuando
había otra fe
deficiente sí, pero hablando
con figuras no esgrimía
la espada
        de Lozano.
Pero, me enredo y me confundo.
Ni intentarlo debí
(por deudas me patearon) con la poesía
meterme. Estamos, claro,
en diferentes *¡auxilios!* de ancianos.

Hoy el jadeo
no es deseo

Hoy la Copla se queja.
Rocío de alcanfor
acada flor
por odio al polen.
Así se deja
de ser joven.

Son risas; pero: viuda era
Rosy de Pesaro
De un aplastado por un auto.
Lloró en el balconcito
Mirando afuera
Veía desde el llanto (sin descaro)
Ese quizá que ayer poseyó
        quizás hoy
         temiera
Con un ruego solito
Que lo invisible salvo las estrellas
Aspirara su fragancia y la
        volviera
        recortada y bella
Y si el telón tejido está de noche
    con *Cinzano*, Gin *"Ebro"* y seco *"Ancia"*
        y no de tela
    le bastaría ese aroma
    cuerpo de una redundancia
para envenar el clamado aspecto
        de un miembro nuevo
Que la arranque del "g" gage fe malala del oficio higo
        y como epílogo
    de ese milagro casi impronunciable (erecto)
    le entregue el alma en una jota
        rogada: —conmigo
todas las letras baile
        hasta la ignota

del no saber ni
solo yo
tu sola
la rima de lo más sencillo:
                    el cariño.

Nunca es el siempre lo mismo;
siempre: es lo mismo, siempre.
Nunca es lo mismo.
Siempre es nunca: es lo mismo:
    —Es lo mismo de siempre,
    nunca lo mismo.

—Y ahora entregad los ejercicios.
Firmad con vuestro nombre, el mismo
Dado en la pila de bautismo,
Negro tapete del oficio,
Blanco de burla (con tropismos
De alcance no esperado),
Pero dado que un solo dado
De los pelos al bedel cojo
Trae y otra vez es lo mismo.

—Ahí tenemos la ciudad —dijo Esther
sin el mínimo atisbo de maldad:
quería recuperar su frialdad,
y además, el dominio de su ser.

"¡Ah, dominio!" se carcajeó el Demonio
Y el terror asaltó a la muchacha,
Que tenía mojadas las bombachas
Y allí en su clítoris un manicomio.

"¡Ah, dominio!" La verga ya silbaba,
Babeaba el anticipo de la esperma.
A Esther ya no le importaba la merma.
"¡Lamerma!", y rápido ya se la clavaba.

"¡Estherma!" Sacola de la vagina
—No en mi cola... —Esther rogó, pero tarde:
No iba el podrido a perderse el alarde,
El culo le dejó con mala espina.

La vida de una chica perforada
Por el Maligno diez veces al día
"¿Mal signo?", mientras la bragueta se abría
Y Esther la boca para la mamada

Cualquiera puede verlo, es imposible
Adelantar un paso en el relato
"¿Morderlos?" y con zarpazo de gato
De Esther sucumbieron los mordibles.

Qué vida... No poder decir palabra
Pues el no ser helado más compulsivo
Enseguida la tenía al rojo vivo.
Vieja murió Esther bajo el pie de cabra.

¡Qué vida! ¡No poder decir palabra!
Ha sido ésta una experiencia macabra.
"¿Más cabra?" Y arremetió contra esta hoja;
Su falito la tiene sin congoja.

En la lengua francesa arena es sable.
Me parece ridículo y monstruoso...
Pero me estoy pasando: me hago el oso.
¡Si al Diablo lo llamamos *Indeseable*!

Ya solo era el Demonio converso.
Me quedé sin prosa, sin la prosapia
de un orden compartido, terso:
la vieja ortodoxia es lo inverso
que el dulce y pío de toda terapia
¿A fuerza de rima rajar la tapia?
Oh, no. La prosa,
Es claro, es otra cosa,
O la poesía, ese goce escaso y adverso.

Amenazas de pistolas
Que el poder plastifica
Y abyecto
El niño magnifica.
Desnudo, en bolas,
Ése es su proyecto
En campings de hoy o ayer.

Remanso de paz
La ciudad, que ha venido a parar
a un —"para ti"— Solitario's bar
Exclusivo. Ya se sabe, los demás
       traidores brillan lejos. Cuando vuelvan contarán sus
       hazañas (hasta la Guerra Civil, o saña, o Azaña: todos
       lo habrían hecho mejor)

Quedan todavía muchas noches de verano
       con poco sueño, desveladas, tranquilas,
       en el mismo remanso de paz;
       la ciudad con menos demás,
Los traidores la han abandonado: atosigan
       ahora el campo y la montaña.
Los más
El mar.
Estoy en el mismo lugar
Al ras
Ras
Es un verano extranjero y seco:
       "toda rima ofende", dije y
No voy a volverme atrás.
Pero he descubierto que el (o los) ecos
       las consonantes arbitrarias, vuelven cosa de todos los días
       —como la primera copa tranquila, decantada de an-
       siedad (me espera la muerte: ya está servida, lo hice
       antes de ir al baño a salpicarme la cara: bajo mi control
       absoluto, fija, hechizada, aunque mordiéndose los la-
       bios debe aguardar

sin chistar
> a que concluya mi manoseo con el agua en el lavabo
> —que no tiene ventana, se me ocurre: porque falta el
> cielo)

Bueno, basta, no empecemos

Hay gente con nostalgia
La década del '30,
de sus ultrajes afilados.
Se estaba mejor, se dice
en esa placenta.
En San Isidro y sus barrancas,
el refinamiento disimulaba a los tarados
escuchando a Tagore, Ortega,
gente medio culta
y peores deslices
(para reírse: hasta el conde Keyserling).
Mientras la limosna llega, pensarían los hombres sabios
Mejor mirar al río, la vista fija,
la boca apretada
para aguantar la risa:
no perdonaba chistes
la bestial Victoria *Occampo*;
la estulta,
Que se lo pregunten al *ético* Borges
y a ese genio que es Pepe Bianco.

Una eficacia anticipada —su estética: la miniatura tradicional, exclusión de las grandilocuentes "rupturas" imaginarias— para promover la *relativa* construcción de un futuro *revolucionario*. El término miniatura se abre aquí a varios sentidos. Los preferibles: grafo, algoritmo, matema. Exclusiones: código, modelo: la reproducción de lo que existe adopta una máscara —la lucha, el progreso— cuyo nombre (paleonímico) es *ideología*. Hay maneras mejores de decirlo: homeostasis del principio del placer, seducción, *Verneinung*
                    :—Liturgia del síntoma, identificación con el agresor.

La paz: pseudoproblema. El pacifismo: formación reactiva, cuyo capital fijo es la censura. En cuanto a la *interpretación*: cambio de tema no es la peor de sus formas— *Lo inefable para los codos*.

* * *

POLIS ARIOS
    Cuando una intelectual de la *cata'la'nada* procede, desde la infatuación del yo, a una fuga al desierto. Ya lo hizo Franco, el africano. Allí encontró la pureza (que le faltaría, seguramente), el convento: fuerza sublimada para el asalto definitivo de la metrópolis corrupta. El mismo fantasma, hoy, insiste. Lo que le falta es lo simbólico —simplificando: una *verdad* que

para serlo debe aceptarse previamente como sobredetermina-
da— suple por una servidumbre perpetua a lo *verosímil*. Cuen-
ta con medios —la gran prensa, voluntaria o involuntariamen-
te, representante de la derecha económica. El resto no le impor-
ta. La difusión macro de los medios los inviste con la trascen-
dencia de los tipos. Les paga para eso. El periódico se quiere
eterno día por día, en cada tirada de la rotativa.

* * *

José Aumente conservó su nombre, incólume, inatacable, hasta
que abandonó toda coincidencia con una práctica socialista y
revolucionaria y se afilió al ulceroso PAGODAI (*Partido Godo
del Arte de Injuriar*). El hecho, en su manifestación pública, ocu-
rrió en las cinco columnas falsas de EL PAÍS —*Falsas*, en este
contexto, califica un estilo moderno de diagramación que termi-
nó hace muchos años, y en todo el mundo, con la monotonía de
las seis columnas clásicas: verdadero plomazo.

En efecto, el 7 de setiembre de 1985, José Aumente publicó
en EL PAÍS (editorial PRISA) un artículo titulado *Apuntes para
una teoría del felipismo*, donde apunta y dispara contra el presidente
González. Esto es normal, claro está, en un país como España, que
ha gozado durante toda su historia del pluralismo de los gobiernos
(y gobernantes) anticarismáticos. Felipe González, en esto lleva
razón el apuntador, inaugura cierta tradición acaudillista que puede
degenerar —¿acaso no existen los degenerados?— en culto a la
personalidad, cuya consecuencia lógica es la dictadura

* * *

Los orígenes sociales de la muerte. —
esta frase la escribió Videla

506

en su carpeta
mientras leía novelas
—mejor dicho: historietas
para opas y novicios—:
Pensaba en Dios, en los Santos y en la Suerte
según los astros. *Los orígenes sociales de la...*
así desatendía el Juicio.
¿Para qué escuchar, lo convenció en Piscis,
si a tiro de escopeta
se cernía el inmediato Apocalipsis
y cortaba, el propio Dios, la mortadela?

* * *

Arriaron con los borrachos del Acueducto
con perras y perros en pleno mediodía.
"Tristes productos
de leyes más tristes, todavía".

* * *

Impaciencia no tengo
ni tampoco miedo.
Aquí estoy, y me quedo.
Hago lo que debo:
Contraer deudas,
Así me vengo.
La literaturgia castellana,
Lo que Tú enfeudas
Oh lengua

* * *

Eufórico *y* desesperado
Me columpio en mi fracaso
Más bien con enojo.
Nunca el límite se ha borrado,
Paso del esplendor —Literatura—
Al loco fulgor del ojo,
A ese balazo
De odio encariñado
      La cari-catura
Sólo hay un paso.
Y yo lo he dado.

* * *

LA *BESTIA* PUEDE HABLAR...

nunca ser elocuente
ni graciosa.
En la noche tormentosa
(que la implume rima acaba de inventar)
     cuando impensadamente
una imagen se convierte en goce
del fru fru, del roce
de la picana intermitente
en mi mano, sobre el aún vivo
cuerpo del camarada subversivo:
genitales especialmente
sin mengua,
claro, de la lengua:
—Es entonces. Es el rayo sorpresivo
de lo que no es, fuego desdeñoso aunque llueve,
porque ser, se dice,
eso no puede.

508

Y a decir: —Yo lo quise—
¿quién se atrevería o se atreve?
Por definición... el mal no tiene sede.
Bah!, entre tanta manía lógica e histórica
Todo lo escribe la retórica.

(Entre tanta sevicia y tanto vicio,
llevado a las letrinas góticas:
—Qué he hecho de mi vida y de mi amor
del sometido interior de mi paz
si según mi deseo
sobre el majestuoso *Never more*
de Poe, me cago y me meo,
para que no se salve tampoco el *Nunca más*
de Sabato, el hipócrita
de oficio?)

* * *

¿Hay que ser fiel a sí mismo
O seguir alado?
Yo me inspiré en el modernismo
Menos inspirado.

* * *

LA BOLUDICHA DE LOS VERDES
aun cuando cagan fuego en el mar
hundidos por un comando militar.
¡Cuán cuán cuán! verde,
aun bajo la garúa de ....

era mi valle
Cuando estos .... no existían
Recuerdo la mesa familiar
que trepidaba como las vías —veían, veían—
recaliente por Corea.
YO PREFIERO ACORDARME AUNQUE NO ME
ACUERDE

Existía, claro,
la tengo en la punta de los labios, existía
la ensalivada pornografía,
las pajas escondidas en la batea
a toda hora
por el culo revistado de Blanquita Amaro
excitadas más todavía
por el crimen de sangre (página de al lado
de la revista AHORA)
¡AHORA!
Estos jeta de canallas
trepadores fatalmente colocados
pero con felicidad incompleta
están preocupados:
¿y si el mundo estalla?
¿y si se pierden los buenos empleos?

* * *

"Porque toda rima ofende",
Cito de memoria y con premura,
Cometí pecados de en verga dura.
Oriné los parques más aquendes,
Los más otrora,
Los más verdes

Y ahora
Tiene el sabor más amargo que recuerde
Ese esquinado "depende"
Que mi boca expulsada de la Altura
Convertida, supongo, en lora
O en tabernario Chamuya
Esgrimía, querida de mi alma,
Contra la tuya.
Fuiste la primera de este que se evade
Pero no bebas más mis lágrimas canoras.
Ellas tampoco reconocen ligaduras.
Hechas de sal, de ..., santa de...
Estoy en calma.
Aleluya

Literatura pecora. Mala literatura.

Qué importa que ya no lo vea
No es precisamente para su mal
Una noche y a su edad
Muy oscura y muy real
Una noche de las
Que brindan, parece, inagotables ideas
Con aspirina, entero y vivaz
De imaginación potente y formal calidad
Total

Qué importa que ya no lo vea
(Precisamente no es para su mal)
Una noche y a su edad
Bien oscura. ¿Pero qué importa que sea?
Una noche de las
Que brindan, parece, inagotables ideas

Qué importa que ya no lo vea
Precisamente no es para su mal
Una noche y a su edad
(¿Pero qué importa que ya no lo vea?)
Oscura y muy real
Una noche de las
Que brindan, parece, inagotables ideas
Animoso espíritu, talento vivaz
Noche de imaginación potente y formal calidad
Total
Que fue la noche causante

Levantó la copa sea lo que sea
Y en adelante
Ya no la soltó más

Es un pobre muchacho que escribe tonterías, so'obras
Éxito no tenía, ni pelotas
Aun el título: *Cleopatra, Sarduy y la Cuba*
Elogiado por gente remota
O sea, asesinado a distancia
Cayó más hondo
(Otra: *La Bicicleta de Numancia*)
Más profundo: cachondo
Se puso
Y muy pero muy boludo
Al uso
De yacer muchas noches desnudo

Contra el sadismo, que tanto ha molestado
Poblando el mundo de rollizos mengeles
El problema a la solución impele
pero siempre ha sucedido
Él mismo la busca, necesitado
Es raro, pero siempre ha sucedido
Fácil es alegrarle la vida a un parado.
Hay un remedio tan hermoso como el Lido.
Persistente recuérdele la tele
(sin aludir al parado)
Que él no ha caído tan bajo:
No es un etílico perdido
Un vago, un ladrón o un pelele,
Tampoco del todo un retardado
Sólo que no tiene trabajo
Aún respira en la baza del envido
Hasta yo, que siempre me rajo
Sé que lo peor, lo que duele

                                        ...titular, quizás,
                                            tal vez...

DESPUÉS DE RELEER

1) La voz corrió velocísima
y nunca desmentida
                    Palamedes
                    (otra vez Palamedes! Plo(tino)mazo)
inventó la Y (letra) al observar el vuelo-bandada
2)   *bandada* de grullas.
3) También los números el uso de la moneda
el cálculo según los astros
                    de la duración de los meses
la taba
el juego de damas
                    Murió lapidado.
                    No hubo caso (Palamedes —
                                    Plomazo
                                    lamed)
                                            Es
que Ulises no se lo bancaba: piedrazo
                    entonces
                    a piedrazo.

516

La cerveza barata es rubia y cara
    sonrosada como el tabaco Virginia
    así como... *lára, lára, lára*
Borracha
Relamida toda
Muslos
    en el bello público la bombacha
Pues los
Ataca si la viña
    también los señoritos cachas
    pijos la encaran
    para...

Para...
Parar en sí, cortarla, basta
Me aburre la rima
        hasta
        la grima;
        —Lágrima,
una especial grima
que da el tinto sin página
El que destilan entre risas
                (y caricias
                de panzas)
para nosotras, para mí
puta sin esperanzas...

(ESTRIBÍ)
"Que venga el chulo
o me sobra el culo
Una ser o doble
igual tirita el chocho
cero sobre cero, igual a

iguala ocho:
8
Pero esta loca
ya se desploma
como el ex marido posito
feble grafito
bajo la dura goma
ella cae de boca
sin pito
y entonces 8 es
00 boñigo barroso infinito
Mesame
Besame oh mes a mes
oí (cosa extraña
hoy gauchesca me volví en España)

* * *

Me cago en el exilio claro
no soy tarada
ni nada
tiene de raro
no voy a aguantarme atlántica
hasta atenazando nalgas
como esta vaca rubia virginia estampa
descargar la popa en inodoros pampas

El arte es una delantera
                    estúpida
—pero no una defensa—
contra las muertes
poco inteligentes.
La delantera es débil.
Hay muertes que sólo se repiten.

                    —¿Solo?

Otra

Otra, tal vez, otra rima:
Dala a la pérdida por perdida.
Un ladrido al que no hay
perro que lo exprima.
En la boca chula de Adonai
así se llamaba la vida:
—"Mal que no se halla contra"—
No le tengas, gas, grima
a la gloria roja
del homicida:
de su matriz se la despoja
más la crin (lacrima) de una potra.
La grima íntima intimida
y sin música sonroja.

Grabación

Juana, sí, Juana Blanco, la de
siempre (NO SE —ha cambiado de pu-
TA) — Y ya estamos en la *sedeh*
prístina ad hoc para grabar —¡Uh!
llegamos de algún modo
apretado y vinagre: *codo con codo—*
Yeso es todo:
yeso oh grafito que Juana concede
experta en cielo raso
   PERO BUENO LULÚ
CESA B: nadie léase puto caso
(...*aunque*...)(...*dado*...)
    —SU...
olfato para diluir la realidad circulante —
: —En un mundo HA monedado —
este día, me parece, no grabamos adelante.

HAMBRE TENGO Y ESTUPOR:
COMO UN RUISEÑOR
NO HAY LEY QUE ME DETENGA
¡GIREN EL BARCO A BABOR!
YO SOY EL PIRATA QUE SE VENGA

LA BELLEZA DE SU CANTO
LA BELLEZA DE SUS PLUMAS...
PREFIERO EL MANTO
GRIS ASEO DE LA BRUMA

(EL ODIO ES MI PAZ
SI TÚ TE VAS)
TRINCHO EL AVE
A WILDE TAMBIÉN LE CABE.
TAMBIÉN O MÁS.

CLARO QUE YO TEA María
"YO ESTABA EN PELOTAS; Y EL
RUISEÑOR, O LO QUE FUERA..."

(MARÍA, MARÍA: No hay tu tía)

—La cara pecosa, el culo amarrocado,
—Con la carne de ayer (una esposa chutada) pudriéndose al sol:
cashashita, ¡AY BAHÍA! BAH BAHÍA BIANCA...
¡María, María
No hay tu tía!

El rezo de la mañana, consecuentemente más EMPIJADO que
el Dela Noche

NO, CHE

—Eso, embolivia

Sacrificialmente, la piel de *toro* quiere ofrecerle al *Otro* el castizo don de sus galanas perforaciones. Y suele ocurrir: que donde fracasó el anagrama también pierda el oxímoron. Si se adopta la vía catalana — convertirse en esquirol, por *necesidad* y *sensatez* después de la bravata...

(que no va más allá de manifestar complacencia por la olienda del propio excremento.)

Vía, por otra parte, instituida: el izquierdismo traiciona en catalán, frontera trémula entre lenguas y faltas de ortografía.

Esa mujer abrasándose
por la percusión de un pene mayor
y además crecido
o — para lo peor
(en lenguaje científico)
desde la vulva igual
le castiga el clítoris.

¿Ves tía?
        Yo soy la Bella.

Hola! la Ben Cida
Al latir del cobre
Y la-la mida
Qué cosa
Tú no te elevas
La vida escandalosa
Que llevas
Me toco, me toca
(La vi vencida)
Que sobre
Llevas
Intraducible Sebas
O Pato-K.
Ya tiene su pobre
Hazmerreír de losa
Aunque la pida
Algún Algún
Lápida barrosa
Y no de roca
Ni kitsch de Midas
Ni Maniera
Y menos aun
          Barroca
¿Lamer? mas
Comer es la misma con
Con otra cucharita
Hedor de un muera
Ta atún

Tumba hasta Ala Querida
Espanto osa:
Soy mera merma
Es la comida
Puerta atrás
Nada
En Coma Postrera
Pero sin Flan de Foca.
Preciosa Cándida espera:
Aghata Persa faltó a la cita
    —¡Duque de Lermha
                Afrodita!

Nada de fiestas mayas
En el burdel regenteado
por Lula "Siempre Abierta"
que no haya llamado.
Éste es el caso,
un irse al mazo,
Barajo... aceptado
Sin pasarse de alerta

(*Inmensamente llueve*)
Son apenas las nueve
Llamaste, Berta,
Para jugar al Ahorcado
Es un estofado
Que no tragarás, nena

Fundido, al raso
En la amargura siesta
de la calle Paso
y Rivadavia, así esquinado,
Llueve porque estalla
Lo que he perdido, mi fracaso,
O la sequía donde el ganado
Muere de sed mugiéndole a la valla.

Éste es el caso:
Que no haya llamado.
Un irse al mazo

Carajo, aceptado.
Sin ser muy alerta
¿Hay tal vez o acaso
Alguna puesta
Orientada o gris de ocaso
Aquí o al lado
Venga o Vaya
Que no haya
Ya amado?
Aldabón mudo, mal paso
De mi laya,
Alma demasiado experta
En calentarle el vado
A una madre muerta.

Aquí (en el as falto) entusiasmado
Un diluvio se da el gustazo
Injustamente llueve
(Ah, no. Yo no nado.
Son apenas
Las nueve.
Pan, jugar al Ahorcado
Clavaste, Berta,
"La Azerrada"
(Prontuario: *Tardías Ceras*)
E invitación al fierrazo
Es un Malena
Un chivo de lazo
Que no te cabe, ni tuerta
Berta.

1
1) Los comienzos de quienes
        quién?) no pasarán de ahí
            Plantean también
                Unas cuestiones plantean
                    También (son locos, estos) también
                        También
                            Que van en detrimento
2
2)   *que van en detrimento*

2.1. : No será ésta —"tampoco"— la aventura última —en último análisis—
LA final del Doctor Kebann.

Arrastraba su pie lisiado
El Uva Benavídez.
Va porque el pánico se lo pide
A su terapia hospital, grupo *Quebracho*,
Lo dirige un doctor trastornado,
Tortuoso adicto a incomprensibles lides:
A cada paciente que leva
Le exige que no beba...
Porque es un borracho

Como si fuera poco
Ese apellido que lleva
—*Ven a vides*—
Se apuntó con ese macho
Diplomado para castrar amebas.
Para mí que *El Uva* está loco.

Cuesta aguantar a este abstemio
Converso (también en mamarracho).
Guiado por el olor de las copas
Viene a visitar al gremio
Para lucirse con su nueva ropa

Pronto te irás al tacho
Rengo de mierda...
¿Te crees que los traidores tienen premio?

Me hizo caer como un opa

En la barra de "La Mosca Lerda".
Con mi vaso de aguardiente
Involuntario le hice un gesto de amigo,
—¡Pero qué alegría verte, Benavídez!—
Y perdí hasta el ombligo:
Con el rayo mortal de su izquierda
Me dejó sin dientes.
Aullaba: —¡Hijo de puta, no me convides!

Para El Pibe Barulo

(capítulo posterior a la catástrofe: le rompieron...
Cuando el padre y la madre dejan de
                    COMPLA
cerse en sus ROLES
                DE VIDAS
                DESTRUIDAS
y piensan sin más bemoles
en FABRICAR-pla
centa: —Vamos, puta relamida,
                arriba o abajo
                o al carajo
                el corpiño!
                            Esto les
            debe bastar, señores:
            a punto ya muestra el tajo.
            Ahora voy.
                        Le doy
            con el hacha
            y me dejo de honores.
            Vean y huelan: esta pindonga
                sin badajo
                nunca usó bombacha
—Con reproches ya en piezas...
—Sí: amuebladas. O al sereno
                poronga tanta tragaste, Poronga
                para no perder la racha...
—¡Qué facha!
—¿Ves? Ya está tiesa.

Besas? eh? besas? besas?
—¿No me dirás mamona
de mierda luego?
x ⎧ Mirá que conozco el fuego
⎪ de nuestro amado Occidente
x ⎨ cómo quema, abrasa
⎩ siempre luego al *Luego*.
—Encima es idiota, la pariente.
Ahora te jodés, Ramona.
Y vos, cabezona,
te volvés a la bragueta...
—¿Pero por qué, por qué
sosasi? En cuanto la más mona
asoma, tu... hum...tragona
su más morada jeta
—Hablá bien o ni la olés...
—Que me empalés de una vez
quiero mariconazo basta
o voy a pensar que mi Barulo
puto salió de casta

Anoche creo...
(...) Escribir de poca monta...

Despiertos ya empezamos
empezamos nada
de "labor interpretativa"
sólo asociar asociales
Ya empezamos con la misma música
por su puesto
octavo
sultana no entró la 4ª
Una literatura en bledo
o pocamonta igual a
igual: cualquier resistencia.
Viene de mis pocos años en la
América del Sur:
la desgracia del brigadier Sánchez Gloster
cuando los aviones del cielo eran ellos, los Gloster
y también el primer rubio con filtro.

Pobre el logo tipo
a quien los semejantes le descubren su manía
Desgraciado el aeronauta que en serio
más opa que un bicéfalo
se siente puro
libre en los cielos

salvo el deseo de hacerse humo en un Gloster;
los mandos responden
pero eso no vale un cobre
pues no puede fumarse su nombre
pilotearlo ya es demasiado

En España acaba de salir en bloque
al alcance la Interpretación de los Sueños
para nada
es un pen
total aqué
Si los filósofos catalanes
lo saben todo

Bicéfalo y triste como las águilas

—Sánchez —ya en la base
dice un camarada de armas.
El psicótico tiembla
en su mirada que implora piedad
El agresor es siempre
uno que no sabremos si sabe o no sabe
—Sánchez, convidame un *Clásico*
a mí me caen mal estos rubios modernos:
te regalo el atado de *Gloster*

El brigadier falto de aire
rechaza la tentación
intenta levantarse de la mesa
huir

Un sargento borracho
más argentino que atacar por sorpresa
✳ achica indebidamente distancia
es dulce

y muy hijo de puta
y no está borracho.

—¡Mi brigadier Sánchez Gloster!
si me permite
yo también me quedo con mis negros
mientras no quieran romperme el culo
Hasta mi mujer que claro patente
no es culastro porque no puede
—hembra y puto no casan—
me dijo: "¡qué mariconada,
para un choma me imagino
estos Gloster con filtro:
como chupar una teta con corpiño!"

Ahora hay un brigadier lívido
un sargento que lo olvida y pasa
al rechupete de su calaña
la oreja del barman
—"Hermano, yo soy el degenerado,
yo la envicié a la patrona
que es madre de mis hijos:
le enseñé el gustito
de tomar por el culo.
Ahora es una fanática
y a mí ya no me interesa
ese ojete es una sopera.
Ya me asquea como el asistente puto
que me comí durante un año en el sur.
Me vuelvo loco: ella se comporta como marica,
todo, la continua insinuación gangosa,
el refregarse el ojete todo el día
contra cualquier palenque,
la boca sucia
el hábito, se entiende, de mamar

la garcha sucia de su mierda.
Ayer no la aguanté más
cuando se hizo el hombre con los Gloster:
le clavé el culo de parado
en seco y de un saque
para que aprendiera
pero ya está podrida sin remedio.
—Papito —me dijo
mientras comprobaba con el dedo
el estropicio que yo le había hecho
rebosante de leche
—Papito, yo fumo lo que quieras
hasta esos *Gloster* de hembra
si vos me prometés siempre
ensancharme la canaleta."

Helaba afuera y la sombra
pocamonta de los hangares rodeados de estrellas
empapaban, empapan al psicótico
de alta graduación (con)
el poco rocío que escapó de la escarcha.
Toma un trago de la petaca
asqueado: resulta que sus "ah, no"
eran puros culos ¿y ahora?
Intenta controlarse Sánchez G...

no escribió
poesía
        sin
embargo
la tenía

Toda
        adentro: igual
        desdeñoso
        impertérrito
                        NO
ELEGÍA

Notas

"Poemas" fue el nombre que eligió Lamborghini para el único libro de poesía que publicó, y lo hemos repetido en esta recopilación. Ni "completos" ni "escogidos", lo segundo porque hemos reunido sin seleccionar todo lo que encontramos entre sus papeles que tuviera forma de poema; lo primero porque no podemos asegurar (y casi podemos asegurar lo contrario) que no se hallarán más poemas suyos en el futuro. Ya señalamos, al editar sus narraciones, la resistencia que opone Lamborghini a una clasificación convencional en géneros. Hemos retenido bajo el título de *Poemas* todo lo que visualmente se pareciera a un poema (la "prosa cortada") salvo en los raros casos en que él mismo había presentado como poesía una página en prosa, o en las series de textos que alternan prosa y verso, series que hemos mantenido completas.

Con una sola, y sorprendente, excepción, no se han conservado poesías juveniles. *El Fiord* (1969) sigue siendo el umbral inaugural de su obra. Si hubo aprendizaje, se completó con este relato, cuya perfección le impone al lector (y antes al editor) una norma de prudente respeto a todo lo que vino después.

La excepción es un poema de adolescencia, que sobrevivió por estar manuscrito en las páginas de guarda de un libro de la biblioteca familiar. Único vestigio de la vocación literaria del niño que sería Osvaldo Lamborghini, propone un inquietante juego de regresos, y le corresponde abrir el volumen.

541

Sus primeros poemas los reunió con vistas a la publicación en el volumen que quizá se llamó originalmente *Fetichismo*, luego *Sebregondi Retrocede*, y terminó apareciendo con ese nombre y como "novela", prosificado. Su versión en verso la incluimos como apéndice al segundo tomo de *Novelas y Cuentos*.

Casi diez años después, en 1980, volvió a hacer una recopilación y balance poéticos, en el ya mencionado libro *Poemas*. Se trata de dos poemas largos y dos cortos, los cuatro publicados previamente en revistas. Durante la década no hubo más poesía, excepto algunos pocos poemas enviados en cartas, algo que quedó en cuadernos, y un proyecto extenso del que sólo parece haberse conservado "En el Cantón de Uri", enviado a una revista académica norteamericana con la advertencia de que es un "fragmento".

Y ahí se terminó la historia visible de la poesía de Osvaldo Lamborghini. Dándole un significado más a su famosa fórmula, "primero publicar, después escribir", en el momento en que terminaron sus publicaciones (hacia 1980), se desencadenó una pródiga escritura multiforme.

No todo este material es rigurosamente inédito. Una forma de "publicación" privada que usó Lamborghini fue la de dactilografiar poemas y darlos a leer, o regalarlos a sus dedicatarios.

Los manuscritos, en cuadernos, agendas, hojas sueltas, muestran todos los estadios desde la anotación casual de unos pocos versos hasta el poema largo o serie de poemas, de desarrollo muy elaborado (aunque siempre hay un aire de "borrador definitivo" en toda su poesía). En las notas señalamos las condiciones en que hallamos cada uno, pero los reproducimos todos. En el último período, el de los años 1983 a 1985, que corresponden a su segunda estada en Barcelona, se impuso definitivamente la anotación improvisada de poemas, quizá porque los desarrollos elaborados se concentraron en la materia novelesca (en la saga del Pibe Barulo, y en la mucho más extensa y trabajada de los Tadeys).

Las secciones en que hemos dividido el volumen son aproximativas, quizás arbitrarias; la ordenación es cronológica, y registramos las incertidumbres respecto a fechas. (Muchos enigmas de datación y ordenación fueron resueltos con la valiosa ayuda de Ricardo Straface.)

* * *

Tres veces en la noche...
Manuscrito, en las páginas de guarda de un ejemplar del libro de Ricardo Molinari *El Huésped y la Melancolía*, propiedad de la hermana del autor (era un regalo de cumpleaños, recibido en 1950, fecha de publicación del libro). Presumiblemente escrito entre 1952 y 1955.

I. 1969-1979

Hoy, relacionarse: y como sea
Copia mecanografiada, conservada por Paula Wajsman, en ese año (1969) psicoanalista del autor.

Los enfermeros, que saben...
Copia mecanografiada, conservada por Paula Wajsman.

El contenido y la historia molestan...
Las casas se abandonan...
Igual que los anteriores, copias mecanografiadas, conservadas por Paula Wajsman. Se encontraban abrochados por separado, los tres primeros poemas, y los seis restantes. En la primera serie sobre todo se encuentran alusiones a un viaje a las cataratas del Iguazú, realizado hacia 1970-1971.

La amplia muerte en redondel...
Copia mecanografiada, con firma y fecha manuscritas.

¿De dónde vinieron...?

Copia mecanografiada. Este poema y el anterior aluden a un sueño (el padre del autor quería entrar a un campo de concentración, le exigían mostrar un animalito en la entrada, y como no lo tenía se sacaba una media y la mostraba).

La perdición, un pulóver claro...

Copia mecanografiada, conservada por Diana Bilmezis. Sin fecha. Por distintos motivos podría ubicárselo hacia 1973.

Soré, Resoré

Primera publicación, en *Literal* 1, noviembre de 1973. Segunda, en *Poemas* (1980), sin variantes.

Los Tadeys

Primera publicación, en *Dispositio* 1 (1974); segunda, en *Poemas* (1980). Existe un original mecanografiado, fechado "Mayo, 1974". Hay ligeras variantes.

Cantar de las gredas en los ojos

Primera publicación, en *Literal* 2-3, mayo de 1975, con el título "Cantar de las gredas en los ojos, de las hiedras en las enredaderas". Segunda, en *Poemas* (1980).

"Die Verneinung"

Existe un original mecanografiado y titulado "La Negación", fechado en 1976. Hay también una copia mecanografiada de la primera parte, "Prólogo, o conclusión", sin ese título, como poema suelto, asimismo fechado en 1976. (No hay cambios, salvo el agregado de la quinta estrofa: "Yo vivía envuelto...")

Primera publicación: *Escandalar* 4, 1978. Segunda en *Poemas*, 1980.

Estos cuatro poemas, los únicos publicados por el autor en la década de 1970, fueron reunidos en el libro *Poemas* en 1980 (edición Tierra Baldía), en el siguiente orden:

Los Tadeys
Soré, Resoré
Cantar de las gredas en los ojos
"Die Verneinung".
Las dedicatorias al primero y al último fueron agregadas en el
libro, que está dedicado en conjunto a María del Carmen
Fitzgerald.

El pastor de ovejas
    Enviado, mecanografiado, fechado y firmado, en una carta,
noviembre de 1978.

De Alvear a Freud
    Enviado en una carta, a Germán García. En papel con
membrete de la Escuela Freudiana de Mar del Plata.

Juana Blanco frente a una copa de whisky...
    Enviado en una carta, en mayo de 1977, advirtiendo que
son "versos sueltos de un poema largo".

"Unas bolitas de mercurio"
    Enviado en una carta, en noviembre de 1978.

Más bolitas de mercurio
    Enviado en una carta, en noviembre de 1978.

Unas bolitas de mercurio
    Presumiblemente enviado en una carta, en 1979. Publicado
en *Diario de Poesía*, 34, invierno de 1995.

Jacobo Fijman...
    En las páginas de guarda de una agenda. Sin fecha. Es
posterior a 1974.

II. 1980

Ligeras ganas...
Envuelto en una paz...
El retorno de Hartz
Acusado de complicidad...
      Los cuatro poemas, manuscritos, en un cuaderno fechado
en la primera página "Mar del Plata, 1980" (contiene notas fechadas en julio de 1980).

(Temas de autor)
      El título no figura al comienzo; lo hemos agregado para
unificar el conjunto, que fue escrito en el invierno y la primavera
de 1980. Manuscrito, en una carpeta, con las hojas numeradas.
Los últimos tres fragmentos, "Entre las provisiones para el viaje...", "19 de agosto, 1980" y "Mi tema es la matanza..." (este
último, tachado) parecen estar fuera de la serie.

(Juana Blanco)
      Conjunto de poemas manuscritos, en un cuaderno conservado por Diana Bilmezis. El título al comienzo lo hemos agregado.

Cebras y gacelas
      Apareció en *Diario de Poesía*, 8, otoño de 1988. No hemos
podido establecer la fecha en que fue escrito.

Ayer
      Manuscrito, en un cuaderno, junto con el relato "Carlos
Cohen". Tiene una dedicatoria tachada: "para Delia Passini".

III. Octubre-diciembre 1980. Poemas dedicados

Estos diez poemas son todos los que hemos podido hallar (seguramente hay más) de un proyecto de libro de poemas dedicados
a amigos. Todos fueron mecanografiados por el autor y entregados a sus dedicatarios.

IV. 1980-1981. La Divertidísima Canción del Diantre

La Divertidísima Canción del Diantre
Este poema debió de escribirse desde 1978. Es probable que formara parte de un proyecto mayor, al que el autor se refiere en su correspondencia, "En el Cantón de Uri". El poema de este nombre, que ubicamos más adelante, también debió ser un fragmento de ese proyecto.

Hay dos versiones manuscritas y una mecanografiada, que es la que reproducimos. Los cambios de una a otra son sobre todo de distribución, como si el poema fuera un rompecabezas que puede armarse de distintas maneras.

Anexos:
El cuerpo tiene un órgano...
De qué color, coliflor...
La Divertidísima...
Los tres poemas fueron transcriptos de una grabación realizada en Pringles en el verano de 1981. La transcripción la realizó Daniel García Helder y se publicó en *Diario de Poesía*, 34, invierno de 1995. Volvió a aparecer en el libro *Stegman 533'bla*, ediciones Mate, 1997.

¿Yo soy el hombre? (cito)
Diario de Poesía, 34, invierno de 1995. Y *Stegman 533'bla*, 1997.

Dos esbozos de Introducción:
Vué...
En la orilla de la laguna...
Manuscritos, junto con una de las versiones de "La Divertidísima Canción del Diantre".

V. 1981. Pringles

Stegmann 533'*bla*
Las beatisudes
Margarita
	Los tres poemas fueron conservados por Arturo Carrera, dueño de la casa de la calle Stegmann 533, en Coronel Pringles, donde Lamborghini pasó largas temporadas en 1980 y 1981. Fueron publicados en el libro *Stegmann 533'bla*, 1997.

A este perro...
	Conservado por Arturo Carrera, en una grabación. Previo al poema se oye esta introducción:
	"Estando acá en Pringles, en la casa de Arturo Carrera, con unos amigos, nos empezó a parecer que el perro de la casa, que se llama Jerry, era chusma. El perro nos seguía a todos lados como averiguando lo que hacíamos, ¿no? Entonces empezamos a escribir sobre el perro ya que no había otro remedio que escribir sobre ese perro. Una de las cosas que yo escribí es ésta. Dice así."
	Y al final:
	"Bueno, ahora la cortamos con Jerry, porque al final nos hinchó las pelotas a todos. Está ahí afuera, jodiendo... No sabe ni cagar, pobre."

El divorcio
Sollozando al Occidente...
Ya nadie me soporta...
El hototogisu
Con
	Los cinco poemas, manuscritos, se encuentran en una libreta pequeña que conservó el autor hasta su muerte.

VI. 1981

En el Cantón de Uri (fragmento)
   Apareció en *Escandalar*, vol. 4, núm. 3, julio-septiembre
1981.

Odalisca
   Manuscrito, probablemente de mayo de 1981. Se encuentra en una carpeta, junto con los tres textos siguientes: El Instituto de Rehabilitación (la palabra "fragmento" figura debajo del título), *Sabiamente es que se insiste...* y Los carikatos.

Como la actriz de una herida...
"La Narración de la Historia"
Lectura, está prohibida...
Los putos lo esperamos...
La Niña de la Frontera
La más feliz
   Todos estos poemas, manuscritos, están en un cuaderno fechado en 1981. El cuaderno comienza con escritos sobre psicoanálisis, bajo la rúbrica "Escuela Freudiana de Mar del Plata". La fecha mencionada al final del primer poema, 22 de septiembre de 1981, antecede en poco a la partida de Lamborghini a España (29 de noviembre). El cuaderno siguió en su poder en Barcelona (la tapa está decorada con una ilustración de una revista española), y seguramente algunos de los poemas se escribieron allí.

La locura consiste...
   Manuscrito, en el mismo cuaderno donde se encuentra la serie anterior. Al final, junto a la última frase: "EL ESPAÑOL ES UNA GUALÉN", figura, en letra pequeña y con otra tinta, este diálogo:
   "Helena: —Cupido nos está matando.
   Aquiles: —Ya estoy harto de mi talón de puta, de arqueólogo.
   Ho-chi-min: —Amurallemos Berlín."

VII. 1982

Aceite de colza
La delicadeza lírica...
Un callejón: Iwo-Jima
Estoy en paz con el ardite...
    Manuscritos, en un cuaderno conservado en Buenos Aires.

El matete
    En un cuaderno, fechado en 1982. Hay dos versiones, una
a continuación de la otra. Las reproducimos a las dos.

Pro patria
    Copia mecanografiada.

Todos contentos
    Manuscrito sin fecha, en hojas arrancadas de un cuaderno.
Es probable, aunque no seguro, que haya sido escrito en 1982.
    En una grabación realizada después de 1983 hay agrega-
dos, que aquí se reproducen en letra más pequeña.

Y bueno, perder la guerra
    Manuscrito en un cuaderno encabezado por la palabra "Gi-
nebra": nombre de la calle donde vivía el matrimonio al que está
dedicado el poema.

Aquí se
    Manuscrito, en el mismo cuaderno.

VIII. 1983-1985

    Los poemas agrupados en esta sección fueron escritos en
Barcelona. Todos quedaron manuscritos en cuadernos, carpetas,
hojas sueltas, y casi todos pueden suponerse incompletos o frag-
mentarios. Hemos ubicado al comienzo los fechados en 1983 y

1984, y después los que no tienen fecha o la tienen de 1985, siguiendo el orden, seguramente casual, en que se hallaban.

ÍNDICE

IV
1980-1981
LA DIVERTIDÍSIMA CANCIÓN
DEL DIANTRE

V
1981
PRINGLES

VI
1981

VII
1982

VIII
1983-1985

Esta edición de 2.000 ejemplares
se terminó de imprimir en
Artes Gráficas Piscis S.R.L.,
Junín 845, Buenos Aires,
en el mes de abril de 2004.